Volker Heins, Weltbürger und Lokalpatrioten

Volker Heins

Weltbürger und Lokalpatrioten

Eine Einführung in das Thema Nichtregierungsorganisationen

Leske + Budrich, Opladen 2002

Der Autor

PD Dr. Volker Heins, Mitarbeiter und Projektleiter am Institut für Sozialforschung in Frankfurt am Main sowie Privatdozent am Institut für Politikwissenschaft der Justus-Liebig-Universität Gießen.

Gedruckt auf säurefreiem und alterungsbeständigem Papier

Die Deutsche Bibliothek: CIP-Einheitsaufnahme
Ein Titeldatensatz für die Publikation ist bei
Der Deutschen Bibliothek erhältlich

ISBN 3-8100-3423-1

2002 Leske + Budrich, Opladen

Lizenzausgabe mit freundlicher Genehmigung der Bayerischen Landeszentrale fur politische Bildungsarbeit.

Satz: Leske + Budrich, Opladen
Umschlaggestaltung: disegno, Wuppertal
Druck: DruckPartner Rübelmann, Hemsbach
Printed in Germany

Inhalt

Abkürzungsverzeichnis

ACOA	American Committee on Africa
APC	Association for Progressive Communications
AWRRTC	African World Reparations and Repatriation Truth Commission, Accra (Ghana)
BDI	Bundesverband der Deutschen Industrie
BINGO	Big International Nongovernmental Organization
BUND	Bund für Umwelt- und Naturschutz Deutschland
CARE	Cooperative for American Remittances to Europe
CAN	Climate Action Network
CBD	Convention on Biological Diversity
CGIAR	Consultative Group on International Agricultural Research
COCOM	Coordinating Committee for Multilateral Export Controls
CSE	Centre for Science and Environment, New Delhi
CSO	Civil Society Organization
DHA	Department of Humanitarian Affairs (Vereinte Nationen)
DNR	Deutscher Naturschutzring
DONGO	Donor-Organized Nongovernmental Organization
ECHO	European Community Humanitarian Office
ECOSOC	Economic and Social Council (Wirtschafts- und Sozialrat der Vereinten Nationen)
EPIC	Electronic Privacy Information Center
ETC	Action Group on Erosion, Technology and Concentration (bis Sept. 2001: RAFI)
EU	Europäische Union
EZE	Evangelische Zentralstelle für Entwicklungspolitik, Bonn
FAO	Food and Agriculture Organization
FAZ	Frankfurter Allgemeine Zeitung
G-77	Gruppe der Entwicklungsländer (im Unterschied zur Gruppe der führenden Industriestaaten G-7 bzw. G-8)
GATT	General Agreement on Tariffs and Trade (Allgemeines Zoll- und Handelsabkommen)
GEF	Global Environment Facility
GONGO	Governmentally Organized Nongovernmental Organization
GRINGO	Governmentally Regulated and Initated Nongovernmental Organization
GTZ	Gesellschaft für Technische Zusammenarbeit
HIPC	Highly Indebted Poor Country
HRW	Human Rights Watch
IBRD	International Bank for Reconstruction and Development, kurz: Weltbank
ICBL	International Campaign to Ban Landmines
ICDA	International Coalition for Development Action
ICSU	International Council of Scientific Unions
IDRC	International Development Research Centre, Ottawa
IGC	Institute for Global Communications, San Francisco

IIED	International Institute for Environment and Development
IKRK	Internationales Komitee vom Roten Kreuz
INGO	International Nongovernmental Organization
IPCC	Intergovernmental Panel on Climate Change
IUCN	The World Conservation Union (vor 1990: International Union for the Conservation of Nature and Natural Resources)
IWF	Internationaler Währungsfonds
KSZE	Konferenz für Sicherheit und Zusammenarbeit in Europa
LDC	London Dumping Convention
MAI	Multilateral Agreement on Investment
MANGO	Manipulated Nongovernmental Organization
NASA	National Aeronautics and Space Agency
NGO	Nongovernmental Organization
OECD	Organization for Economic Cooperation and Development
OFDA	Office of Foreign Disaster Assistance (bei der USAID)
OSZE	Organisation für Sicherheit und Zusammenarbeit in Europa
PAN	Pesticide Action Network/Pestizid Aktions-Netzwerk e.V.
POPs	Persistant Organic Pollutants
QUANGO	Quasi-(Autonomous)-Nongovernmental Organization
RAFI	Rural Advancement Foundation International
RAN	Rainforest Action Network
SAM	Sahabat Alam Malaysia
SZ	Süddeutsche Zeitung
TAC	Treatment Action Campaign, Südafrika
TRIPS	Trade-Related Aspects of Intellectual Property Rights
TWN	Third World Network, Malaysia
UIA	Union of International Associations
UNA-USA	United Nations Association of the United States of America
UNCED	United Nations Conference on Environment and Development
UNCHE	United Nations Conference on the Human Environment
UNCLOS III	Third United Nations Conference on the Law of the Sea
UNCTAD	United Nations Conference on Trade and Development
UNDP	United Nations Development Programme
UNEP	United Nations Environment Programme
UNESCO	United Nations Educational, Scientific and Cultural Organization
UNO	United Nations Organization
UNRISD	United Nations Research Institute for Social Development, Genf
USAID	U.S. Agency for International Development
WCED	World Commission on Environment and Development
WEED	Verein für Weltwirtschaft, Ökologie & Entwicklung
WFM	World Federalist Movement
WHO	World Health Organization
WRI	World Resources Institute
WTO	World Trade Organization
WWF	World Wide Fund for Nature (früher: World Wildlife Fund)

Vorwort

Das unschöne Wort „Nichtregierungsorganisationen" - deutsch für nongovernmental organizations, kurz: NGOs – hat spätestens seit den großen Konferenzen
der Vereinten Nationen in den 90er Jahren über Umwelt und Entwicklung, die soziale Lage der Weltbevölkerung, die Menschenrechte, die Verstädterung und die Lage
der Frauen Einzug gehalten in den Sprachgebrauch von Journalisten, Sozialwissenschaftlern und Mitarbeitern von Hilfsorganisationen. Seit kurzem fragen sich alle
möglichen Initiativen, Stiftungen und die Verbände der freien Wohlfahrtspflege, ob
sie nicht auch eine „NGO" sind. Die Frage ist schon deshalb schwer zu beantwor-
ten, weil kaum Konsens über eine angemessene Definition des Phänomens besteht.
Das vorliegende Buch wurde in der Absicht geschrieben, diese Unsicherheit zu zerstreuen und außerdem über die Herkunft, Vielfalt und Dynamik der neuen politischen Verbände aufzuklären.

Diskussionen mit Studierenden, Repräsentanten einzelner NGOs und Fach-
kollegen haben in den letzten Jahren den Eindruck verstärkt, dass die Vielzahl der
neuerdings vorgelegten Einzeluntersuchungen zu NGOs in unterschiedlichen Politikfeldern den Bedarf an einer kritischen Einführung in das Gesamtthema Nichtregierungsorganisationen eher noch erhöht hat. Peter März von der bayerischen
Landeszentrale für politische Bildungsarbeit in München war es dann, der erste
Anregungen für das Buch gegeben hat. Mein Dank gilt außerdem den Mitarbeitern
des Arbeitskreises „Gerechtigkeit" am Frankfurter Institut für Sozialforschung und
dem Direktor des Instituts, Axel Honneth. Für Hinweise danke ich ferner Aparajita
Endow, Mechtild Manus und Michael Flitner. Die in Kapitel 5 zitierten Interview-
äußerungen stammen aus meiner Habilitationsschrift, die unter dem Titel „Der
Neue Transnationalismus" im Campus Verlag erschienen ist, und wurden von mir
ins Deutsche übertragen. – Ein Wort zur geschlechterpolitischen Sprachregelung:
Selbstverständlich kommen in dem Buch auch jede Menge Weltbürgerinnen und
Lokalpatriotinnen vor. Gleichwohl habe ich in der Regel bei Personen- und
Berufsbezeichnungen die weibliche Form nicht gesondert aufgeführt, auch wenn
Frauen natürlich mit gemeint sind.

Frankfurt am Main, im Dezember 2001

Volker Heins

Kapitel 1

Die neuen Selbstständigen in der Politik

Zwei gegenläufige Eindrücke bestimmen die neuere Diskussion um den Zustand der liberalen Demokratie. Zum einen hat die Demokratie nichts von ihrer Faszinationskraft eingebüßt, und einige ihrer grundlegenden Bestandteile wie die Idee der Menschenrechte werden wie eine Fackel bis in die letzten Winkel der Erde getragen. Zum anderen jedoch weist die Demokratie in ihrem Inneren bedenkliche Symptome auf, die als Substanzverlust gedeutet werden. Fachleute beobachten eine Art zivile Fahnenflucht, die sich in sinkender Wahlbeteiligung, nachlassendem Engagement in gesellschaftlichen Großorganisationen, zunehmendem Vertrauensverlust der zentralen politischen Institutionen und der Entfremdung der Jugend von der Politik äußert. Beide Eindrücke werden vielfach auf die „Globalisierung" zurückgeführt, das heißt auf den doppelten Prozess des Zusammenwachsens der Welt und der kollektiven Wahrnehmung dieses Zusammenwachsens. Vor dem Hintergrund der Globalisierung von Wirtschaftsaktivitäten und Menschenrechtsstandards, von elektronischen Kommunikationsflüssen und ökologischen Risiken finden neue politische Organisationen Beachtung, die sich über Ländergrenzen hinweg ausbreiten und gleichzeitig ein Symptom der Globalisierung wie auch eine Antwort auf sie zu sein scheinen. Dem eigenen Anspruch nach sind sie auf die Teilhabebedürfnisse politisch aktiver Bevölkerungsteile ebenso zugeschnitten wie auf die Notwendigkeiten wirksamer Problemlösung in einem Zeitalter schrumpfender und überforderter Staaten. Anders die Sicht von Kritikern: Ihnen zufolge vermehren die Nichtregierungsorganisationen (abgekürzt: NGOs = nongovernmental organizations) lediglich das ohnehin große Durcheinander in der politischen Welt und erschweren das Regieren.[1]

Die Rede ist von den „Verbänden des globalen Zeitalters" und von „neuen politischen Mobilisierungsagenturen", die es „demokratischer und besser" machen, von einem „neuen Stern am Medienhimmel", einer „Revolution der Barfüßigen", den Hoffnungsträgern einer „globalen Zivilgesellschaft", aber auch von einer „neuen internationalen Elite" und von kosmopolitischen „Machern", die sich zur Durchsetzung ihrer proklamierten Menschheitsideale wenig um das Kleingedruckte demokratischer Verfahren scheren. Spektakuläre Aktionen gegen Mineralölkonzerne oder die Welthandelsorganisation sowie die unauffällige Beharrlichkeit von Menschenrechtsorganisationen haben die öffentliche Aufmerksamkeit auf Nichtregierungsorganisationen gelenkt, die heute ähnlich kontrovers diskutiert werden wie vor zwanzig oder dreißig Jahren die Bürgerinitiativen oder die diversen neuen sozialen Bewegungen, die in einigen Ländern zu einer Veränderung der politischen Landschaft beigetragen haben. Bereits damals wurde bemerkt, dass die in den Darstellungen der politischen Willensbildung des Volkes beliebte Trias Parteien-Verbände-Massenmedien der Erweiterung bedarf. Die Offenheit der verfassungsmäßigen Vereinigungsfreiheit sowie kommunikationstechnische und morali-

Globale Verbände

---

[1] Im Folgenden werde ich statt „Nichtregierungsorganisationen" häufig das englische Kürzel „NGOs" verwenden, das inzwischen – was einiges heißen will – selbst im französischen Sprachraum eingesetzt wird (vgl. z.B. Boutin 2000).

sche Veränderungen in den modernen Gesellschaften begünstigen eine ständige Neuschaffung von Formen der organisierten Einflussnahme von Gruppen auf die Entscheidungsfindung staatlicher und internationaler Institutionen. Das Internet und die damit ermöglichten neuen elektronischen Vernetzungsformen führen sogar zu einer Veränderung des Wesens von Gruppen und Gruppenbildungsprozessen.

Wichtige Seismografen

Für das Phänomen der Nichtregierungsorganisationen gilt häufig, um es salopp zu formulieren, dass sie immer mobiler, immer schlauer und manchmal auch immer kleiner werden. Andere mutieren zu Riesen wie der WWF (World Wide Fund for Nature) oder das amerikanische Bürgerforum *Public Citizen* mit einem Jahresbudget von mehreren Hundert Millionen US-Dollar. In den Büros von Greenpeace in Amsterdam und Hamburg sieht man dieselben Weltkarten mit bunten kleinen Fähnchen, die man auch aus Konzernzentralen kennt. Vieles spricht dafür, dass der Trend zu einer neuen Selbstständigkeit und zur Gründung wissensintensiver innovativer Unternehmen, den wir in der Wirtschaft beobachten, auch die Politik erfasst. Die Wirtschaft selbst betrachtet diese Entwicklung mit gemischten Gefühlen. Einige Repräsentanten sehen NGOs als wichtige Seismografen für breitere gesellschaftliche Strömungen, die man ernst nehmen müsse, während andere überlegen, wie sie sich die schwer fassbaren neuen „Stakeholder" vom Hals halten können. Der Bundesverband der Deutschen Industrie (BDI) hat bereits eine Arbeitsgruppe gebildet, die Informationen über Mitgliedschaft, Finanzierung und innere Struktur der wichtigsten NGOs sammelt und Strategien zum Umgang mit ihnen entwirft.

In der Politik folgt die Außenwahrnehmung der neuen Organisationen gleichfalls einem gespaltenen Muster, das uns aus Diskussionen vertraut ist, die die Entwicklung der Demokratie in Deutschland nach dem Zweiten Weltkrieg von Anfang an begleitet haben. Einerseits werden Nichtregierungsorganisationen begrüßt als ein demokratisierendes Element in politischen Entscheidungszusammenhängen, die längst über den Nationalstaat hinausgewachsen seien; andererseits wiederholen sich Einwände gegen die angeblich mangelnde demokratische Legitimation und Transparenz, die wir bereits aus der älteren Kritik an der „Herrschaft der Verbände" kennen. Solche Einwände ändern freilich nichts an dem großen Vertrauen, das NGOs in der Öffentlichkeit genießen. Einer neueren europaweiten Umfrage zufolge glauben fast ein Drittel aller Europäer, dass Nichtregierungsorganisationen das Richtige tun, während nur ein Fünftel dasselbe von der eigenen Regierung und nur 15 Prozent von der Wirtschaft annehmen. Drei Viertel aller Befragten glauben zudem, dass der Einfluss von NGOs gestiegen ist (Elkington 2001).

Was sind NGOs?

Vor dem Hintergrund der Kontroversen um die Legitimität der neuen politischen Akteure ist auffällig, dass eine große Unklarheit darüber besteht, was NGOs eigentlich sind. Meinungsdiskussionen zu NGOs werden entschieden, bevor man sich auf eine Bestimmung des Phänomens einschließlich seiner Herkunft und Reichweite geeinigt hat. Jeder weiß, was eine politische Partei ist, und diese Gewissheit wird nicht dadurch getrübt, dass Parteien unterschiedliche Ziele verfolgen. Bei Nichtregierungsorganisationen jedoch nährt die Unterschiedlichkeit der Ziele und Programme Zweifel daran, dass wir es tatsächlich mit *einer* neuen Organisationsform politischen Handelns zu tun haben. Was haben der Protest gegen Menschenrechtsverletzungen in Zimbabwe, das Engagement zugunsten schonender Kastrationsmethoden für streunende Hunde in Bukarest, die Beratung südasiatischer Regierungsmitglieder zu Fragen der internationalen Patentgesetzgebung, die medienwirksame Besetzung von Industrieschornsteinen in Basel oder eine weltweite Kampagne zum Verbot von Landminen gemeinsam? Das Spektrum der Aktivitäten, Ressourcen, Gegner und Ziele von Organisationen wie Amnesty International, Vier Pfoten, Gene Campaign, Greenpeace oder Medico International ist so vielfältig, dass man kaum an einen gemeinsamen Kern all dieser Gruppen glauben mag, der das verbindende Etikett „NGOs" rechtfertigen würde. Unter der Flagge der NGOs segeln offenkundig die unterschiedlichsten Schiffe in allen möglichen Gewässern.

Auch der Umgang mit etablierten Statusordnungen und -symbolen zeigt die Weite eines Spektrums, wie es größer kaum sein könnte. Berühmte Aktivisten wie die Amerikaner Miriam und Ralph Levering von der *Neptune Group*, die sich in den 70er Jahren mit beispielloser Energie für eine neue Seerechtskonvention eingesetzt haben, übernachteten nach offiziellen Anhörungen in Washington auf Bürogängen in mitgebrachten Schlafsäcken, bevor sie am nächsten Morgen mit ihrem zerbeulten Gebrauchtwagen wieder nach Hause fuhren. In Uganda dagegen werden die Mitarbeiter von NGOs daran erkannt, dass sie statusbewusst in den besseren Vierteln der Hauptstadt wohnen und Mitsubishi „Pajeros" mit Vierrad-Antrieb fahren. Solche Beispiele illustrieren ein weiteres Mal die Uneinheitlichkeit einer Organisationswelt, der durch das Etikett „NGO" der trügerische Anschein einer Homogenität verliehen wird.

Was fehlt, ist eine klare begriffliche Einstellung der Politikwissenschaft und anderer Disziplinen zum Phänomen Nichtregierungsorganisationen. Wir haben es hierbei – wie die Kybernetiker sagen – mit schlecht-definierten Systemen zu tun, die ihre Zustände und Zielvorgaben laufend und in schwer vorhersehbarer Weise ändern. Mehr noch: Es drängt sich der Verdacht auf, dass Nichtregierungsorganisationen sozusagen politische UFOs sind, das heißt Phänomene, über deren Beschreibbarkeit, Wirklichkeit und Tragweite kein Konsens besteht.

Politische UFOs

Anders als im Falle von UFOs ist allerdings die Sichtbarkeit der neuen politischen Organisationsformen unbestritten eines ihrer wichtigsten Merkmale. Die hohe Sichtbarkeit ergibt sich zum einen aus dem Hang vieler NGOs zu medienwirksamen Aktionen, zum anderen aber auch aus dem Trend zu themenspezifischen Gipfeltreffen in der Weltpolitik. Gipfeltreffen zwischen Regierungschefs unterschiedlicher Länder haben sich im Laufe des 20. Jahrhunderts als eine Institution parallel und gelegentlich in Konkurrenz zur Berufsdiplomatie etabliert. Die Gipfeltreffen der Nato, der blockfreien Staaten, der Vereinten Nationen oder der führenden Industriemächte unterscheiden sich von den Kommunikationsformen der klassischen Diplomatie durch die geringere Formalität der Zusammenkünfte, die öffentliche Wirkung und einen gewissen Glamour, auf den Politiker heute ungern verzichten. Außerdem bieten sie einer Vielzahl inoffizieller Interessenten ein attraktives Forum zur Selbstdarstellung.

Dies zeigt die Entwicklung nach 1970. So waren auf der ersten UN-Umweltkonferenz (UNCHE) in Stockholm 1972 neben 114 Nationen weniger als 300 NGOs vertreten. Zwanzig Jahre später ließen sich für die Konferenz der Vereinten Nationen über Umwelt und Entwicklung (UNCED) in Rio de Janeiro über 150 Nationen und 1400 NGOs registrieren, während an dem parallelen NGO-Forum 18.000 NGOs teilnahmen. Ähnlich hohe Teilnehmerzahlen sind auch von anderen internationalen Konferenzen bekannt, etwa der UN-Menschenrechtskonferenz 1993 in Wien oder der Vierten Weltfrauenkonferenz der Vereinten Nationen in Peking

Einsatzfelder

1995. Die Versammlungen der großen multilateralen Institutionen der Weltbank-
gruppe, des Internationalen Währungsfonds (IWF) oder der Welthandelorgani-
sation (WTO) haben ebenfalls in den vergangenen Jahren einen wachsenden
Zulauf von NGOs aus aller Welt provoziert, die nur teilweise in geordnete institutionelle Bahnen überführt werden konnten. Erstaunliche Zahlen liegen auch für
den Bereich der zunehmend wichtigen nichtstaatlichen Hilfsorganisationen vor,
die nach einer Schätzung des Roten Kreuzes heute mehr Geld ausschütten als die
Weltbank (The Economist 2000). Angesichts des explosionsartigen Wachstums der
neuen Organisationen spielte das britische Wirtschaftsmagazin *Economist* (1999)
unlängst auf den biblischen Vergleich mit den Heuschreckenschwärmen an, die wie
auf unsichtbare Zeichen hin die Versammlungsorte der Welthandelsorganisation
und anderer Organisationen heimsuchen.

Das UN-System und der Trend zu immer neuen, thematisch spezialisierten Gipfeltreffen erhöhen die Sichtbarkeit des NGO-Phänomens, verstellen gelegentlich
aber auch den Blick auf andere Aktivitätsfelder der neuen Organisationen, in denen
sie Einfluss ausüben. Besonders für die Deutungsmacht der neuen Organisationen
gibt es eindrucksvolle Belege aus ganz unterschiedlichen Bereichen. Menschenrechtsgruppen haben wirkungsvoll zur internationalen Isolierung von autoritären
Staaten beigetragen, Umweltorganisationen entwerten innerhalb von Wochen die
Öffentlichkeitsarbeit großer Firmen, und Frauengruppen haben im Anschluss an
den Krieg in Bosnien dazu beigetragen, dass heute Massenvergewaltigungen durch
Erfolge   Soldaten vom Kriegsverbrechertribunal in Den Haag verfolgt werden. Entwicklungspolitischen Gruppen ist es gelungen, die Weltbank zu einer erweiterten Definition von Armut zu bewegen, die nicht mehr nur am Pro-Kopf-Einkommen
gemessen wird, sondern auch soziale Faktoren wie Ohnmacht, Angst und Sprach-
losigkeit einschließt. In Deutschland wird zur Zeit versucht, die Vergabe von Her-
mes-Exportbürgschaften an „ethische" Kriterien zu binden. Weltweite Beachtung
hat der länderübergreifende Boykott von Greenpeace gegen die Pläne des Mineral-
ölkonzerns Shell gefunden, eine mit Rohöl belastete Bohrinsel in der Nordsee zu
versenken – das medial aufbereitete Ereignis wurde beinahe zu einer Ikone der Globalisierung vergleichbar mit dem Golfkrieg oder dem Tod von Prinzessin Diana.
Andere Beispiele sind die zwischen 1997 und 1998 weitgehend über das Internet
geführte Kampagne gegen ein Multilaterales Investitionsabkommen (MAI) der
OECD, das Firmen einen totalen Schutz von Investitionen im Ausland garantiert
hätte, die Kampagne zum Verbot von Landminen, die Ende 1997 zur Unterzeichnung eines entsprechenden internationalen Abkommens führte, das Anfang 2000
verabschiedete internationale Protokoll über biologische Sicherheit, das die grenzüberschreitende Freisetzung und Vermarktung von gentechnisch veränderten
Substanzen regelt und einschränkt, oder die Schließung von Schweinemastbetrie-
ben in Österreich und Bayern im Januar 2001, nachdem eine internationale Tier-
schutzvereinigung mit Sitz in Wien die Verabreichung verbotener Antibiotika an
die Tiere hatte nachweisen können. In allen diesen Fällen haben Initiativgruppen
und freiwillige Organisationen zusammengewirkt, um auf unkontrollierte Globali-
sierungs- und Proliferationsprozesse regulierend einzuwirken.

Natürlich lassen sich auch zahllose Beispiele des Scheiterns von Kampagnen und
längerfristigen Absichten zitieren, – Beispiele, die zwar im „Organisationsgedächt-
nis" der engagierten Gruppen abgespeichert sind, von der Öffentlichkeit aber naturgemäß rasch vergessen werden. Trotz aller Bemühungen von Umweltorganisatio-

nen wurde so manche Pipeline durch Wattenmeere und Vogelschutzgebiete gebaut, bleibt die Menschenrechtspolitik der westlichen Staaten inkonsistent und erhalten im Normalfall die Regeln der Welthandelsorganisation Vorrang vor den idealistischen Übereinkommen der Vereinten Nationen, an denen viele NGOs mitgewirkt haben. Während jedoch die Gründe für das *Scheitern* von NGOs meistens auf der Hand liegen, verlangen ihre überraschenden *Erfolge* nach Erklärungen. Solche Erklärungen müssen die Vorgehensweisen von Nichtregierungsorganisationen berücksichtigen, die in Kapitel 5 behandelt werden. Ein übergeordneter Grund für die Erfolge ist darüber hinaus die erstaunliche Aufstockung der Solidaritätsreserven, die sich am spektakulären Wachstum transnationaler Vereinigungen und Organisationen in den vergangenen Jahrzehnten ablesen lässt (vgl. Kapitel 3). Die Unkenrufe über die um sich greifende Ellbogengesellschaft sind eben nur ein Teil der Wahrheit, der den Blick auf etwas Anderes verstellt: auf die gewachsene Bereitschaft und Neigung von Bürgerinnen und Bürgern, sich für selbst gesteckte Ziele zusammenzuschließen sowie auf die wie auch immer unvollständige und gefährdete Fähigkeit, sich mit den Anliegen von Anderen über das eigene Land oder die eigene soziale Schicht hinaus zu identifizieren. Diese sozialmoralische Entwicklung kann heute, so sehr sie nur einen Teil der Bevölkerung erfasst, als unumkehrbar gelten.

Kollektive Ängste und Loyalitäten lassen sich nicht mehr in derselben Weise durch zentralstaatlich vorgegebene Feindbilder steuern wie in früheren Zeiten. Pathologische Verformungen des Nationalstaatsprinzips werden damit unwahrscheinlicher und der Typus der von Arthur Koestler so genannten „Mimophanten" seltener. Darunter verstand Koestler die in Deutschland bis 1945 häufig auftretende sozialpsychologische Kreuzung aus „Mimosen", die hochsensibel auf Beeinträchtigungen des *eigenen* Kollektivs reagieren, und dickhäutigen „Elephanten", denen auch das schlimmste Leid, solange es *Fremden* zugefügt wird, nichts ausmacht (Koestler 1963). Diese psychische Zwittergestalt und die doppelbödige moralische Unterwelt, auf der insbesondere die politischen Regimes in Deutschland bis 1945 beruhten, wird durch die Öffnung der Gesellschaften und durch die Globalisierung von Wahrnehmungen und Sensibilitäten zumindest teilweise aufgebrochen.[2]

Dies mag einer der Gründe für die wachsende Präsenz von Nichtregierungsorganisationen in unterschiedlichen politischen Entscheidungskontexten sein. Im vorliegenden Buch wird der Frage nachgegangen, worin die Eigenart dieser neuen Organisationen besteht, wie ihre Vermehrung zu erklären ist und wie sie Einfluss auf staatliche und überstaatliche Willensbildungsprozesse gewinnen. Handelt es sich um ein vorübergehendes Phänomen, das von den Medien hochgespielt wird, oder sind Nichtregierungsorganisationen symptomatisch für einen grundlegenden Wandel der Politik in modernen Gesellschaften? Handelt es sich überhaupt um ein

Das Ende der „Mimophanten"

---

[2] An den Rändern des politischen Spektrums lassen sich freilich Koestlers narzisstisch-zynische Mimophanten auch im heutigen Deutschland finden. Dies gilt selbstverständlich für die extreme Rechte. Aber auch in der linksalternativen Berliner *Tageszeitung* („taz") wird jeder Polizeiübergriff auf das eigene Umfeld – zuletzt während des G-8-Gipfels im Juli 2001 in Genua – wortreich und „betroffen" angeklagt, während nach dem Terrorangriff auf die USA im September ausgesprochen hämische Kommentare zu lesen waren (vgl. z.B. die Ausgabe vom 14.9.2001, S. 24). In den folgenden Kapiteln werde ich einen normativen Kern moderner NGOs freilegen, der in schroffem Gegensatz steht zu den deutschen Mimophanten der Vergangenheit und Gegenwart.

neues Phänomen oder verweist die Herkunft der Nichtregierungsorganisationen nicht auf vielfach übersehene Aspekte der Geschichte des vergangenen Jahrhunderts? Wie lässt sich das Verhältnis zu den Staaten und den legitimen Regierungen beschreiben, von denen sich die neuen Organisationen in ihrer Selbstdefinition absetzen? Helfen sie, das Dilemma von hohen Teilhabeansprüchen und immer komplexeren, inzwischen häufig transnationalen politischen Problemen zu entschärfen? Und in welchem Maße werden sie ihrem Anspruch gerecht, etwas für die Überbrückung der enormen sozialen und kulturellen Brüche innerhalb der Weltgesellschaft zu tun?

Die folgenden Kapitel sollen einen Beitrag zur präzisen Ortung und inhaltlichen Bestimmung von Nichtregierungsorganisationen leisten, die bisher wie UFOs sozusagen unter dem Radar der üblichen Begriffsbildungen hindurch fliegen konnten. Zu diesem Zweck werde ich mich an vier Kriterien orientieren, nach denen politische Organisationen wie überhaupt jedes soziale Handeln unterschieden werden kann. Menschen *bestimmen* über andere und bewegen sie zu gewünschten Handlungen; sie teilen Güter miteinander, vom Kopfkissen zu Hause bis zu Kollektivgütern wie der nationalen Sicherheit; sie *verbergen oder veröffentlichen* brauchbares Wissen aller Art; und sie *werten* und schätzen einander und ihre Umwelt und bringen dabei mitunter starke Gefühle zum Ausdruck. Alle diese elementaren Aktivitäten werden, sofern sie öffentlich sind, von politischen Verbänden systematisiert und gesteigert.

Vier Untersuchungsdimensionen

Erstens nehmen alle politischen Organisationen einschließlich des Staates Einfluss auf die Verteilung von *Macht* zwischen Kollektiven. Die Fähigkeit, über andere zu bestimmen und Handlungspfade vorzugeben, lässt sich aus keiner Gesellschaft wegdenken und kann durch politische Organisation außerordentlich gesteigert werden. Unterschiede zwischen politischen Organisationen ergeben sich aus der Art der Konflikte, in die man sich überhaupt einmischt, und aus den unterschiedlichen Quellen der Erzeugung von Macht.

Zweitens verbinden politische Organisationen eine Vielzahl von Einzelnen zu einer mehr oder weniger fest gefügten Gruppierung von Mitgliedern oder Sympathisanten, die etwas miteinander teilen. Politische Organisationen sind auf das Einverständnis oder, besser noch, die *Solidarität* eines Publikums von Adressaten angewiesen, damit ihre Forderungen und Appelle nicht ins Leere laufen. Bis zu einem gewissen Grad lässt sich diese Solidarität fingieren; befehlen lässt sie sich jedoch nicht.

Drittens mobilisieren Organisationen ein *Wissen* über die Zusammenhänge, in die sie eingreifen. Das Wissen kann aus Irrlehren bestehen, aus einem bürokratischen Fachwissen oder aus der Detailkenntnis politischer Problemlagen. Es gibt das ohnmächtige Wissen desjenigen, der „zuviel" weiß und gerade deshalb in Gefahr ist, aber es gibt umgekehrt keine unwissende Macht und keine politische Organisation, die nicht ihren Mitgliedern und ihrem Umfeld gleichzeitig Wissen entzieht und zuführt.

Schließlich müssen Organisationen an *Werte* appellieren oder neue Werte und Normen schaffen, in deren Namen sie vorgehen. Ohne die Aktivität des Wertens verschwinden die Ziele, für die man streitet, ebenso wie die politischen Gegner, die nur im Gegenlicht von Wertungen überhaupt als solche erscheinen.

Nichtregierungsorganisationen führen in jeder dieser vier Hinsichten etwas Neues in die Politik ein, das sie von den politischen Parteien oder den klassischen

14

Verbänden der Berufsgruppen oder Sozialpartner unterscheidet. Sie lösen den Einfluss auf die politische Willensbildung von der Idee eines zu Grunde liegenden „Volkes", indem sie über die Grenzen eines jeweiligen Staatsvolkes hinaus Bündnisse eingehen, um auf die Entscheidungen von Regierungen, Firmen und internationalen Institutionen einzuwirken. Sie erwerben ein aus ihrer Sicht problemnahes Fachwissen, das sie in eigene Kommunikationskanäle einspeisen und zur öffentlichen Bloßstellung ihrer jeweiligen Gegner oder auch zur Politikberatung verwenden. Sie dehnen die Bereitschaft zur bürgerschaftlichen Solidarität aus, die jetzt auch weit entfernte Andere mit einbeziehen, von Erdbebenopfern in Mittelamerika bis zu misshandelten Pelztieren in Mitteleuropa und Farmerfamilien im Mittleren Westen der USA, die sich gegen industrielle Saatgutmonopolisten auflehnen. Und sie sind ausgesprochen wertungsfreudig, indem sie ihre Gegner mit Schimpf und Schande überziehen, um sich selbst in ein entsprechend hochmoralisches Licht zu setzen.

Die meisten Beiträge zum Verständnis von Nichtregierungsorganisationen konzentrieren sich auf die beiden Aspekte der Macht und der Solidarität. Viele kritische Analysen zeigen sich überzeugt davon, dass die neuen Organisationen entweder ohne Einfluss bleiben oder aber ihren Einfluss zugunsten der Stabilität eines insgesamt ungerechten Weltsystems ausüben. Optimistischere Ansätze unterstreichen demgegenüber den Beitrag von Nichtregierungsorganisationen zur „Enthierarchisierung" und „Denationalisierung" des politischen Handelns angesichts globaler Krisenphänomene, mit denen das überkommene System der Nationalstaaten nicht mehr zurechtkomme. Die Kapitel des vorliegenden Buches werden diese kontrastierenden Einschätzungen im Auge behalten, zugleich aber auch die Vorgehensweise von NGOs genauer unter die Lupe nehmen und dabei insbesondere der Frage nach den Werten und den Wissenspraktiken der Organisationen nachgehen. Bilden NGOs tatsächlich eine weltweite Gemeinschaft Gleichgesinnter, die im Lichte derselben kosmopolitischen Werte handeln? Liegt ihr Schwergewicht ausschließlich auf „weichen" Themen und der Erregung öffentlicher Emotionen durch lautstarke und telegene Aktionen? Oder gibt es nicht auch erhebliche Wertkonflikte innerhalb der großen Gemeinde von Nichtregierungsorganisationen? Sind die neuen Organisationen nicht eher intellektuelle Akteure, die auf der Grundlage ihres Fachwissens an Einfluss gewinnen? Und wie steht es vor diesem Hintergrund mit der Plausibilität des millionenfach kolportierten Stimmungsbildes von den moralischen Davids im Zwist mit den kaltschnäuzigen Goliaths in Politik und Wirtschaft?

Neomarxistische Analysen neigen dazu, NGOs auf ein Anhängsel der Staatenwelt im Zeitalter des „Neoliberalismus" zu reduzieren, während Modernisierungstheoretiker in den neuen Organisationen eine sachgemäße politische Reaktionsform auf objektive grenzüberschreitende Problemlagen wie die Umweltzerstörung oder den unkontrollierten Waffenhandel sehen. Beide Ansätze betonen makrostrukturelle Aspekte des globalen Wandels, ohne der beobachtbaren Vielgestaltigkeit der Phänomene, die unter dem Begriff „Nichtregierungsorganisationen" gefasst werden, gerecht zu werden. Die vorliegende Einführung unterstreicht im Unterschied dazu die Bedeutung von Kontext und Kultur für das angemessene Verständnis von Nichtregierungsorganisationen. Deren Politik, so meine Ausgangsvermutung, lässt sich nicht erklären ohne die Berücksichtigung sowohl der extrem unterschiedlichen Handlungskontexte in einzelnen Regionalgesellschaften wie

Andere Ansätze

15

auch der Interpretationen und Orientierungen, auf deren Grundlage Informationen verarbeitet und Strategien entworfen werden.

Der Titel des Buches spielt auf die mangelnde Sesshaftigkeit der neuen politischen Organisationen an, die jedoch keineswegs dazu führt, dass sie vor lauter luftigen Idealen konkrete und lokalisierbare Krisenherde übersehen. Im Gegenteil: Wie immer es mit den Werten, dem Wissen und dem Einfluss von Nichtregierungsorganisationen bestellt sein mag, unbestreitbar ist, dass sie die räumlichen Maßstäbe von Solidarisierung und Organisation selbst zum Gegenstand der politischen Auseinandersetzung machen. Auf diese Weise versuchen die neuen Organisationen, den erreichten Grad der internationalen Streuung wirtschaftlicher und politischer Macht einzuholen und wenigstens ansatzweise auszubalancieren. Das geläufige Bild von politischen Interessengruppen suggeriert, dass diese sich „innerhalb" von Staaten organisieren, um „von unten" Einfluss auszuüben. Bei Nichtregierungsorganisationen verschwimmt dieses Bild, da sie über den „eigenen" Staat hinausreichen, sich gleichsam auf den Grenzstreifen *zwischen* Staaten ansiedeln und damit so etwas wie einen seitlichen Einfluss auf Staaten, aber auch auf große Firmen und internationale Institutionen ausüben. Als Nutznießer dieses Einflusses werden manchmal globale Gemeingüter wie die stratosphärische Ozonschicht oder die Weltmeere genannt. Oft gilt das Engagement aber auch sehr viel kleinräumigeren Zielen, etwa der Rehabilitation traumatisierter Kriegsopfer im Kaukasus, der Ernährungssicherheit in Nordkorea, der ökologischen Umstellung der Landwirtschaft in der Europäischen Union oder auch dem Schutz der Elbaue zwischen Schnackenburg und Lauenburg. Nicht zuletzt Sprecher von Menschenrechtsorganisationen haben immer wieder betont, wie wichtig die kontinuierliche Aufmerksamkeit für jeweils ganz bestimmte Regionen ist, die nicht zugunsten einer hastigen Globalisierung aufgegeben werden darf. Man kann nicht „zwischen allen Ecken und Enden der Welt hin und her hüpfen und gleichzeitig effektiv zum Schutz der Menschenrechte beitragen", so Aryeh Neier, der Gründer von Human Rights Watch (zit. in Korey 1998, S. 344).

Die besondere Bedeutung des Lokalen und der Verknüpfung unterschiedlicher Lokalitäten zu einem Netz ist auch bei ganz anderen NGOs auffällig, wie ein Beispiel aus der Agrarpolitik zeigt. In den 80er Jahren wurden die Schwierigkeiten erkennbar, die Forschungsergebnisse internationaler Agrarforschungszentren an die Bauern in unterschiedlichen Entwicklungsländern nutzbringend weiterzugeben. Die sich damit öffnende Nische konnte allerdings bald von spezialisierten NGOs erschlossen werden, die der Förderung von weltweit homogenen Hochleistungssorten im Landbau eine informelle Forschung und Entwicklung zugunsten lokal angepasster Feldfrüchte und Anbaumethoden entgegensetzten. Solche Initiativen haben weniger das Ziel, bestimmte in Labors ausgedachte Produkte „an den Mann zu bringen", als vielmehr neue Beziehungen herzustellen zwischen technischen Infrastrukturen, dem einheimischen Wissen der Bäuerinnen und Bauern, spezifischen klimatisch-ökologischen Anbaubedingungen sowie überregionalen Forschungseinrichtungen (Shrum 2000).

Im Sinne dieser Beispiele haben Nichtregierungsorganisationen einen Hang zum „Lokalpatriotismus", das heißt zur Bündelung ihrer Energien auf konkrete Orte eines jeweils beschämenden, schrecklichen oder gefährlichen Geschehens. Diese Fokussierung auf konkrete Orte und Umstände verbindet sich mit weltbürgerlichen Motiven. Verteidigt werden dabei nicht in erster Linie die *eigenen* lokalen Lebens-

Jenseits des „eigenen" Staates

„Lokalpatriotismus"

bedingungen. Vielmehr gelingt den neuen Organisationen, was man früher nur Dämonen und Heiligen zutraute: an mehreren Orten zugleich sein und im Sinne der eigenen Werte Flagge zeigen.

Im nächsten Kapitel möchte ich zum Einstieg etwas weiter ausholen und an einige Thesen erinnern, die vor hundert Jahren und im Laufe des 20. Jahrhunderts immer wieder diskutiert wurden. So wurden das nahende definitive Ende der Demokratie und der bürgerlichen Freiheiten vorhergesagt, außerdem das Ende des Kapitalismus und schließlich das Scheitern aller Versuche, die geschichtsmächtige Erfolgskombination von Marktwirtschaft und Demokratie über Westeuropa und die USA hinaus auszudehnen. Dass die ersten beiden Thesen ganz und die dritte These zumindest teilweise widerlegt werden konnte, hängt mit der Kraft zu organisatorischen Neuerungen zusammen, die moderne Gesellschaften auszeichnet und die den Hintergrund für die heutige Debatte über neue politische Organisationen bildet. Im Anschluss an diese Überlegungen werde ich die Organisationsform der politischen Parteien als Kontrastfolie zu Nichtregierungsorganisationen diskutieren, um sodann auf die veränderte Rolle des Staates und die Entstehung neuer Problemlagen im Zusammenhang mit der Globalisierung einzugehen. Wer es eilig hat, mag dieses Kapitel, das zum Verständnis des Umfelds beitagen soll, in dem NGOs groß geworden sind, überspringen.

Gliederung des Buches

In Kapitel 3 wird das Neue und Besondere der „nachtraditionalen Verbände" genauer bestimmt und die Geschichte dieser Politikform beleuchtet. Dabei wird sich zeigen, dass diese Geschichte viel weiter zurückreicht als die Medienberichterstattung zu den großen thematischen UN-Konferenzen der 90er Jahre nahelegt. Die neuen Verbände, so die These, treten unter den Bedingungen einer fortgeschrittenen Moderne auf, in der grundsätzlich jeder Mensch, der zum *Opfer* von Unrecht und Unglücken wird, unabhängig von seiner Zugehörigkeit zu Nationen oder Klassen als Opfer erkannt und zum Ziel der Fürsprache wird, in der keine gesellschaftliche oder historische Gruppe prinzipiell vor einer öffentlichen *Anklage* sicher sein kann und in der schließlich jedes noch so entfernte Publikum als *Adressat* von Aufrufen und Informationen in Betracht kommt. Das Wachstum und die Vermehrung von NGOs sind ein Resultat dieser mehrfachen Entgrenzung, die mit dem Schlagwort der „Globalisierung" nur ungenau bezeichnet wird.

In den Kapiteln 4 und 5 werden die Fragen nach dem „Wo" und „Wie" des Engagements von Nichtregierungsorganisationen behandelt. NGOs sind nicht überall zu Hause, sondern wählen die räumliche Reichweite ihrer Aktivitäten ebenso wie ihre Einsatzorte und politischen Foren. Offenkundig ist die globale Handlungsebene der Vereinten Nationen und anderer multilateraler Institutionen sehr wichtig, aber sie bestimmt nicht allein die Raumdimension der neuen Akteure. Kapitel 5 führt ein in die Beschäftigung mit den Methoden, Taktiken und Vorgehensweisen von NGOs, denen oftmals bereits ihre Mittel heilig sind, um von den Zielen ganz zu schweigen. Insgesamt versuchen die Kapitel 3 bis 5 eine gedankliche Ordnung in die Vielfalt von Nichtregierungsorganisationen zu bringen, die es ermöglicht, im Gewühl unterschiedlichster Gruppen einige grundlegende Richtungen, Muster und Strukturen zu erkennen.

Sobald wir etwas klarer sehen und herausgefunden haben, woher die neuen Organisationen kommen, was sie wollen und wie sie vorgehen, können wir uns der abschließenden Frage zuwenden, was wir realistischerweise von ihnen erhoffen dürfen. Hierzu werde ich in Kapitel 6 einige Hinweise für die These zusammenstellen, dass die neuen politischen Verbände zu einem Bündel von Kräften gehören, die über die Alternative zwischen Nationalstaaten und Weltstaat hinausweisen, indem sie in verschiedenen Politikfeldern zu einer Neuformulierung verbindlicher grenz-überschreitender „Zivilisationsstandards" beitragen. War es bisher die Einheit des Volkswillens, der Menschheit oder der Weltkulturen, die beschworen wurde, kommt es jetzt auf etwas Anderes an: nämlich auf das Ausloten und Aushalten der Differenzen, die in einer Vielzahl von globalen Handlungsfeldern aufbrechen, ohne dass bisher eine schlüssige politische Form gefunden worden wäre, die diese vielfältigen Differenzen umfassen und entschärfen könnte. Zudem soll das Schluss-kapitel noch einmal über die Grenzen und Beschränkungen der neuen politischen Akteure Auskunft geben.

Das Buch ist als Einführung gedacht. Das bedeutet, dass ich versucht habe, einer-seits eine knappe und pointierte Darstellung zu liefern, andererseits möglichst weit-gehend auf eine Meta-Diskussion der Beiträge anderer Autorinnen und Autoren zum Thema zu verzichten. Das Literaturverzeichnis bietet aus diesem Grund eine Übersicht über die Forschung zum Thema, auf die ich in den folgenden Kapiteln kaum eingehen werde, um mich dafür umso zügiger dem Phänomen selbst zu nähern.

Kapitel 2

Vom 20. ins 21. Jahrhundert: Über traditionelle und neue politische Organisationen

Die Wirklichkeit unserer politischen und gesellschaftlichen Welt mag uns häufig banal und selbstverständlich vorkommen. Zu staunen beginnen wir erst, wenn wir sie im Licht der großen pessimistischen Prognosen betrachten, die von vielen Beobachtern im Laufe des vergangenen Jahrhunderts angestellt wurden. Diese Prognosen, die wiederum die Kehrseite von nicht minder prominenten irdischen Glücksverheißungen bildeten, an denen das Jahrhundert ebenfalls reich war, lassen sich zu drei Thesen verdichten. Im Einzelnen sind dies

Drei Thesen

- die These vom nahenden Ende der Demokratie und der bürgerlichen Freiheiten,
- die These von den Grenzen der Marktwirtschaft und der Wohlstandsmehrung sowie
- die These von den Grenzen der globalen Verallgemeinerbarkeit von Demokratie und Marktwirtschaft.

Erstens sahen lange Zeit Skeptiker keinen Grund, der liberalen Demokratie angesichts der wachsenden Heterogenität der modernen Gesellschaft und der Vielzahl innerer und äußerer Herausforderungen große Überlebenschancen einzuräumen. Die Demokratie galt vielen Fachleuten und Zeitzeugen vor hundert Jahren als eine nicht zukunftsfähige Regierungsform. Zweitens hegte man aus unterschiedlichen Gründen Zweifel an der institutionellen Stabilität der Marktwirtschaft und an der Dauerhaftigkeit des wirtschaftlichen Wohlstands der Bevölkerung. Der Kapitalismus, so die Ansicht vieler, werde eines nicht allzu fernen Tages an sich selbst zu Grunde gehen. Drittens schließlich wurde immer wieder bestritten, dass sich die ohnehin prekäre Kombination von liberaler Demokratie und Massenwohlstand auf die nichteuropäischen Regionen der Welt ausdehnen lasse. Zumindest die ersten beiden Thesen wurden widerlegt, und auch die dritte These kann heute nur mit Einschränkungen als richtig angesehen werden. Dies gilt freilich nur aus *heutiger* Sicht, denn wir wissen nicht, wie nachfolgende Generationen jene Thesen bewerten werden. Einige Zeitgenossen, etwa der Futorologe und Nobelpreisträger für Chemie Richard Smalley, haben schon vor den Terroranschlägen auf die USA vom 11. September 2001 die Überzeugung geäußert, dass das 20. Jahrhundert ein ziemlich *ruhiges* Jahrhundert war im Vergleich zu dem, was uns in diesem Jahrhundert bevorstehen könnte.

Wie immer es darum bestellt sein mag, verweist der Umstand, dass wir heute eine Vielzahl demokratischer Gruppenbildungen über die Grenzen von Staaten hinweg beobachten, mehr oder weniger direkt auf die Fragwürdigkeit oder Unvollständigkeit der drei Thesen. Die neuen Gruppenbildungen finden in der teilweise unerwarteten Fortschreibung und manchmal *höchst uneinheitlichen Universalisierung von Modernisierungsprozessen* sowohl ihre Existenzgrundlage wie auch ihre spezifischen Mobilisierungsanlässe. Uneinheitlich und zweischneidig ist der Vorgang der weltweiten Modernisierung, weil in ihm Humanisierungs- und Zerstörungspotenziale zu-gleich und als Resultate desselben Prozesses gesteigert werden. Eine These des vorliegenden Buches lautet, dass organisatorische Kreativität eine unterschätzte

Ressource ist, mit der in der Politik auf scheinbar ausweglose Lagen reagiert wird. Bevor ich auf die besondere Rolle organisatorischer Kreativität am Beispiel moderner Nichtregierungsorganisationen eingehe, möchte ich die drei genannten Thesen kurz erläutern.

Ende der liberalen Demokratie?

1. Liberale Soziologen wie Max Weber sahen zu Beginn des 20. Jahrhunderts die Gefahr, dass die Demokratie und die Freiheitsrechte durch große Bürokratien und die in ihnen gezüchtete kollektivistische Mentalität erstickt würden. Weber befürchtete in diesem Zusammenhang sogar eine Wiederkehr von Elementen des orientalischen Fronstaates, der auf einer veränderten sozialen und technischen Basis die bürokratisch befestigte Entmündigung und Entpolitisierung der Bürger total machen werde (Weber 1924, S. 66, 83). Andere wie der Weimarer Staatsrechtslehrer Carl Schmitt, der später zu einem Verteidiger des Nationalsozialismus wurde, sahen in der ideologischen Aufspaltung der Gesellschaft in unversöhnliche, durch Weltanschauungsparteien zementierte Lager eine tödliche Krankheit der ohnehin ungeliebten liberalen Demokratie. Nach dem Zweiten Weltkrieg schließlich deuteten Theoretiker der Studentenbewegung die in der westlichen Hemisphäre siegreiche Demokratie als bloße Hülle einer die politischen Systeme weltweit übergreifenden Tauschgesellschaft, deren Unmenschlichkeit durch den Unterschied zwischen liberaler Demokratie auf der einen Seite und totalitärer Herrschaft auf der anderen Seite nicht berührt werde (Adorno 1998, S. 171). Noch Mitte der 70er Jahre gaben prominente Politiker wie der ehemalige Gesandte der USA bei den Vereinten Nationen, Daniel Patrick Moynihan, oder der deutsche Sozialdemokrat Willy Brandt der Demokratie nurmehr eine historische Gnadenfrist (Crozier et al. 1975, S. 2). Vor dem Hintergrund dieses düsteren geistesgeschichtlichen Panoramas ist die existenzielle Bedeutung, die vor 1989 Millionen von Menschen im Ostblock der Demokratie als politischer Lebensform zugeschrieben haben, eine ebenso erstaunliche Tatsache wie die Konsolidierung demokratischer Regierungsformen in vormals autoritär verfassten Staaten und der wie auch immer prekäre weltweite Fortschritt der Demokratie und der Menschenrechte.

Unabhängig von Indizien, die dafür sprechen, dass der demokratische Rechtsstaat auch dort, wo er scheinbar fest verankert ist, ein gefährdetes öffentliches Gut ist, lässt sich ein grundlegender Fortschritt in Zahlen ausdrücken. 1950 gab es 80 souveräne Staaten auf der Erde, weiterhin 43 Kolonien und eine Vielzahl von Protektoraten. Nur 22 Staaten, in denen 31 Prozent der Weltbevölkerung lebten, waren demokratisch, und der Kommunismus, der ein weiteres Drittel der Menschheit kontrollierte, schien noch in bester Form zu sein. 1999 zählen wir bereits 192 international anerkannte Staaten (einschließlich internationaler Protektorate wie Ost-Timor oder Bosnien). Fast 60 Prozent der Weltbevölkerung leben in Staaten, deren Führungen demokratisch gewählt werden. 85 der 192 Länder gelten als „frei" in dem Sinne, dass elementare bürgerliche Rechte wie die Meinungsfreiheit und die Freiheit der Organisationsgründung geschützt sind. Als teilweise frei gelten weitere 59 Länder, in denen trotz ethnischer Spannungen, Korruption und eines schwachen Staates die Grundrechte respektiert werden. Selbst Länder wie die Republik Mali, die Fidschi-Inseln, Dschibuti, Nigeria und Restjugoslawien haben deutliche Fortschritte in Richtung Demokratisierung hinter sich (Karatnycky 2000). Hinzu kommt, dass seit einigen Jahren unter Völkerrechtlern auch das Konzept eines verbindlichen „Rechts auf Demokratie" diskutiert wird (Franck 1992).

2. Die zweite große pessimistische These des vergangenen Jahrhunderts besagt, dass die Dynamik der kapitalistischen Wirtschaftsordnung in absehbarer Zeit an unüberwindliche Grenzen stoßen werde. Für Marxisten war diese These freilich gar nicht pessimistisch gemeint, sondern Anlass einer großen geschichtsphilosophischen Hoffnung. Stärker hervorheben möchte ich jedoch eine andere Gruppe von Forschern und Publizisten, die weniger an ein Ende des Kapitalismus durch soziale Revolution und Wirtschaftskrise glauben mochte als an das buchstäbliche Ausbrennen dieser Wirtschaftsform angesichts der naturgegebenen Knappheit von Ressourcen. Bereits Weber vermutete, dass die moderne kapitalistische Wirtschaftsordnung spätestens dann untergehe, wenn „der letzte Zentner fossilen Brennstoffs verglüht" (Weber 1986, S. 203) sei. Die Formulierung nimmt die jüngere, höchst einflussreiche These von den „Grenzen des Wachstums" vorweg. Die mit diesem Schlagwort verknüpfte Strömung des *Neomalthusianismus* umfasst unterschiedliche politische Lager, deren Gemeinsamkeit im Kampf gegen den Glauben an die Endlosigkeit der Modernisierung liegt. Unter „Neomalthusianern" werden Autoren verstanden, die im Anschluss an den englischen Ökonomen Thomas Robert Malthus (1766-1834) im exponenziellen Wachstum der Bevölkerung die Ursache für unabsehbare ökologische Gefahren und letztlich auch für politische Instabilitäten sehen.

Nun hat die Entwicklung der westlichen Industriegesellschaften ein drastisches Gegenbild zu der von Malthus vorhergesagten Verewigung des sozialen Elends durch ungezügeltes Fortpflanzungsverhalten geliefert. Tatsächlich sind nämlich das Arbeitskräftepotenzial und die sozialen Sicherungssysteme dieser Gesellschaften von der Auszehrung durch den deutlichen *Rückgang* der Geburtenrate gefährdet. Seit Mitte der 60er Jahre ist in den alten Industrieländern Europas die durchschnittliche Geburtenzahl je Frau mehr oder weniger deutlich unter das Bestandserhaltungsniveau gesunken. Die Gründe hierfür sind vielfältig und liegen u.a. in der Rationalisierung des Fortpflanzungsverhaltens durch Verhütungstechniken und das gründliche Abwägen des Kinderwunsches in modernen Paarbeziehungen. Die Möglichkeiten einer pronatalistischen Politik des Staates gelten als begrenzt, so dass die Zuwanderung von Menschen aus dem Ausland für das wirtschaftlich-soziale System vieler Länder zu einer Überlebensfrage wird. Für Nationen mit starken ethnozentrischen Traditionen wie Japan oder – in geringerem Maße – auch Deutschland ergeben sich daraus erhebliche Konfliktpotenziale.

Um die veraltete Krisendiagnose von Malthus zu retten, argumentieren die Neomalthusianer daher *global* und weltbürgerlich, indem sie seit den 60er Jahren auf Grenzen des Wachstums von Ernteerträgen und industriellem Output verweisen, – Grenzen, die durch das weltweite Bevölkerungswachstum angeblich unaufhaltsam näher rücken. Unbeachtet bleibt dabei der Trend der Weltwirtschaft nicht nur zur Durchbrechung territorialer Grenzen, sondern auch zur Entstofflichung von Wirtschaftsaktivitäten und damit zu einer teilweisen Abkopplung des Wachstums von stofflichen Ressourcen im Zuge der Durchsetzung neuer Informations- und Kommunikationstechniken. Unterschätzt wird ferner die Fähigkeit moderner Gesellschaften, neue Ressourcen zu erschließen – selbst der Weltraum wird inzwischen als Rohstoffquelle entdeckt (Lewis 1997) –, sowie die Abhängigkeit des Bevölkerungswachstums von sozialen Institutionen und Regierungsstrukturen. So verweisen Experten der Weltbank auf den Zusammenhang zwischen dem Niedergang hierarchischer, entmündigender Institutionen in außereuropäischen Gesellschaften und dem dadurch bewirkten Rückgang der Geburtenzahlen (Das Gupta 1999).

3. Wissenschaftler, die an absolute Grenzen der Expansionsdynamik moderner Marktwirtschaften glauben, haben nicht nur ein Ende des Kapitalismus prognostiziert, sondern mehr noch die physische Unmöglichkeit, den westlichen Typus betriebseffizienter Ressourcenmobilisierung und Wohlstandsmehrung auf den gesamten Erdball *auszudehnen*. Dies ist das dritte große Krisenszenario des zu Ende gegangenen Jahrhunderts, an das ich erinnern möchte. Die Entwicklung der unterentwickelten Regionen ist in dieser Perspektive nicht länger wünschenswert, sondern erscheint als demografische, kulturelle und politische Bedrohung (Kondylis 1992). Andere mochten im Unterschied dazu wohl die Entwicklung der armen Regionen wünschen, hielten sie jedoch für nicht realisierbar. Selbst hochdekorierte Wissenschaftler wie der Nobelpreisträger Gunnar Myrdal konnten sich 1960 nicht vorstellen, dass Asien bald eine Wirtschaftsmacht werden könnte. Die Zeit der wachsenden Exportmärkte für Aufsteiger-Nationen, so Myrdal, sei ein für allemal vorbei (Myrdal 1968).

Grenzen der Globalisierung?

Heute reibt man sich die Augen bei der Lektüre solcher Fehlurteile. Ein ehemaliger Asien-Korrespondent des britischen *Economist* übertreibt nur geringfügig, wenn er den Aufstieg weiter Teile Asiens aus den Trümmern von Fremdherrschaft, Bürgerkriegen und Kommunismus als „das größte und aufregendste Ereignis" der zweiten Hälfte des 20. Jahrhunderts bezeichnet (Rohwer 1996, S. 30). Generell gilt, dass bis vor Kurzem die Eigendynamik der Wissensentwicklung und die Konsequenzen dieser Entwicklung für die Weltgesellschaft dramatisch unterschätzt worden sind. So ist zwar das Elend in vielen Entwicklungsländern eine skandalöse Tatsache, aber nur wenige wissen, dass heute die weltweite Diffusion von Wissen und Technik in den Großstädten der Entwicklungsländer zu einer Senkung der Kindersterblichkeit auf ein Viertel der Rate geführt hat, die New York City im Jahr 1890 hatte (Johnson 2000, S. 13; Rigg 1997).

Den drei großen Gegenwartsdiagnosen, auf die ich im Laufe dieses Buches gelegentlich zurückkommen werde, ist gemeinsam, dass sie allesamt die eigentümliche organisatorische Innovationskraft moderner Gesellschaften im Allgemeinen und der Demokratie im Besonderen unterschätzt haben. Der Kapitalismus ist weder an inneren Widersprüchen noch an äußeren Wachstumsgrenzen zu Grunde gegangen, weil er eine beispiellose Kraft zur Reorganisation der eigenen Funktionsweise entfaltet hat. In Ostasien hat sich sogar gezeigt, dass traditioneller Familiensinn und ethnische Zusammengehörigkeitsgefühle zu einer Ressource wirtschaftlicher Rationalität und Innovationskraft werden können. Ähnliches gilt für die Demokratie. Diese Regierungsform, die zugleich eine politische Lebensform von Völkern ist, hat trotz des sinkenden Vertrauens breiter Schichten in die Leistungsfähigkeit der Politik ein Maß an Eigenkomplexität und Anpassungsfähigkeit entwickelt, das ihr Überleben auch unter den Bedingungen hochtechnisierter und schnelllebiger Massengesellschaften gewährleistet.

Politische Produktivität des Westens

Dies ist nicht zuletzt der Tatsache zu verdanken, dass die Demokratie eine Vielzahl von Organisationsformen der Willensbildung und Entscheidungsfindung zulässt und neben klassischen Organisationen wie insbesondere den politischen Massenparteien auch andere Formen des Bürgerengagements hervorgebracht hat. Organisatorische Kreativität ist ein vernachlässigter Aspekt jener allgemeinen „politischen Produktivität", die mit guten Gründen zu den historischen Vorzügen von demokratischen Regierungsformen gezählt wird (Schmidt 1999). Darunter wird das überlegene Leistungsprofil westlicher Demokratien im Vergleich zu defekten De-

22

mokratien und Diktaturen verstanden, wobei sich die Leistungen sowohl aus so genannten Input-Faktoren wie der Garantie der Bürgerrechte und der höheren Elastizität der Politik gegenüber neuen Herausforderungen zusammensetzen als auch aus Output-Größen wie der Wohlstandsmehrung und des Umweltschutzes. Organisatorische Kreativität ist eine Voraussetzung dieser Leistungen. Schon die großen Parteien sind Resultat einer ersten großen Mobilisierungswelle und damit zugleich einer Phase organisatorischer Kreativität, die das Gesicht moderner Demokratien wie auch ihrer totalitären Gegner maßgeblich prägte. Sie sind der Amboss, auf dem das Gerüst der politischen Moderne geschmiedet wurde. Bevor ich daher auf „neue" politische Organisationen eingehe, werde ich mich kurz mit einigen Formprinzipien moderner Parteien als den traditionellen politischen Organisationen par excellence sowie mit der Rolle des Nationalstaats unter den Bedingungen der Globalisierung auseinandersetzen.

Regierungsbildende Organisationen: Das Beispiel der politischen Parteien

Menschen, die eine Aufgabe kooperativ lösen wollen, müssen sich „organisieren". Organisieren ist eine Tätigkeit zweiter Ordnung, die darauf gerichtet ist, die Handlungsstrategien einer Mehrzahl von Individuen zielgerichtet aufeinander abzustimmen. Diese Notwendigkeit besteht in der Politik ebenso wie auf allen anderen Gebieten. In der modernen Gesellschaft, in der das Handeln von Einzelnen immer weniger durch ehrwürdige Traditionen und fraglos übernommene Normen koordiniert wird, erhöht sich der Bedarf an Organisation, zumal die Handlungsketten, von denen das Gelingen unseres Alltags abhängt, immer länger werden (man denke an die weltumspannenden Warenkreisläufe oder Verkehrsbewegungen). Die moderne Gesellschaft ist daher aus gutem Grund eine Organisationsgesellschaft genannt worden, in der persönlicher Erfolg weniger der eigenen Arbeit und anderen Bewährungsstrafen zu verdanken ist, die sich der Gott des Alten Testaments für uns ausgedacht haben mag, als vielmehr dem „Zugang zu Organisationen" (Kirchheimer 1964, S. 80), deren Formprinzipien wir uns unterwerfen müssen. Ein großer Teil des Unbehagens moderner Menschen in ihrer Kultur, das sie von fernen grünen Inseln außerhalb der Zivilisation träumen lässt, ist dieser umfassenden Abhängigkeit von Organisationen geschuldet. Daran ändert zunächst auch die Demokratie nichts.

Der Zugang zu Organisationen

Der klassischen Soziologie zufolge kommt es sogar noch schlimmer. Max Weber und mit ihm eine Reihe weiterer Zeitgenossen wie z.B. der Parteientheoretiker Robert Michels haben nämlich die Vermutung geäußert, dass eine ganz bestimmte Form der Organisation allen anderen evolutionär überlegen ist: die *Bürokratie*. Die bürokratische Organisation besteht in der Herstellung sozialer Beziehungen, deren menschliche Glieder relativ leicht durch andere ersetzbar sind. Je weiter man in der Hierarchie hinabsteigt, desto mehr gilt dieses Prinzip der Ersetzbarkeit. Diese praktische Fiktion der Austauschbarkeit der Individuen, d.h. ihrer weitgehenden Entindividualisierung, hat in totalitären politischen Ordnungen das plötzliche *Umschlagen* von Bürokratie in Terror, von starrer Ordnung in überbordende Willkür begünstigt.

Wie nun lassen sich die Träger bürokratischer Organisation, die Bürokraten, charakterisieren? Im Unterschied zum findigen Unternehmer wie auch zum modernen Politiker oder Intellektuellen orientieren sie sich weder an der Verwandlung günstiger Umstände noch an Prinzipien, sondern am Vollzug von Routinen. Folgende Merkmale unterscheidet die Bürokratie von anderen Organisationsweisen: (a) ihre Träger sind Angestellte, die nach unpersönlichen Kriterien ausgewählt und entlang einer hierarchischen „Karriereleiter" befördert werden; (b) die emotionslos zu erledigende Tätigkeit dieser Angestellten folgt einer strikten, zentral koordinierten Arbeitsteilung und eindeutigen formellen Zuständigkeiten, die nicht überschritten werden dürfen; daraus folgt (c) eine Abschottung der Bürokraten gegenüber der Politik und den Konflikten in der weiteren Gesellschaft. Bürokratische Organisationsformen sind nach Weber jeder anderen rein technisch an *Effizienz* überlegen: Sie lösen angeblich mehr Aufgaben in kürzerer Zeit als jede andere Form des organisierten Handelns. Zudem wird angenommen, dass sich bürokratische Verwaltungsmethoden „auf *alle* Aufgaben" (Weber 1976, S. 128) anwenden lassen, die in einer modernen Gesellschaft überhaupt anfallen können. Daraus folgt, dass die Nischen knapp werden, in denen weniger effiziente, nichtbürokratische Organisationsformen überleben können. Aus diesen beiden Umständen resultiert die schiere *Macht* der Bürokratie über sämtliche wirtschaftliche und politische Organisationsprinzipien einer modernen Gesellschaft, die demnach Schritt für Schritt durchbürokratisiert wird, um sich – so Webers berühmtes Schreckbild – zuletzt in ein „stahlhartes Gehäuse der Hörigkeit" zu verwandeln.

Das Gegenbild zur formalisierten Bürokratie ist die amorphe Masse, die in der ersten Hälfte des vergangenen Jahrhunderts ebenfalls das politische Denken stark beschäftigte. Der Masse entspricht die „Straße", die als Rekrutierungsbasis und Übungsgelände von den totalitären Bewegungen genutzt wurde. „Wer die Straße erobern kann, der erobert damit den Staat", erkannte in den 30er Jahren der nationalsozialistische Agitator Joseph Goebbels. Anders als es den Anschein hat, ist jedoch die Macht der „Straße" in gewisser Weise gar kein Gegensatz zur bürokratischen Beherrschung des gesellschaftlichen Lebens, sondern vielmehr Kehrseite und Konsequenz derselben. Die weitgehende Tolerierung der nationalsozialistischen Massenbewegung durch die konservative Ministerialbürokratie in Deutschland kann als Sinnbild dieser geschichtlichen Affinität gewertet werden. Bürokratie und Masse haben gemeinsam, dass das Individuum in ihnen *aufgeht*. Beide Sozialformen entmutigen die freie Eigeninitiative und schwächen den Verantwortungssinn. Analog zum typischen Bürokraten, der nur weisungsgebunden innerhalb seiner begrenzten Zuständigkeit handeln kann, ist die „Straße" unfähig, ihrer eigenen Außensteuerung durch Demagogen etwas entgegenzusetzen. Mit der Macht bürokratischer Organisationen über das gesellschaftliche Leben wird den Einzelnen mehr und mehr Handlungskompetenz entzogen. Der Verlust der Autonomie erhöht die Stimmungsanfälligkeit und Reizbarkeit von Teilen der Bevölkerung ebenso wie die Neigung, spektakulären Reizen und Parolen hemmungslos nachzugeben. Aus der Synthese der Prinzipien von „Masse" und „Bürokratie", Mobilmachung und Planung ergibt sich jene antiliberale Arbeitsdemokratie, von der Ernst Jünger zu Beginn der 30er Jahre in seinem Buch „Der Arbeiter" sagte, sie bereite in „Planlandschaften" die Weltherrschaft vor, die das Zeitalter der liberalen Demokratien ablösen werde.

Diese hier mit Absicht überzeichneten Tendenzen sollen zur Illustration der Tatsache dienen, dass die moderne Gesellschaft die demokratischen Potenziale, die sie ohne Zweifel befördert, zugleich gefährdet. Sowohl in dem Phänomen der auf den Straßen versammelten, gewaltbereiten Großstadtmenge wie auch in den Riesenbürokratien des modernen Staates und der Industrie verdichten sich elementare Bedrohungen der liberalen Demokratie, die in unterschiedlichen Regionen und Zeitabschnitten immer wieder akut geworden sind. Politische Parteien sind dabei von Anfang an als Mittel konzipiert worden, diese Bedrohungen zu bändigen und das zur Masse pulverisierte Volk organisatorisch einzubinden. Allerdings hat die Form der politischen Partei auch unmittelbar Anteil an der Ambivalenz von kollektiver Selbsttätigkeit und autoritärer Außenlenkung der Bevölkerung, die die politische Moderne durchzieht. Wir wissen heute, dass Demokratien vor allem da gedeihen, wo der Einfluss auf die politischen Entscheidungsträger gestreut ist und wo Politik und Gesellschaft ein gegliedertes, vielgestaltiges Muster zeigen. Vorpolitische Organisationen und Vereine tragen zu dieser Gliederung ebenso bei wie politische Parteien und andere Zusammenschlüsse, in denen sich eine Bevölkerung selbst organisiert. Aber die parteiförmige Organisation großer Menschenmengen hat in der Geschichte auch immer wieder zur Zerstörung oder Verhinderung einer institutionell gegliederten bürgerlichen Gesellschaft beigetragen.

Ein Beispiel ist die in ihrer Prinzipienfestigkeit und Mobilisierungsfähigkeit durchaus moderne kommunistische Partei Lenins, die in Russland die Kommandoposition einer über dem Volk stehenden Intelligenzschicht zementierte und alles daran setzte, die Volksmasse in einem Zustand der Formlosigkeit zu halten und damit die Entstehung einer Gesellschaft selbstorganisierter Bürgerinnen und Bürger zu verhindern. Die kommunistische Partei adelte ausgewählte Bürger der Sowjetunion, indem sie sie zu Mitgliedern der Partei und damit gleichzeitig zu Anwärtern eines Amtes im rasch expandierenden Herrschaftsapparat des Landes machte. Die Partei war in diesem Sinne der zentrale Mobilitätskanal des Regimes. Zugleich sicherten periodische „Säuberungen" von Anfang an die vollständige Homogenität des Parteikörpers, dessen Mitgliederstärke von 80.000 im April 1917 auf 730.000 in den Jahren 1920/21 hochschnellte, um nach einer ersten Liquidierungswelle ein Jahr später wieder auf 400.000 zu sinken (Koenen 1998, S. 95f.). Unter ganz anderen Bedingungen und mit anderen Zielsetzungen kombinierte das Regime der NSDAP einen bürokratischen Perfektionismus mit der regelfeindlichen, von antibürokratischer Rhetorik begleiteten Orientierung an günstigen Gelegenheiten und kurzfristigen Erfolgen. Beide Parteien waren, streng genommen, nicht auf die Macht im Staat aus, sondern auf die Macht in einem (Welt-)Reich.

Von diesen Beispielen moderner politischer Parteien sind solche Parteien zu unterscheiden, die in *Demokratien* um Wahlerfolge ringen. Unter „Demokratie" verstehe ich einen politischen Systemzustand, in dem neben den institutionellen Garantien der Vereinigungsfreiheit, des Rechts auf freie Meinungsäußerung, der politischen Wahlrechte und Informationsfreiheiten die Bedingungen für Gewaltenkontrolle und Rechtsstaatlichkeit gewährleistet sind. In dem Maße, wie die Demokratisierung einer geht mit einer gesellschaftlichen Modernisierung, begünstigt sie die Gründung von sozialen und politischen Organisationen, unter denen politische Parteien besonders prominent sind. Um die Eigenart von NGOs und neuen politischen Organisationen verstehen zu können, lohnt sich ein näherer Blick auf die Form der politischen Partei, die im Laufe der Geschichte der Demokratien verschiedene strukturelle Veränderungen durchlaufen hat.

Demokratie

Die Ausgangsbeobachtung ist, dass demokratische Parteien gleichermaßen *freiwillige Vereinigungen* sind, die nicht bestehen können ohne ein Mindestmaß an ehrenamtlichen Mitgliederaktivitäten, und öffentliche *Bürokratien*, die auf organisatorische Kontinuität und die Stabilisierung interner Hierarchien angewiesen sind. Aus dieser Mischung ergibt sich die Notwendigkeit, ganz unterschiedliche Trägerschichten der Organisation und deren spezifische Handlungsmotive zu bedienen. So haben Parteien immer zur kollektiven Identität ihrer Mitglieder und Wähler beigetragen und deren Solidaritätsbereitschaft genutzt und gepflegt. Dazu ist es notwendig, eine „Sache" zu definieren, für die es sich in den Augen der Gesamtpartei zu streiten lohnt. Zugleich muss die Partei den persönlichen Ehrgeiz ihrer Funktionäre, Mandatsträger und Versorgungsfälle befriedigen, indem sie Macht und Status verteilt. Ein Dilemma aller großen Parteien besteht darin, dass sich diese beiden Imperative von Solidarität und Vorteilsgewährung, kollektiver Identitätspflege und Ämterpatronage widersprechen.

Totalitäre Parteien können das Dilemma durch die Verschmelzung von Organisationszielen und Führerbefehl lösen, indem sie mittels gelegentlicher Säuberungen den Anliegen einer imaginären „Klasse" oder „Rasse" Rechnung tragen. Für Parteien, die in freien Wahlen miteinander um Parlamentssitze konkurrieren, ergibt sich dagegen eine andere Dynamik. Diese Dynamik ist zu Beginn des 20. Jahrhunderts von Robert Michels am Beispiel der sozialdemokratischen Parteien Europas als „ehernes Gesetz der Oligarchie" beschrieben worden (Michels 1911). Nach Michels beginnt die Geschichte jeder Partei mit der Hingabe einer kleinen Gruppe von politischen Aktivisten an eine gemeinsame „Sache". Mit dem Wachstum der Partei jedoch setzt unvermeidlich ihre Bürokratisierung und die Konsolidierung eines Funktionärskörpers ein. Während dieser Funktionärskörper zunehmend Eigeninteressen verfolgt und die ursprünglichen Ziele der Parteigründung aus den Augen verliert, verfallen die Mitglieder in Apathie und sinken die Wähler auf den Status von „Stimmvieh" herab. Die eigentlichen Ziele werden nur noch als Phrase zitiert, während in Wirklichkeit die Partei sich selbst zum Zweck wird.

Die Hauptschwäche dieser zugespitzten These von Michels liegt darin, dass die Macht in Organisationen so behandelt wird, als ließe sie sich wie ein bewegliches Gut monopolisieren und exklusiv nutzen. Michels spricht geradezu von der Bildung einer bürokratischen „Kaste". Dagegen lässt sich argumentieren, dass sich in komplexen Organisationen keine Macht anhäufen lässt, die nicht an anderer Stelle zur Formierung von Gegenmächten führt, so dass wir im Normalfall prekäre Balancen unterschiedlicher Einflüsse und Konfliktlagen beobachten, von denen sich keine Gruppe vollständig abschotten kann. Alle irdische Macht ruht letzten Endes auf dem flüchtigen Treibsand von Einflussgrößen, die sich kaum jemals in die „ehernen" Formen traditioneller politischer Organisationen bannen lassen. Die Entwicklung einer Organisationsform wie der Partei ist damit *offener* als sie – mehr oder weniger im Geiste Max Webers – von pessimistischen Bürokratietheoretikern vorhergesagt worden ist.

Aus heutiger Sicht krankt das Bild der monolithischen und oligarchischen Massenpartei an zwei weiteren Schwächen. Unterschätzt wurde zum einen die Notwendigkeit der *horizontalen Allianzbildung* innerhalb und außerhalb der Organisationsgrenzen moderner Parteien. Besonders eine Demokratieform wie die deutsche, in der das Mehrheitsprinzip durch vielfältige Zwänge zur horizontalen Koordination von Entscheidungen aufgeweicht wird, ist weit entfernt von der Beherrschung der Gesellschaft durch die Oligarchen einer oder mehrerer Parteien. Die fortschreitende Arbeitsteilung und wachsende Komplexität der Gesellschaft hat vielmehr zur Konsolidierung der Stellung einer Vielzahl von organisierten Interessen beigetragen. Eine der zentralen Aufgaben der Parteien besteht in diesem Zusammenhang darin, durch informelle Allianzbildungen und dauernden Austausch die „Koordinierung der legitimen Gruppen" (Kirchheimer 1964, S. 94) unter den Bedingungen einer weitgehenden Diffusion staatlicher Autorität zu erleichtern.

Noch deutlicher fällt heute ins Gewicht, dass in der Tradition von Michels die *Steuerbarkeit des Umfelds* politischer Parteien durch deren Führungsstäbe weit überschätzt wurde. Diese Veränderungen haben dazu geführt, dass viele der klassischen Politikmittel im Spektrum zwischen Ideologie und physischem Zwang leerlaufen und sich am Eigensinn einer veränderten Bevölkerungsstruktur brechen. Zu nennen sind an dieser Stelle der Rückgang fremdbestimmter körperlicher Arbeit in den Industriegesellschaften, die Zunahme und das steigende Gewicht von Humandienstleistungen (Bildung, Gesundheit, Medien) und der damit einher gehende Wertewandel. Seit den 60er Jahren beobachten wir in allen westlichen Gesellschaften eine Aufwertung des subjektiven Ausdrucks im Gegensatz zu festgelegten Konventionen und eine Sensibilisierung sozialisatorisch begünstigter Schichten für gesellschaftliche Fehlentwicklungen sowie für das Leid räumlich entfernter Menschengruppen, die nicht die gleiche Lebenslage teilen. Gestützt werden diese Entwicklungen auch durch die explosionsartige Entwicklung der audiovisuellen Medien. In Kernsektoren der Arbeitswelt führt der häufige Berufswechsel ferner zu einem anderen Verständnis von Loyalität, die jetzt weniger der eigenen Firma gilt, als der eigenen Tätigkeit und ihren Produkten. Während Weber noch von den „Fachmenschen ohne Geist" gesprochen hat, die ihr Leben lang in der Funktionsnische einer unüberschaubaren Bürokratie hausen, entspricht der gegenwärtigen Ära der flexiblen Spezialisierung von Produktionsmethoden und Organisationsmodellen eine nur teilweise Unterordnung unter diffuse und keineswegs immer konsistente Imperative. So werden aus indolenten „Fachidioten" entweder unterforderte Wohlstandsbürger, die lebenslang auf der Suche nach sich selbst sind, oder auch hochenergische, chronisch überarbeitete Individuen mit ungewissen Loyalitätsbereitschaften.

All dies ist nicht ohne gravierende Folgen geblieben für die Parteien und andere Formen der politischen Selbstorganisation von Bürgern in Industriegesellschaften. Die Massenparteien mit robusten Stammwählerschaften und einem großen Apparat von hauptamtlichen Funktionären erschienen in den 50er Jahren des 20. Jahrhundert als eine moderne und insbesondere dem amerikanischen System der Kampagnenparteien überlegene Organisationsform der modernen Demokratie (Duverger 1951). Und doch haben sich auch in Westeuropa Tendenzen einer Amerikanisierung durchgesetzt, die als erster der in der NS-Zeit in die USA ausgewanderte Politikwissenschaftler Otto Kirchheimer beobachtet hat. Diese Tendenzen lassen sich als Ausdruck dafür werten, dass die angeblich verkrusteten, innovationsunfähigen Massenparteien entgegen der Annahmen von Weber und Michels sehr wohl mit organisatorischer Kreativität begabt gewesen sind.

„Amerikanisierung" des Politikbetriebs

Im Einzelnen sah Kirchheimer (a) eine deutliche Entideologisierung der Parteien und die Konzentraton auf konsensfähige Themen („issues"), (b) eine horizontale Öffnung der Parteien in Richtung auf Verbände und andere organisierte Gruppen zulasten der älteren Privilegierung von parteinahen Sport-, Kultur- oder Kampfverbänden, die das Leben der Mitglieder „von der Wiege bis zur Bahre" begleiten sollten, (c) einen Bedeutungsverlust der eingeschriebenen Mitglieder zugunsten der Orientierung an fluktuierenden, zunehmend heterogenen Wählersegmenten (Volkspartei, „catch-all party") (Mintzel 1984, S. 96-113). Eher implizit blieb ein viertes Merkmal, nämlich die zunehmende Professionalisierung der Parteiorganisation zulasten der früheren Allzuständigkeit der Funktionäre.

Unter organisationspolitischen Gesichtspunkten ist besonders dieser letzte Aspekt von großer Bedeutung. Der Wahlkampf John F. Kennedys 1960, der wiederum Vorbildfunktion hatte für den Wahlkampf Willy Brandts 1961 in Deutschland, brachte erstmals das Fernsehen voll ins Spiel – ein Medium, durch das wir die Welt mit den Augen *anderer* sehen – und damit einen neuen Typ des Experten für Medienwirkung und Demoskopie. Diese Entwicklung erreichte ihren vorläufigen Höhepunkt mit der neuen Elite von Medienprofis, die 1997 der britischen „New Labour"-Regierung von Tony Blair zum Wahlsieg verhalf, und die in der Person des Pressesprechers von Blair, Alastair Campbell, ihr Idol eines ebenso vielseitigen wie aggressiven *spin doctor* hervorgebracht hat. Freilich ist das Umfeld der Medien selbst unruhig und nur schwer steuerbar, zumal die Vielfalt der Medien und Empfangskanäle es immer schwieriger macht, verschiedene Dinge zu verschiedenen Teilgruppen des Publikums zu sagen, ohne dass solche Widersprüche ihrerseits zu einer Nachricht werden. Dadurch lastet auf den Medienexperten der Zwang, für zunehmend heterogene Wählergruppen übergreifend glaubhafte Situationsdeutungen und Problemlösungsformeln zu prägen, die sich laufend im Sperrfeuer von Gegendarstellungen und Alternativdeutungen bewähren müssen, von denen mit hoher Wahrscheinlichkeit alle Beteiligten Wind bekommen. Das Bild des Sperrfeuers ist hier übrigens mit Bedacht gewählt: Die durchschnittliche Dauer ununterbrochener Sprechsequenzen („sound bites") von Politikern in den elektronischen Medien hat sich kontinuierlich auf wenige Sekunden verkürzt, wie man insbesondere für die USA nachweisen kann (Adatto 1993).

"Entertaini-sierung" und Verwissenschaft-lichung

Die Orientierung an medial präsentierten, breitenwirksamen Themen anstelle von gruppenspezifischen Ideologien, die früher in Liedern und doktrinären Texten ihren Niederschlag fanden, begünstigt außerdem die Karriere einer zweiten Sorte von Experten. Deren Aufgabe liegt darin, die Parteiführungen mit dem notwendigen Fachwissen zu versorgen, das den jeweils aufgeworfenen Themen und ihrer erfolgreichen Kommunikation zugrunde liegt. An die Stelle der Bindungswirkungen einer Parteiideologie tritt damit zum einen die „Entertainisierung der Politik" (Holtz-Bacha 2000), erkennbar beispielsweise an der erhöhten Bereitschaft von Politikern, in Talkshows mitzuwirken oder sich für Lifestyle-Magazine ablichten zu lassen; zum anderen aber auch die Verwissenschaftlichung der Politik durch die verstärkte Heranziehung parteiexterner Expertise. Der erste Trend signalisiert die Aufwertung potenzieller Wählergruppen zu Lasten der zahlenden Mitglieder, der andere die Aufwertung bezahlter Profis zu Lasten der repräsentativen Funktionäre. Die Bürokratisierungsfalle der ersten Hälfte des 20. Jahrhunderts weicht damit einer neuartigen „Rationalitätsfalle" (ebd., S. 166), in der die Bindungsbereitschaft von Wählern nur um den Preis von Erwartungsinflation und Entpolitisierung erhöht wird, die wiederum dem langfristigen Eigeninteresse rationaler Parteiorganisation widersprechen. Die geringe Bindungsbereitschaft macht deutlich, wie weit sich die gegenwärtige Parteiendemokratie von der Prämisse jener selbstverständlichen „Dankbarkeit der Massen" entfernt hat, die ältere Theoretiker noch fraglos voraussetzen konnten (Michels 1987, S. 157f.).

Der paradoxe Effekt dieser gesamten Entwicklung besteht in der Gefährdung der politischen Integration moderner Massengesellschaften durch die zweifache Tendenz zur expertokratischen Herrschaft von *professionals* einerseits und zur populistischen Revolte gegen diese Herrschaft andererseits. Die Parteien, die historisch beide Tendenzen gebändigt und zur Synthese gebracht haben, neigen in dieser Situation zu einer gefälligkeitsdemokratischen Bedienung von schwankenden Wählerpräferenzen, die jedoch keineswegs mit einer erhöhten Bindungsbereitschaft der Wähler an die Parteien beantwortet wird, sondern im Gegenteil mit wachsendem Politikverdruss. Politikwissenschaftler verwenden bereits seit längerer Zeit das metereologische Bild einer zunehmenden „Turbulenz" (Panebianco 1983, S. 486) von Wählermärkten und Themenkonjunkturen, die die Parteien in dem Maße erfasst, wie sie an institutioneller Autonomie gegenüber ihrem soziokulturellen Umfeld verlieren. Da die starken politischen Subkulturen langsam verschwinden, die in der Vergangenheit zur Stabilisierung des Wählerverhaltens beitrugen und die Autonomie und Kohärenz vieler Parteien sicherten, geht das Zeitalter der starken Parteien, der Massenparteien im Sinne von Michels oder Weber, zu Ende. Die neuen politischen Organisationen z.B. im Bereich der Umweltpolitik und des Minderheitenschutzes, die parallel zur Schwächung der Parteien wachsen, lösen sich aus der Verklammerung mit einzelnen Parteien, die für das Verbändewesen des klassischen Industriezeitalters typisch war.

Die Tendenz zur Schwächung der Parteien ist freilich nur eine Regel, die von Ausnahmen wie etwa der bayerischen CSU bestätigt wird, der es mit Hilfe moderner Organisationskonzepte, flächendeckender Informations- und Kommunikationsnetze und der geschickten Umarbeitung von Symbolen gelungen ist, gleichermaßen als Garant neuer und alter ländlich-bäuerlicher Lebensformen wie auch standortsensibler Industrieprojekte im Bereich der Elektronik und Biotechnologie wahrgenommen zu werden. Damit verdankt diese Regionalpartei ihren Erfolg einer Verbindung von lokalpatriotischen und kosmopolitischen Anrufungen, die *nationale* Parteien kaum jemals zu Stande bekommen. Generell jedoch gilt, dass die Autonomie der Parteien gegenüber der übrigen Gesellschaft vielfach nur noch eine negative ist, die sich ausdrückt in der massiven Überrepräsentation von Mitarbeitern des öffentlichen Dienstes in der Parteiarbeit. Diese sind reich an Zeit und verfügen über ausgeprägte zeitliche Dispositionsmöglichkeiten (z.B. Freistellung für Mandatstätigkeiten) auch in hochdynamischen Stadtgesellschaften, in denen immer mehr Bürger an „Zeitarmut" leiden und von einer 40-Stunden-Woche nur träumen können. Derartige Diagnosen werden der jeweils eigenen Partei inzwischen auch von ehemaligen Mandatsträgern gestellt.[3]

Im Gesamtgefüge der modernen Demokratie übernehmen Parteien die Aufgabe, *Themen* auf ihre Konsensfähigkeit und *Personen* auf ihre Eignung für politische Ämter zu testen, von denen es zum Beispiel in Deutschland auf Europa-, Bundes- und Landesebene etwa 4000 gibt. „Themen" sind dabei keineswegs immer ein Niederschlag von *Problemen,* wie sie von Teilen der Bevölkerung oder parteifernen Experten gesehen werden. Da Politik im Medium der öffentlichen Rede operiert, haben die Parteien eine Vorliebe für Themen, über die endlos und folgenlos gestritten werden kann, ohne dass sie durch die Lösung eines zugrundeliegenden Problems

Rekrutierung und Themenwahl

---

[3] Vgl. die Abschiedsrede der ehemaligen Kulturdezernentin von Frankfurt am Main, Linda Reisch (SPD), abgedruckt in der Frankfurter Rundschau, 9.7.1998.

prompt aus der Welt zu schaffen wären (z.B. Einwanderung). Diesem Befund entspricht, dass die großen Parteien wie auch das politische System insgesamt vielfach durchaus in Kenntnis, aber keineswegs nach Maßgabe der Datenlage in bestimmten Politikfeldern handeln. Von der Staatsverschuldung über die Finanzierung der Sozialsysteme bis hin zur Zerstörung von Ökosystemen sind die Parteien trickreich im Umdefinieren von Schuldenständen oder Umweltbilanzen, in der geschickten Handhabung öffentlichkeitswirksamer Symbolik und der Herbeiführung von solchen Deals zwischen den „legitimen Gruppen", die die politischen Kosten einer Finanzierungslast vermeiden, indem die öffentlichen Ausgaben zulasten aller Unbeteiligten (sowie der zukünftigen Generationen) gesteigert werden.[4]

„Neue Politik"

Die entscheidende Frage lautet nun, wie sich diese Unbeteiligten, deren Interessen und sonstige Anliegen außerhalb des bestehenden Verbände- und Parteiensystems angesiedelt sind, verhalten. Offenkundig ist, dass auch sie sich organisieren, wenngleich man lange Zeit der Ansicht war, dass sich die schwachen Interessen von sozial randständigen oder moralisch motivierten Gruppen kaum Gehör verschaffen können. Die Aktivität solcher Gruppen, so meinte etwa Otto Kirchheimer, „erreicht selten die politische Ebene; sie verschwindet für immer im Meer gestaltloser Unzufriedenheit" (Kirchheimer 1964, S. 60). Ungefähr seit den 80er Jahren verstärken sich jedoch die Hinweise darauf, dass bisher ausgeschlossene Gruppen und Themen aus diesem Meer ohnmächtigen Murrens aufsteigen und politische Gestalt annehmen. Die Veränderung der Beschäftigungsstrukturen, die Bildungsexpansion und der kulturelle Wertewandel erhöhen die Organisationschancen aller Bürger und begünstigen eine Verschiebung der politischen Spannungslinien in den entwickelten Demokratien. Während die traditionellen Linien, die das Gesicht der Parteien- und Verbändelandschaft prägten, von sozio-ökonomischen Verteilungskämpfen zwischen Kapital und Arbeit (und, in geringerem Maße, von konfessionell-religiösen Differenzen) bestimmt waren, ist spätestens seit den 80er Jahren die
Verteilungs- und Identitäts-konflikte Durchsetzung einer neuen politischen Konfliktlinie auffällig, die *quer* zu den traditionellen Linien verläuft und solche Anliegen im Umkreis von Ökologie, Menschenrechten und „nachhaltiger" Entwicklung zum Ausdruck bringt, die durch den institutionellen Kompromiss der Nachkriegsära verdrängt worden waren. Zugespitzt könnte man von einer Überlagerung von *Verteilungskonflikten* durch moralische Konflikte um *Identität und Anerkennung* sprechen, in denen Fragen gestellt werden nach den gebotenen Grenzen industrieller Eingriffe in ökologische Ressourcen, den humanen Kosten militärischer Zerstörungspotenziale und ziviler Diskriminierung, den gesundheitlichen Nebenfolgen riskanter Müllentsorgungspraktiken oder der Überlastung des Alltagslebens durch ausufernde Bürokratien. Dem eigenen Selbstverständnis nach sind solche „postmaterialistischen" Anliegen jenseits des Wachstums- und Fortschrittskonsenses angesiedelt, der die traditionellen politischen Organisationen miteinander verbindet (Pharr/Putnam 2000).

Wenn im Folgenden von „neuer" Politik oder „neuen" politischen Organisationen die Rede ist, so ist darin keine zwingende Wertung zu Lasten des „Alten" ent-

---

[4] Zu eindrucksvollen Belegen vgl. Gerlach et al. (1996).

30

halten. Dies wäre schon deshalb unangemessen, weil viele der Themen der neuen Politik in Wirklichkeit auf politische Motive zurückgreifen, die bei näherer Betrachtung älter sind als der Wachstumskonsens von Kapital und Arbeit, Industrie- und Entwicklungsländern, den die modernen Parteien der Nachkriegszeit verkörpern. So klingen bei den Vertretern einer neuen Politik gelegentlich die neomalthusianischen Prophezeiungen an, die in der gesamten zweiten Hälfte des vergangenen Jahrhunderts eine einflussreiche Gegenströmung zum Optimismus der Moderne bildeten. Tatsächlich neu scheint demgegenüber die Organisationsweise der Träger einer postmaterialistischen Politik zu sein. Während nämlich die traditionellen Verbände und selbst die Kirchen häufig als Unterbau territorialer Großparteien mit Regierungsambitionen fungierten, lösen sich die Umweltverbände, sozialpolitischen Initiativen, Frauenorganisationen und Nichtregierungsorganisationen, die für etwa ein Sechstel der Bevölkerung der Bundesrepublik zentrale Lebensinteressen vertreten, von der Bindung an einzelne Parteien (Weßels 1991). Und während in den älteren Organisationen selbst Mitglieder sich häufig nur unzureichend vertreten fühlen, führt umgekehrt bei den neuen Organisationen auch das Gefühl, gut vertreten zu werden, nur relativ selten zu formalen Mitgliedschaften.

Ohne Zweifel profitieren die Träger der „neuen Politik" von der wachsenden Unfähigkeit der politischen Parteien und Großverbände, etwas für die Pflege der kollektiven Identität ihrer Basis zu tun. Dies wiegt umso schwerer, als die Verteilungsspielräume angesichts weithin überlasteter Staatshaushalte enger werden. Damit gewinnen kostenneutrale Themen, bei denen es um die Identität und Integrität von Regionen, Minderheiten und Geschlechtern geht, auch in der Mitte des politischen Institutionensystems an Zugkraft. Gleichwohl scheint die Fähigkeit der Parteien, die selbsterzeugte Unzufriedenheit durch organisatorische Kreativität abzubauen – so wie man die Emissionsschäden von Verbrennungsmotoren durch die Entwicklung schadstoffärmerer Motoren behebt – erschöpft zu sein. Anders als in der Wirtschaft, in der auch traditionelle Unternehmen wie z.B. Siemens die Internet-Ökonomie in ihre betrieblichen Abläufe einbauen und damit die Scheidung zwischen alter und „New Economy" überwinden, zeichnen sich in der Politik bislang keine vergleichbaren und tatsächlich wirksamen Verschmelzungsprozesse zwischen Altem und Neuem ab. Dies liegt nicht zuletzt daran, dass traditionelle und neue politische Organisationen in unterschiedlichen Politikkanälen wirken. Die einen operieren im Rahmen des *territorial* bestimmten Gemeinwesens, die anderen orientieren sich an *funktionalen* Kanälen, die zur Lösung eines bestimmten Problems zur Verfügung stehen, auch wenn dafür Adressaten bei internationalen Organisationen in Genf, Brüssel, Washington oder anderswo ausfindig gemacht werden müssen. Zumindest zu einem Teil wandert das Politische aus den dafür vorgesehenen politischen Systemen ab, um in der Form einer Jedermanns-(und „jeder Frau"-) Politik wieder aufzuerstehen, in der weltbürgerliche mit „lokalpatriotischen" Anliegen eine merkwürdige Synthese eingehen. Damit entwickelt sich ein *mehrdimensionaler* politischer Raum, der zur einer Erweiterung der klassischen Fragestellung nach dem Verhältnis von Bürgern und Staat nötigt, da die Bürger reifer Demokratien heute vielfach „am Staat vorbei" Politik machen und organisierte Beziehungen zu den Bürgern anderer Staaten entwickeln. Die Frage ist, in welchem Verhältnis diese Transformationserscheinungen im intermediären System von Demokratien zu den ebenfalls viel diskutierten Veränderungen des Nationalstaats unter den Bedingungen der rapiden Globalisierung von sozialen und wirtschaftlichen Austauschprozessen stehen.

Grenzen des Parteiwesens

Der Staat im Zeitalter der Globalisierung

Weitaus stärker als die politischen Parteien sind es Nichtregierungsorganisationen, die mit dem Aufstieg einer mündigen Gesellschaft selbstständiger Bürgerinnen und Bürger in Verbindung gebracht werden. Die mündige Gesellschaft wiederum scheint in enger Beziehung zu einer Schwächung der Institutionen des klassischen Nationalstaates zu stehen. Während sich die Demokratie historisch im Rahmen von Nationalstaaten entwickelt hat, wird neuerdings der Nationalstaat bei der Ausweitung bürgerschaftlichen Engagements als Schranke empfunden. In diesem Sinne lautete etwa das Thema der Frankfurter Römerberggespräche 1998 „Ende des Staates – Anfang der Bürgergesellschaft". Bezeichnenderweise waren sich jedoch viele der Teilnehmer keineswegs einig, ob die durch die „Globalisierung" herbeigeführte Schwächung bestimmter staatlicher Institutionen nun zu begrüßen oder durch Gegensteuerung zu korrigieren sei (Eichel/Hoffmann 1999). Der Nationalstaat wird zwar weithin als eine Hypothek wahrgenommen, insofern er die Grenzen von Solidarität und Teilhabe an das Kollektiv der eigenen Nation bindet, zugleich ist er aber auch ein unverzichtbarer Hebel zur effektiven Durchsetzung von politischen Forderungen und Ansprüchen jedweder Art. Zu erwägen sind demnach zwei Fragen, nämlich ob und in welchem Sinne es wirklich mit dem Staat zu Ende geht und was dies für die Chancen einer von neuen grenzüberschreitenden Organisationen getragenen Demokratie bedeuten könnte.

Ist der Staat am Ende?

Zunächst ist festzustellen, dass die These vom Niedergang des Staates und dem parallelen Aufstieg nichtstaatlicher Mächte alles andere als neu ist. Bereits Carl Schmitt, der im italienischen Faschismus einen letzten Selbstbehauptungsversuch des europäischen Staates gegenüber den zersetzenden Kräften einer zunehmend selbstorganisierten Gesellschaft begrüßte, stellte nach dem Zweiten Weltkrieg fest: „Die Epoche der Staatlichkeit geht jetzt zu Ende" (Schmitt 1963, S. 10). Schmitt sah sich zu diesem apodiktischen Urteil durch zwei Umstände genötigt. Erstens betrachtete er den neuzeitlichen Staat als eine Erfindung der europäischen Landmächte, die sich – anders als die Seemächte – seit dem Westfälischen Frieden von 1648 durch die souveräne Grenzziehung gegenüber den gleichermaßen souveränen politischen Einheiten in ihrer unmittelbaren Nachbarschaft definierten. Großbritannien mit seinem maritimen Expansionsdrang und seiner Geschichte nobilitierter Piraten galt aus dieser Sicht als ein Sonderfall. Nach Schmitt stieg spätestens mit dem Sieg der USA im Zweiten Weltkrieg dieser Sonderfall einer nicht länger erdverbundenen, überterritorialen Macht, die Freiheit mit „Nicht-Staatlichkeit" (Schmitt 1974, S. 146) übersetzte, zu Weltgeltung auf. Seitdem geraten die scharfen Innen/Außen-Grenzen des Staates mehr und mehr zugunsten expansiver wirtschaftlicher und anderer nichtstaatlicher Subjekte in Fluss. Der Verwischung klarer Innen/Außen-Grenzen entspricht die Verwischung der Grenzen zwischen Oben und Unten, Staat und Gesellschaft, im Innern der siegreichen westlichen Demokratien, womit das Monopol des Staates auf Politik verloren geht.

Man kann sich fragen, ob Schmitt die westfälische Staatenordnung angemessen beschreibt oder ob er nicht vielmehr das Motiv von den kämpfenden Böcken, das im Alpenraum etwa als Giebelzeichen an bäuerlichen Häusern oder auf Lebkuchen den ewigen Hader auf der Welt versinnbildlicht, in die Realität projizierte und zu einer eigenen Theorie der Politik verdichtete. Wie immer diese Frage entschieden werden mag, so kann Schmitt doch als einer der großen Untergangspropheten des

Staates und zugleich als jemand gelten, für den der Niedergang des europäischen Staates gleichbedeutend war mit dem Umsichgreifen von Chaos und Anomie. Dieser Zusammenhang von säkularer Staatskrise, dem Aufstieg nichtstaatlicher Menschenrechtskonzeptionen und Ordnungsverlust wird bis heute immer wieder hergestellt, nicht zuletzt von neomalthusianisch beeinflussten Autoren (z.B. Kondylis 1992).

Der kurze Blick zurück in die jüngere Geschichte des politischen Denkens ist lehrreich, weil er zeigt, in welch hohem Maße die These vom Niedergang des Nationalstaats abhängig ist von der Passhöhe einer *normativen* Definition dessen, was der Staat leisten können soll oder in der Vergangenheit angeblich tatsächlich leisten konnte. Ähnlich wie heute viele Kritiker der „Globalisierung" sieht auch Schmitt in der von den USA geförderten politisch unkontrollierten Expansion weltweiter Wirtschaftsaktivitäten eine Bedrohung der Prärogative des Staates. Darin ist die irreführende Suggestion enthalten, als habe der Staat im Zuge seines geschichtlichen Aufstiegs die Gesellschaft mehr und mehr unter seine exklusive Kontrolle gebracht. Diese Unterstellung verkennt die Maßstabsabhängigkeit der These vom Aufstieg des Nationalstaats im 19. und 20. Jahrhundert. So hat man festgestellt, dass die Staatsausgaben seit Beginn des 19. Jahrhunderts in Europa und den USA zwar in absoluten Zahlen und auch im Verhältnis zur Bevölkerungsentwicklung kontinuierlich gestiegen sind, keineswegs jedoch im Verhältnis zum Wachstum der jeweiligen Volkswirtschaften. Legt man das Gesamtvolumen der wirtschaftlichen Aktivitäten zu Grunde, so ist vielmehr der Staat zwischen der Mitte des 18. Jahrhunderts und dem Beginn des Ersten Weltkriegs *geschrumpft*. Zudem kann gezeigt werden, dass die Regionalverwaltungen stärker wuchsen als die nationalstaatlichen Bürokratien (Mann 1993, S. 365, 368, 394f.). Diese Befunde relativieren das Bild vom staatlichen Kontrollverlust über eine wachsende bürgerliche Gesellschaft, das offenkundig auch für frühere Perioden eine gewisse Gültigkeit beanspruchen kann.

Neben dem angelsächsischen, von Anfang an ins Grenzenlose ausgreifenden Wirtschaftsliberalismus sieht Schmitt eine zweite Bedrohung des europäischen Staates in politischen Bewegungen und Institutionen, die nicht an nationalstaatlichen Grenzen Halt machen und an die Solidarität von ausländischen Bevölkerungsgruppen appellieren. Internationale Bewegungen sind solche, „die, über die Grenzen der Staaten hinweg- und durch ihre Mauern hindurchgehend, die bisherige territoriale Geschlossenheit, Undurchdringlichkeit und *Impermeabilität* der bestehenden Staaten ignorieren" (Schmitt 1963, S. 57). Schmitt denkt zu seiner Zeit vor allem an die kommunistische Dritte Internationale, die er ebenso wie den Wirtschaftsliberalismus für staatszerstörend hält, obgleich sie doch eine staatlich gesteuerte Institution verordneter Solidarität war. Das Bild von den durch Mauern hindurch gehenden internationalen Bewegungen passt viel besser auf die heutigen Nichtregierungsorganisationen, den ebenfalls die Fähigkeit zugesprochen wird, den Container des modernen Staates, der viel von seinem alten Schrecken als unerbittlicher Grenz- und Mauerwächter verloren hat, zu umgehen und zu überspielen.

Die Durchlässigkeit der Staatsgrenzen

Überzogene Niedergangsthesen in Bezug auf den Nationalstaat sollten schon deshalb eine gewisse Skepsis auslösen, weil das Scheitern hierarchischer politischer Einheitsbildungen bzw. die Verselbstständigung und Herauslösung von sozialen Untereinheiten aus bestehenden institutionellen Rahmungen geradezu ein Definitionsmerkmal der westlichen Kultur ist. So haben sich Nationalstaaten gegenüber

Reichsbildungen, Sekten gegenüber Kirchen, Unternehmen gegenüber Staaten und schließlich die Individuen selbst gegenüber der Kontrolle und Außensteuerung durch alle übrigen übergeordneten Mächte wenigstens partiell behaupten können, um jeweils eigenständige Handlungseinheiten zu bilden. Der staatliche Kontrollverlust durch Globalisierung ist möglicherweise nichts anderes als eine Fortschreibung dieses Trends einer spezifisch „westlichen" Zivilisationsdynamik.

Ähnlich wie Soziologen und Historiker die Generalthese vom Aufstieg des Staates in der Geschichte der europäischen Moderne qualifiziert und differenziert haben, sollte folglich auch die These vom Niedergang des Staates genauer gefasst werden. Ein erster Schritt muss darin bestehen, die begriffliche Symbiose von Volk und Staat, von Politik und Nation, die große Teile des traditionellen politischen Denkens bestimmt hat, aufzulösen. Tatsächlich ist der Staat älter als sein imaginäres Pendant, die Nation. Die Nation als territorialisierte und naturalisierte Kollektividentität bildete sich erst nachträglich im Zuge des Wachstums der infrastrukturellen Macht des modernen Staates im Erziehungs- und Kommunikationssektor, und nichts verbietet den Gedanken, dass sich die Staaten von heute auch wieder denationalisieren könnten. Aber auch der umgekehrte Fall ist denkbar, dass sich die Nationen behaupten, der Staat jedoch an Steuerungsfähigkeit und damit letztlich auch an Legitimität einbüßt. Da vielfach angenommen wird, dass Nichtregierungsorganisationen auf den *Steuerungsverlust* des Nationalstaates reagieren, werde ich zunächst diese These erläutern, bevor ich im nächsten Unterkapitel die These einer allmählichen *Entnationalisierung* von Gesellschaften und gesellschaftlichen Problemlagen diskutieren werde.

Steuerungs-verlust des Nationalstaates

Dass klassische staatliche Instrumente besonders der makroökonomischen Steuerung unter den Bedingungen der Globalisierung der Kapitalmärkte und der Standortkonkurrenz untauglich geworden sind, ist vielfach begründet worden. Große Bereiche der Wirtschaft – Entscheidungen über Produktionsstandorte, die Art und Richtung der Technikentwicklung oder Fragen der betriebsinternen Konfliktregelung – entziehen sich weitgehend der Kontrolle durch Nationalstaaten wie auch durch multilaterale Institutionen. Deregulierung lässt sich unter den Bedingungen einer offenen Weltwirtschaft besonders in Bezug auf Produktionsprozesse feststellen, die international handelbare Güter betreffen, während die Produkte selbst umgekehrt immer höheren staatlich vorgeschriebenen Standards unterliegen (Bernauer 2000). Freilich stoßen staatliche Einrichtungen auch hier auf Steuerungsprobleme. So steht z.B. das deutsche Bundesinstitut, das für die Zulassung und Kontrolle aller Pharmapräparate nach deutschem und EU-Recht zuständig ist, nach Angaben seines Leiters angesichts der Flut von Produkten „vor dem Kollaps" (SZ, 27.11.2000). Ähnliches gilt erst recht für Phänomene wie illegale Einwanderung oder Drogenimport. Der Anti-Drogen-Krieg der USA hat nicht einmal zu einer Veränderung der Preise oder des durchschnittlichen Reinheitsgrades illegaler Rauschgifte geführt, die nach wie vor tonnenweise ins Land geschmuggelt werden. Erwähnenswert sind auch solche Steuerungsprobleme, die sich nicht aus Kapazitätsengpässen der steuernden Agenturen angesichts zunehmend besser organisierter nichtstaatlicher Akteure ergeben, sondern aus den Eigenarten der *zu steuernden Prozesse*, die eine effektive zentralstaatliche Regelung verhindern. Dies sind z.B. Prozesse im Schnittfeld ökologischer und demographischer Entwicklungen oder die Turbulenzen, die sich aus den wachsenden Schwierigkeiten der kulturellen Integration von Zuwanderern in vielen Industrieländern ergeben.

Allerdings gilt, dass nicht nur Arbeitskräfte und Wirtschaftsunternehmen territoriale Grenzen überschreiten können, sondern auch staatliche und nichtstaatliche Regeln und Regelsetzungskompetenzen. Der Verlust an nationalstaatlicher Steuerungsfähigkeit kann sehr verschiedene Bedeutungen haben, je nachdem, ob sich (a) die Aktivitäten einheimischer Wirtschaftsunternehmen oder ausländischer Wirtschaftsunternehmen auf einheimischem Territorium der Regelungshoheit des Staates entziehen und damit einen Deregulierungsdruck auf Staaten ausüben, ob (b) die Regelungshoheit gegenüber einheimischen Wirtschaftsaktivitäten durch die Rechtssetzungskompetenz extraterritorialer Institutionen ausgehöhlt wird oder ob (c) transnationale Institutionen Regeln für gleichfalls transnationale Aktivitäten entwickeln und durchsetzen.

Politische Globalisierung

Tabelle 1: Staatlicher Steuerungsverlust und politische Globalisierung

	nationalstaatliche Regeln	grenzüberschreitende Regeln
national begrenzte Wirtschaftsaktivitäten	Kongruenz von territorialer Souveränität und Ökonomie (idealtypische Steuerungshoheit)	Politische Globalisierung I: Extraterritoriale Durchsetzung von Regeln gegenüber Drittstaaten
grenzüberschreitende Wirtschaftsaktivitäten	Wirtschaftliche Globalisierung und Deregulierung	Politische Globalisierung II: Supranationale Durchsetzung von Regeln innerhalb teilsouveräner Mitgliedsstaaten

Tabelle 1 verdeutlicht den Gedanken, dass der durch wirtschaftliche Globalisierung und Standortkonkurrenz herbeigeführte Steuerungsverlust von Nationalstaaten daraufhin zu befragen ist, ob er nicht durch die beiden in den rechten Feldern skizzierten Varianten *politischer* Globalisierung wenigstens teilweise neutralisiert werden kann. Die erste Variante beinhaltet, dass einige Staaten die Fähigkeit erlangen, auf transnationale Wirtschaftsaktivitäten dadurch Einfluss zu gewinnen, dass sie anderen Staaten und Volkswirtschaften rechtliche Vorschriften mehr oder weniger sanft aufzwingen. Der Kontrollverlust des stärkeren Staates wird durch die Einschränkung der Souveränität von schwächeren Staaten kompensiert, denen im Gegenzug andere Vorteile angeboten werden. Ein Beispiel ist das Bestreben vieler Industrieländer, im Verbund mit internationalen Nichtregierungsorganisationen bestimmten exportstarken Schwellenländern höhere Sozial- und Umweltstandards vorzuschreiben, die von diesen Ländern als „protektionistisch" zurückgewiesen werden. Ein anderes Beispiel sind die gegenwärtigen Anstrengungen der EU, die Schweiz zur Kooperation im Kampf gegen Steuerflüchtlinge zu bewegen oder ähnlich gelagerte Versuche der USA, eine Anpassung der Bankgesetze formal souveräner Staaten wie der Bahamas und Cayman Inseln, aber auch der Philippinen oder Israels zu erzwingen, um die Geldwäsche und Steuerflucht amerikanischer Unternehmen und Bürger einzudämmen.[5]

---

[5] Vgl. z.B. „Getting Serious About Money Laundering in Sundry Havens", in: International Herald Tribune, 4.12.2000. Diese Trends werden sich voraussichtlich nach den Terroranschlägen auf die USA vom 11. September 2001 und dem Zwang zur Aufdeckung der Finanzoperationen transnationaler Verbrecherbanden beträchtlich verstärken.

Eine zweite Globalisierungsvariante zielt nicht auf die Außenregulierung fremder Nationalökonomien, sondern auf die Regulierung grenzüberschreitender Wirtschaftsaktivitäten durch den regionalen oder globalen politischen Zusammenschluss von Staaten. In diesem Fall geben alle Mitgliedsstaaten einen Teil ihrer Souveränität zugunsten einer gemeinsamen übernationalen Institution auf, um im Gegenzug an erwarteten Wohlstandsgewinnen teilhaben zu können. Anders als es der Mythos der einen und unteilbaren Souveränität will, lässt sich in der politischen Wirklichkeit sehr wohl mit einzelnen Souveränitätsaspekten Handel treiben, wie die historischen Beispiele vom preußischen Zollverein bis hin zur Europäischen Union zeigen, bei denen Anwärterstaaten ihre Autonomie zugunsten einer Rückgewinnung von Einflusschancen oder von Prosperität aufgaben.

Auch ein solcher Souveränitätstausch findet in der Regel zwischen ungleich starken integrationswilligen Staaten statt. Dies gilt zumal im Zeitalter der Globalisierung. Ein Beispiel hierfür ist der Export von Rechtsinstrumenten des geistigen Eigentumsschutzes für Biotechnologien und andere technische Innovationen durch das Abkommen über handelsbezogene geistige Eigentumsrechte (TRIPS), das alle Staaten unterzeichnen mussten, die der 1994 gegründeten Welthandelsorganisation (WTO) beitreten wollten. Das TRIPS-Abkommen verpflichtet die Unterzeichner-Staaten, strenge Patent- und Sortenschutzgesetze nach dem Vorbild der OECD-Länder in eigenes nationales Recht umzusetzen und stoppt damit die bisherige Praxis vieler technologisch schwacher Staaten, z.B. pharmazeutische Produkte und gentechnisch veränderte Mikroorganismen vom Patentschutz auszunehmen. Die Beispiele für politische Globalisierung illustrieren die Ironie, dass in der „grenzenlosen Welt" die Grenzkonflikte gewaltig zunehmen, wenngleich diese Konflikte nicht mehr territorialer Natur sind, sondern sich an den Grenzen der Geltung von Rechtssystemen und der Legitimität von Normierungsinstanzen entzünden. Wir werden später sehen, dass hier eines der rasch wachsenden Einsatzgebiete von Nichtregierungsorganisationen liegt.

Ein Zwischenergebnis

Wenn wir die bisherigen Ergebnisse zusammentragen, erscheint die Ausgangsannahme, dass der moderne Nationalstaat durch die entfesselten Kräfte der wirtschaftlichen Globalisierung unterhöhlt wird, als viel zu einfach. Erstens stehen konservative Nostalgiker ebenso wie linke Staatsinterventionisten häufig unter dem Eindruck retrospektiver Illusionen über die frühere Stärke des Staates, die gerne überschätzt wird. Zweitens erfassen Deregulierungsprozesse heute keineswegs alle Wirtschaftsaktivitäten gleichmäßig, und insbesondere Endprodukte – von Fahrzeugen über gentechnisch verändertes Saatgut bis hin zu Rindfleisch – unterliegen im Unterschied zu Produktions- und Investitionsprozessen eher einer zunehmenden Verschärfung von Zulassungsstandards und Richtlinien des Qualitätsmanagements. Drittens wird die Regelungshoheit von Einzelstaaten nicht nur durch offene Märkte, sondern auch durch andere Staaten sowie durch internationale Institutionen reduziert, die immer wieder neue Regeln in das freie Spiel der Marktkräfte einführen. Damit hängt, viertens, zusammen, dass die Bedrohung der Souveränität des Staates durch Globalisierung abhängig ist von der Ausgangsstärke des jeweiligen Staates im internationalen System.

Entnationalisierung von Problemlagen und Politikformen?

Die Globalisierung von Kapitalflüssen, ökologischen Bedrohungen und (zumeist schlechten) Nachrichten über weit entfernte Ereignisse verändert nicht nur das Verhältnis der Bürger zu ihren Staaten, sondern möglicherweise auch das Verhältnis der Bürger zu der Nation, der sie angehören. Anders als Staaten sind Nationen keine institutionellen, sondern imaginäre Größen, die die Werte, Verpflichtungsgefühle und wechselseitigen Erwartungen ihrer Mitglieder bestimmen. Man kann von territorialisierten Kollektividentitäten sprechen, die ihre Träger zwanglos gefangen nehmen und an ein bestimmtes Stück Land binden, das sich nicht mit anderen Landstücken überschneiden darf. Einer weitverbreiteten Lesart zufolge wird diese Form der kollektiven Identität gegenwärtig in Kernregionen der Weltgesellschaft brüchig und durch flüssigere Identitätsmuster ersetzt, die die Grundlage bilden für neue Formen der grenzüberschreitenden politischen Organisation von Interessen und moralischen Forderungen wie der Respektierung von Menschenrechten oder des Schutzes bedrohter Naturräume. So glaubt der Soziologe Ulrich Beck, dass die moralischen Pionierschichten in den Industriestaaten zunehmend eine weltbürgerlich verfeinerte Nomaden-Existenz führen, sich fast überall auf der Welt zu Hause fühlen und daher auch von weit entfernten Willkürakten oder Desastern moralisch betroffen sind. Auf der anderen Seite suggeriert sein Bild von den heutigen Staaten als „Containern" etwas von der wechselseitigen Indifferenz derjenigen, die in ihnen ohne starkes Nationalgefühl zusammengewürfelt nebeneinander her leben wie in überfüllten U-Bahn-Waggons. Diese Indifferenz scheint paradoxerweise in dem Maße zuzunehmen, wie die Wände der Container durchlässiger werden.

Leben ohne Nationalgefühl?

Andere betrachten das gesamte Konzept der kollektiven Identität als ein Auslaufmodell, sofern wir unter kollektiver Identität den unverrrückbaren Ankergrund des politischen Handelns von Einzelnen und Gruppen verstehen. Identität hört auf, monolithisch, konsistent und kontextunabhängig zu sein. Wenn man das Identitätsgefüge moderner Gesellschaften hören könnte, würde es nicht länger symphonisch, sondern eher polyphon und jazz-artig klingen. Der Kosmopolitismus und die wachsenden Kommunikationsnetzwerke machen die Individuen zu Mitgliedern von immer mehr unterschiedlichen Gruppen, so dass sie mit mehrfachen Identitäten jonglieren müssen. In Ostdeutschland mag sich ein Westdeutscher als Europäer fühlen, in London als Deutscher, in Lateinamerika als Westler und in Indien vielleicht als Christ. Neben der Steuerungsfähigkeit des souveränen Nationalstaates gerät damit, so die naheliegende Schlussfolgerung, auch seine imaginäre Komponente, das spezifisch Nationale seines Identitätsprofils, in Mitleidenschaft.

Dieser Tendenz wird auch von der Problemseite her zugearbeitet, da immer mehr Beeinträchtigungen des Lebens in den modernen Gesellschaften auf globale Fehlentwicklungen zurückzuführen sind, die sich nicht einem „Erzfeind" oder anderen national geprägten Widersachern zurechnen lassen. Vielmehr sind diese Beeinträchtigungen das Ergebnis von Bumerangeffekten der eigenen Produktions- und Lebensweise. Die Ansteckung von Menschen durch den BSE-Erreger ist derzeit in Europa ein besonders grausiges Sinnbild dieser unvorhergesehenen Rückschläge einer besinnungslosen Industrialisierung. Unter dem Eindruck globaler Klimaveränderungen gelten selbst Stürme und Überschwemmungen immer mehr als raumzeitliche Fernwirkungen industrieller Schadstoffproduktion. Die globalen Probleme der Erwärmung der Erdatmosphäre, der Wasserknappheit, des Menschenschmuggels oder der Bodenerosion überfordern die Steuerungsinstrumente der einzelnen Nationalstaaten, während sie zugleich das Festhalten an überkommenen nationalen Identitäten irrational erscheinen lassen. Wenn die Polkappen schmelzen und weltweit der Meeresspiegel steigt, so könnte man mutmaßen, sitzen letzten Endes Bangladeschis mit Holländern im selben Boot.

Die hier anklingende Konvergenzthese nimmt Motive auf, wie sie bereits in den zukunftsgläubigen 50er Jahren entwickelt wurden. Schon der österreichische Anthropologe und Psychologe Wilfried Daim, der damals das Institut für politische Psychologie in Wien leitete, spricht – möglicherweise als Erster – von der „Globalisierung der Gesellschaft", die er als eine Konsequenz der Modernisierung, der technischen Entwicklung sowie der universellen Bedrohung durch den Atomtod deutet: „Auch nur die ständige Möglichkeit des totalen Untergangs muß die Menschheit verändern. Denn der Tod wird in einer ganz neuen Form verbindend und verbrüdernd wirken, wenn der Tod aller zugleich in den Bereich des Möglichen tritt und nicht jeder für sich den eigenen Tod stirbt ... Aber auch auf andere Weise wird das Bewußtsein globaler Menschheitseinheit geweckt bzw. intensiviert: die Verkehrstechnik ist es, die in einer ungeahnten und nicht für möglich gehaltenen Weise die Menschen einander näher rückt. Ein solches Näherrücken hat auch das Aufeinandertreffen verschiedenster Arten von Geistigkeit zur Folge, und zwar in einer ungleich intensiveren und vielfältigeren Weise als je zuvor. Die technisch-wirtschaftliche Dynamik drängt auf größere und umfassendere Ordnungsgebilde hin" (Daim 1960, S. 466f.).

Die Moderne, die sich im Rahmen von Nationalstaaten und fest umgrenzten politischen Großräumen entwickelt hat, schafft damit auf dem Umweg über selbstproduzierte Risikopotenziale die Voraussetzungen für einen nicht mehr nur technischen, sondern auch moralischen „Affekt der Grenzenlosigkeit" (ebd., S. 463). Heute wird interessanterweise genau umgekehrt argumentiert und vom *Rückgang* der Kriegsgefahr auf der nördlichen Erdhalbkugel auf die Schwächung des Nationalstaats geschlossen (van Creveld 1999, S. 373ff.). Hierzu tragen auch demografische Entwicklungen bei. So werden die relativ wenigen Kinder in den reichen Ländern wie nie zuvor vergöttert, womit die Neigung sinkt, sie in Kriegen zu opfern. Hier dürfte auch der tiefere zivilisatorische Grund für die Entwicklung elektronischer Distanzwaffen liegen.

Gleichwohl wird heute ebenso wie vor fünfzig Jahren eine Verbindung hergestellt zwischen globalen Gefahren und einem entstehenden globalen Bewusstsein und entsprechenden politischen Mobilisierungsformen. Aus der Vielzahl globaler Problemlagen, die sich einzelstaatlich nicht lösen lassen, wird der Zwang zu einer grenzenlosen Solidarität und den entsprechenden neuen politischen Organisationsformen jenseits nationaler oder kultureller Voreingenommenheiten abgeleitet. Die Menschheit erfährt demnach als Ganze die Gemeinsamkeit eines Schicksals, das „mit der Grenzenlosigkeit der hergestellten Bedrohung ein *kosmopolitisches* Alltagsbewußtsein weckt" (Beck 1997, S. 74). Wie bei Thomas Hobbes entsteht die globale Gesellschaft durch die Anstrengung, eine gemeinsam erkannte Gefahr zu bannen.

Die These enthält eine Reihe von Implikationen, die man in Zweifel ziehen kann: dass es Gefahren und objektive Problemlagen gibt, die (a) tatsächlich allgegenwärtig sind, die (b) überall in gleicher Weise wahrgenommen und repräsentiert werden und die (c) auch noch gleiche politische und moralische Reaktionen hervorrufen. Wenig beachtet werden zum Beispiel agroindustrielle Nebeneffekte wie Bodenerosion oder Pestizidschäden, die sich anders als Treibhausgase keineswegs zu „globalen" Phänomenen hochrechnen lassen und allein die lokalen Lebensbedingungen in Ländern der ehemaligen Grünen Revolution wie Mexiko oder Indien beeinträchtigen. Bezweifeln lässt sich auch, ob die neuen grenzüberschreitenden Bedrohungen, wo es sie gibt, regelmäßig auf ihre Verursacher zurückschlagen und damit eine „entnationalisierende" Wirkung hervorrufen. Die These setzt unter anderem voraus, dass sich immer weniger arme Länder als Müllhalde oder Sündenbock der reichen Länder missbrauchen lassen. Dagegen spricht zum Beispiel das Ausmaß legaler Ausfuhren von in Europa verbotenen organischen Giften (Pestizide, Dioxine, Furane usw.) nach Osteuropa und in afrikanische Länder wie Kongo, Kamerun oder Südafrika, – ein Vorgang, der von spezialisierten NGO-Bündnissen sorgfältig dokumentiert wird. Schließlich wird vorausgesetzt, dass mit dem „Ende" der Allzuständigkeit der Nationalstaaten – die es ohnehin nur in den Köpfen gab – auch die Wahrnehmungs- und Solidarisierungsschranken fallen, die bislang einer kooperativen Lösung von Menschheitsproblemen im Wege standen. An die Stelle des Staates, so die Vermutung, treten nachtraditionale Verbände, die sich auch über Grenzen hinweg einig werden können.

Einerseits wandert die Befugnis zu weitreichenden Entscheidungen mehr und mehr in anonyme, global vernetzte Systeme und Institutionen ab, so dass der Gegenstand der demokratischen Kontrolle und Beeinflussung undeutlich und immer weniger greifbar wird; andererseits wird diese Ausgangslage aber auch zum Anlass genommen, die Chancen einer national entgrenzten Demokratie auszuloten, deren Träger den erreichten Grad der transnationalen Streuung wirtschaftlicher und politischer Macht einzuholen versuchen. Ökologische Probleme, aber auch die internationale Migration, die Bedrohung durch den islamistischen Terrorismus oder die destabilisierenden Wirkungen massiver humanitärer Krisen in Bürgerkriegszonen machen Antworten jenseits der Nationalstaaten erforderlich. Tatsächlich gibt es schon jetzt zahllose nichtstaatliche Organisationen, die dem Motto „Global denken, lokal handeln" folgen – oder die umgekehrt versuchen, das Lokale neu zu denken und die globalen Bedingungen für die Lebensfähigkeit lokaler Lebensräume zu verbessern. Dies sind meistens gemischte lokal-transnationale Gruppen, die nicht immer dauerhaft organisiert sind und manchmal über gar keine Unterschicht von „Mitgliedern" verfügen. Statt dessen rekrutieren sie ausschließlich Aktive, die sich in lockeren, thematisch spezialisierten Netzwerken bewegen. Solche Gruppen, die unterhalb des Nationalstaats in lokal begrenzten Umfeldern agieren und gleichwohl über eng geknüpfte Beziehungen zu ausländischen Partnerorganisationen verfügen, haben sich in den vergangenen zehn Jahren auch in der Dritten Welt erheblich vermehrt. Neben diesen neuen politischen Organisationen bilden sich vermehrt zwischenstaatliche Institutionen in Gestalt von UN-Konferenzen oder anderen makroregionalen Gebilden, deren Entscheidungen von Repräsentanten der Nationalstaaten getroffen und zu Hause einem einheimischen Publikum „verkauft" werden müssen. Auch die Delegierten internationaler Institutionen können nicht umhin, an einem bestimmten Punkt die Perspektive der Nationalstaaten zu übernehmen und die Regierungen davon zu überzeugen, dass auch globale Sichtweisen und Kompromisse im nationalen Interesse liegen.

Die Argumente zugunsten der These einer zunehmenden Denationalisierung und fortschreitenden Herausbildung kultureller Gemeinsamkeiten überzeugen hauptsächlich dann, wenn sie sich auf die OECD-Staaten beschränken. Trotz des Anspruchs, Aussagen über den gesamten Erdkreis zu machen, ist es meistens nur die westliche Welt, die gemeint ist, wenn von einem kosmopolitischen Bewusstsein gesprochen wird. Für viele Politikwissenschaftler und Journalisten, die von der Globalisierung reden, ist die Erde noch eine Scheibe mit Amerika und Europa an den Rändern und einem großen Teich dazwischen. Aber selbst für westliche Länder ist die These eines wachsenden Kosmopolitismus viel zu einfach. Paradoxerweise

**Renationali-
sierung**

schleichen sich nationale Überlegenheitsgefühle sogar im Milieu der vermeintlich „global Denkenden" ein. So spürt der viel gelesene Psychoanalytiker Horst-Eberhard Richter (2001) „in unserem Land" eine größere Sensibilität für die globalen Anliegen der Umwelt, des Friedens und der Menschenrechte als bei dem früheren Kriegsgegner Großbritannien – eine Sensibilität, die *„uns"* „zur Ehre gereicht." Hier klingt von Ferne der alte Gegensatz an, den die chauvinistische Literatur des Ersten Weltkriegs zwischen den für höhere Werte unempfänglichen angelsächsischen „Händlern" und den deutschen „Helden" konstruierte, wobei sich diesmal die deutschen Helden nicht mehr als Krieger, sondern als selbstlose Moralvirtuosen feiern lassen möchten.

Ungeachtet solcher paradoxen Re-Nationalisierungen gelten politische Integrationsformen jenseits des Nationalstaats nicht nur in Deutschland als eine wünschenswerte und darüber hinaus unvermeidliche Realität, zu der sich alle politischen Gruppierungen verhalten müssen. Der Nationalstaat ist nicht mehr die einzige Form, in der sich gesellschaftliche Handlungszusammenhänge und Identifikationsmuster bündeln, ohne dass darum jenes Globalisierungschaos ausbräche, das immer wieder gerne an die Wand gemalt wird. Gipfeltreffen, länderübergreifende Absprachen und supranationale Institutionen sind symptomatisch für Anstrengungen, den wachsenden Koordinationsbedarf zwischen Staaten zu decken Gleichzeitig wächst die Zahl und die Robustheit nichtstaatlicher Akteure, mit denen die Staaten ihre Macht teilen müssen. Dies ist der Ausgangspunkt der folgenden Kapitel. In ihnen wird es darum gehen, Nichtregierungsorganisationen als nachtraditionale Verbände kennen zu lernen und ihren Platz im Trapez zwischen Nationalstaaten und internationalen Organisationen, traditionellen politischen Organisationen (Parteien und klassischen Verbänden) und mehr oder minder „politikverdrossenen" Bevölkerungen zu bestimmen.

Kapitel 3

Was sind Nichtregierungsorganisationen?

Menschen sind organisationsbildende Wesen. Sie erfinden unaufhörlich neue Arten und Weisen, miteinander in Beziehung zu treten, die Handlungsstrategien vieler Einzelner zielgerichtet miteinander zu verknüpfen, aufeinander abzustimmen und dadurch zu verstetigen. „Nichtregierungsorganisationen" sind eines der historisch jüngeren Beispiele für diese organisationsbildende Aktivität im öffentlichen Raum, die längst auch vor Ländergrenzen keinen Halt mehr macht. Die Negativbezeichnung suggeriert, dass bei den neuen Organisationen Einigkeit vor allem darüber besteht, was sie *nicht* sind. Sie streben keine Regierungsämter an, sie sind nicht an wirtschaftlichem Gewinn orientiert und ihre Mitarbeiter arbeiten nicht allein wegen des Geldes, das sie bekommen, sondern aus Überzeugung. Alle diese Merkmale, die in den üblichen Definitionen genannt werden, sind tatsächlich auffällig. Und doch genügen sie nicht für eine Definition, die einerseits trennscharf ist und die neuen Organisationen von anderen Akteuren, vor allem politischen Parteien und klassischen Großverbänden, abgrenzt, und die uns andererseits ein Bild von ihren Aktivitäten vermittelt, die sich ja nicht erschöpfen in der bloßen Anstrengung, sich von Anderen zu unterscheiden. Was also sind die Eigenarten der neuen Organisationen? Wie ist ihr Verhältnis zur politischen Macht, an welche Gemeinschaftsgefühle können sie appellieren, welches Wissen macht sie stark und im Namen welcher Werte streiten sie?

Nachtraditionale Verbände

Politische Parteien und klassische Verbände wie z.B. Gewerkschaften sind ein Resultat der politischen Modernisierung im Rahmen des Nationalstaats. Nichtregierungsorganisationen unterscheiden sich davon bereits durch die Tatsache, dass sie eine Modernisierungsform verkörpern, die über den Nationalstaat hinausweist. Sie mögen Regierungen gelegentlich beraten oder anderweitig beeinflussen, nie jedoch wirken sie unmittelbar „regierungsbildend". Gleichwohl fällt auf, dass es Affinitäten zwischen der Entwicklung moderner politischer Parteien in Demokratien und der Entwicklung von Nichtregierungsorganisationen gibt. Zunächst sind auch NGOs „catch-all"-Organisationen, die sich ähnlich wie die im vorigen Kapitel geschilderten Volksparteien ohne geschlossenes Weltbild und unter massiver Verwendung neuer und alter Massenmedien an jeden Bürger unabhängig von sozialer Lage, Konfession oder Geschlecht wenden. Dieses Merkmal teilen Nichtregierungsorganisationen mit den großen Parteien und unterscheidet sie von klassischen Verbänden, die die Interessen von Berufsgruppen oder Wirtschaftsbranchen vertreten. Der weitgehende Verzicht auf vorfabrizierte weltanschauliche Botschaften, die Professionalisierung und die starke Orientierung an fachwissenschaftlicher Expertise zeigen ebenfalls, dass Parteien und Nichtregierungsorganisationen sozusagen „auf demselben Mist" hochmoderner Gesellschaften gewachsen sind.

In anderer Hinsicht freilich repräsentieren Nichtregierungsorganisationen den größtmöglichen Gegensatz zur politischen Praxis von Parteien. Anders als Parteien

Unterscheidungsmerkmale von NGOs

41

haben die neuen politischen Organisationen kein Interesse daran, ihr Personal in der Öffentlichkeit auf Medienwirksamkeit und die Fähigkeit zu testen, Skandale zu überleben. Ebensowenig beteiligen sich diese Organisationen an der Suche nach „Themen", die geeignet wären, den öffentlichen Blick auf das eigene Profil zu richten. Vielmehr orientieren sich die neuen Organisationen an der öffentlichen Dramatisierung und Lösung eingrenzbarer Probleme, zum Beispiel dem Problem des Umgangs mit Giftstoffen oder der Folgen der weltweiten Handelsliberalisierung. Es wäre jedoch zu einfach, Nichtregierungsorganisationen nur als mehr oder weniger effektive Benenner und Bearbeiter von Problemen zu bezeichnen, da sie in Wirklichkeit noch etwas Anderes tun: sie suchen nicht nur Lösungen für bestimmte Probleme, sondern sie suchen *die Probleme selbst* und verleihen ihnen einen Streitwert. Probleme existieren nicht in der Art von Gegenständen, die man am Wegesrand findet oder auch übersieht; vielmehr tauchen sie nur auf vor dem Hinter-grund der kollektiven Repräsentation von Soll-Zuständen, deren Realisierung auf Widerstände stößt. Sie sind soziale Konstrukte, die die Aufmerksamkeit einer unbestimmten Zahl von Betroffenen organisieren und auf Missverhältnisse zwischen Soll- und Ist-Zuständen richten. In diesem Sinne „schaffen" Nichtregierungsorganisationen öffentliche Probleme, indem sie an erstrebenswerte Zustände im gesellschaftlichen Leben oder im Umgang der Gesellschaft mit der Natur erinnern, um im Gegenlicht dieser Ideale konkrete Fehlentwicklungen zu diagnostizieren. Politische Parteien sind demgegenüber schlecht gerüstet für die Aufgabe, die Realität außerhalb von Themenkonjunkturen nach problemträchtigen Störungen abzusuchen.

Die Orientierung an der Identifizierung, Veröffentlichung und zielgerichteten Bearbeitung konkreter Probleme unterscheidet Nichtregierungsorganisationen auch von klassischen Verbänden. Allgemein gilt, dass unter „Verbänden" mit eigener Rechtspersönlichkeit ausgestattete Mitgliederorganisationen zu verstehen sind, die in vielen Demokratien zugleich einen Teil des nationalen politischen Institutionensystems bilden. Von Verbänden reden wir, wenn Vereinigungen zum Zweck des Aufbaus gesellschaftlicher Macht gegründet werden, wobei diese Macht entweder staatsbezogen als Mitwirkung bei der politischen Willensbildung oder mitgliederbezogen bei Verbänden mit Selbstordnungs- und Dienstleistungsfunktionen sein kann. Solche Verbandszwecke sind ihrerseits grundrechtlich geschützt, die politische Willensbildung in Deutschland etwa durch Art. 5 I GG, die verschiedenen Berufsinteressen, um die es vor allem bei Selbstordnungsaufgaben geht, durch Art. 12 I GG. Ähnlich wie herkömmliche Verbände legitimieren sich Nichtregierungsorganisationen nicht durch freie Wahlen, sondern durch die Inanspruchnahme der Vereinigungsfreiheit sowie der Meinungs- und Informationsfreiheit. Sie sind ein Beispiel für die *Grundrechtsverwirklichung durch neu geschaffene Organisationsformen*, die inzwischen über den Bereich des eigentlichen geografischen Geltungsbereichs der westlichen Verfassungen hinausreicht.

Während hier eine Merkmalsgemeinsamkeit besteht und Nichtregierungsorganisationen schon als die neuen „Verbände im globalen Zeitalter" (Zimmer 2000) bezeichnet wurden, gibt es auch wesentliche Unterschiede. Vor allem kranken die klassischen Verbände ähnlich wie Parteien am Schwund zuverlässiger Mitglieder, die sich als Stammkunden fühlen und der Organisation auch in Krisenzeiten die Treue halten. Die Bereitschaft zur formalen Organisationsbindung geht in allen entwickelten Demokratien zurück. Dieser Umstand wird immer wieder zum Anlass düsterer Mutmaßungen über den schwankenden Legitimationsgrund genommen,

Definition "Verbände"

auf dem die politischen Systeme des Westens ruhen. Aber der Schluss von unsicheren Mitgliedschaftsverhältnissen auf einen mangelnden Glauben an die Demokratie ist ebenso fragwürdig wie der Schluss von steigenden Scheidungsraten auf weniger Liebe in der Gesellschaft. In der Politik darf der Rückgang formaler Organisationsbindungen nicht mit Desinteresse oder Apathie verwechselt werden, da wir es hier mit zwei selbstständigen Dimensionen des politischen Verhaltens zu tun haben. Was sich heute verschiebt und auseinander entwickelt, ist das Verhältnis von aktiver *Teilnahme* an der Alltagsarbeit politischer Organisationen und der intellektuell-emotionalen *Anteilnahme* am nationalen und internationalen politischen Geschehen. Empirische Untersuchungen weisen auf das Paradox hin, dass die zunehmende Selbstständigkeit und materielle Unabhängigkeit großer Bevölkerungsgruppen das Interesse an der Politik *gleichzeitig* verstärkt und schwächt. Was sich verstärkt, ist die Aufmerksamkeit, die Bürger politischen Vorgängen widmen. Diese wachsende Aufmerksamkeit überträgt sich jedoch nicht auf die Bereitschaft, sich aktiv zu engagieren und formale Organisationsbindungen einzugehen. Politik wird kenntnisreich verfolgt, aber sie verliert für die Lebensgestaltung an Gewicht im Vergleich zu anderen, formal nichtpolitischen Aktivitäten, die als dringlicher oder sinnvoller wahrgenommen werden. Aus politischen Aktivbürgern werden Zuschauer, die politische Prozesse interessiert, aber aus der Distanz beobachten und beurteilen (van Deth 2000).

Aus dieser Not unsicherer Mitgliedschaftsverhältnisse bei gleichzeitiger Zunahme der politischen Aufmerksamkeit machen Nichtregierungsorganisationen eine Tugend, indem sie sich als nahezu mitgliederlose Organisationen profilieren, die sich von vornherein an ein geistesverwandtes Publikum von Nichtmitgliedern wenden und zugleich große Gruppen ganz anderer, nämlich entfernter und Not leidender Nichtmitglieder zu den eigentlichen Zielgruppen ihres Engagements machen. Dadurch entsteht eine Beziehungskette mit drei Gliedern: NGOs stellen eine Verbindung her zwischen den moralischen Empfindungen und Überzeugungen der Sympathisanten, Spender und Sponsoren, von denen sie getragen werden, auf der einen Seite, und den mutmaßlichen Nutznießern des eigenen Engagements auf der anderen Seite. Diese Nutznießer sind nicht nur keine Mitglieder der eigenen Organisation, sondern sie gehören häufig auch nicht der eigenen Nation, der eigenen Generation, ja nicht einmal der eigenen Spezies an. Typische Kandidaten für die Zuwendung der neuen Organisationen sind demnach die Bewohner geografisch *ferner* Länder und Kulturen (Dritte-Welt- und Menschenrechtsorganisationen), die Angehörigen *zukünftiger* Generationen (Umweltorganisationen) und die Populationen *nichtmenschlicher* Spezies (Naturschutzorganisationen).

Organisationen ohne Mitglieder

Ein Sonderfall ist die Solidarität mit den Nachkommen der Ureinwohner in den Staaten der Neuen Welt, die in so genannten „Vierte Welt"-Bewegungen um die Anerkennung und manchmal auch um Reparationen für erlittenes Unrecht streiten (Burman 1995). Hier haben wir es mit Kulturen zu tun, die nicht unbedingt geografisch fern sind, sondern *entfernt* wurden und sich erst neuerdings wieder ins Gedächtnis der modernen Nationen zurückrufen. Zu den moralischen Verwandten moderner NGOs zählen auch solche Gruppen, die in Zeiten der politischen Verfolgung von Minderheiten das Leben von Mitbürgern gerettet haben, welche ohne eigenes Zutun plötzlich zu unerwünschten Fremden erklärt worden waren. Man denke an das Beispiel der calvinistischen und katholischen Gruppen, die in den Niederlanden nach 1940 jüdische Mitbürger versteckten und vor der Auslieferung an die deutschen Behörden bewahrten.

43

Räumliche Maßstäbe der Solidarität

Die Aufmerksamkeit für die Fernen, Fremden und Anderen, die in Nichtregierungsorganisationen eine einflussreiche politische Gestalt angenommen hat, wird seit geraumer Zeit mit dem Verdacht konfrontiert, die Nächsten und das Naheliegende zu vernachlässigen und damit auf eine hintergründige Art die Gebote der Moral zu verletzen. Schon Raymond Aron hat nach dem Zweiten Weltkrieg auf die Fadenscheinigkeit solcher Argumente hingewiesen. Er erinnerte an die politischen Gruppen in Paris, die nach 1933 Veranstaltungen zur Lage der Juden in Deutschland organisierten und sich mit der Aufforderung konfrontiert sahen, doch erst einmal das eigene Haus in Ordnung zu bringen (Aron 1955, S. 64f.). Während des Bürgerkriegs in Bosnien nach 1992 kündigten rechtsradikale Politiker in Westeuropa an, sich erst dann für Massenvergewaltigungen und andere Verbrechen auf dem Balkan zu interessieren, wenn die Parkanlagen der eigenen Hauptstädte sicher seien. Diese wiederkehrende Rhetorik unterstellt, dass die Solidarität mit Fernen und Fremden *nur auf Kosten* der Nahestehenden und des Naheliegenden möglich ist. Tatsächlich fällt es jedoch schwer, sich vorzustellen, dass diejenigen, denen die Bürgerkriegsgräuel in Jugoslawien egal waren, sich jemals für die Ängste von Frauen und anderen Mitmenschen in den Parks von Berlin oder Paris interessieren könnten. Außerdem wird so getan, als seien die neuen Organisationen darauf bedacht, einen festen Mindestabstand zu den Anliegen des eigenen nationalen oder sozialen Kollektivs einzuhalten, während sie in Wirklichkeit die räumlichen Maßstäbe von Solidarisierung und Organisation überhaupt erst einmal zum Gegenstand der öffentlichen Diskussion und politischer Projekte machen.

Nichtregierungsorganisationen erhöhen die Anforderungen an die Solidarität über die jeweils eigene nationale oder soziale Bezugsgruppe hinaus. Diese entgrenzte Solidarität kann die Form konkreter *Dienstleistungen* zugunsten hilfsbedürftiger Gruppen und bedrohter Einzelner annehmen, sie kann sich aber auch in der *öffentlichen Fürsprache* zugunsten anderer äußern. Der Schritt in die Öffentlichkeit und die mediale Repräsentation des Leids von anderen zum Zweck der Aufrüttelung eines Publikums unterscheidet die Tätigkeit moderner NGOs von der Mildtätigkeit des Samariters, der im Angesicht eines Opfers Hilfe leistet, ohne für Dritte ein *Bild* dieses Opfers herzustellen und zu verbreiten. Typische Dienstleistungen können in der konkreten Nothilfe bei Naturkatastrophen oder in Bürgerkriegssituationen bestehen, in der Beratung und emotionalen Unterstützung von politischen Gefangenen oder auch in der Reinigung des Gefieders ölverschmierter Seevögel nach Tankerhavarien. Nichtregierungsorganisationen kombinieren konkrete Dienstleistungen mit der advokatorischen Vertretung von durchsetzungsschwachen Interessen, wobei in den letzten beiden Jahrzehnten dieser zweite Aspekt erheblich an Bedeutung gewonnen hat. Hier liegt ein weiterer Unterschied zu klassischen Verbänden, bei denen die Entwicklung heute in die umgekehrte Richtung einer stärkeren Dienstleistungsorientierung zugunsten der schrumpfenden Mitgliederbasis verläuft (Streeck 1999, S. 231f.).

Außer dem Pathos einer entgrenzten Solidarität fällt an den neuen Organisationen auf, dass sie weder an der Übernahme von Regierungsverantwortung noch daran interessiert sind, sich auf eine Lobbyistenrolle innerhalb eines nationalen Institutionensystems zu beschränken. Vielmehr beteiligen sie sich an der staatenübergreifenden Willensbildung, ohne einem einzelnen Staat gegenüber rechenschaftspflichtig zu sein. Gruppen, die sich für Nichtmitglieder engagieren und zu ihren Gunsten das Wort ergreifen, lassen sich im Vergleich zu mitgliederbasierten

Parteien und klassischen Verbänden als „nachtraditionale Verbände" kennzeichnen. Ihre Rechtsform kann dabei die einer Stiftung, eines Vereins oder einer steuerlich begünstigten „charity" sein. Wenn wir von „Nichtregierungsorganisationen" sprechen, so meinen wir neue politische Organisationen, die ihre Aufmerksamkeit und ihren Einfluss über die Grenzen ihres Heimatstaates hinaus auszuweiten versuchen und folglich in der Wahl ihrer Gegner, Partner und Adressaten transnational orientiert sind.

Ein weiteres Merkmal der neuen Organisationen ist ihre Fähigkeit, politisch brisantes Wissen zu erzeugen und in Umlauf zu bringen. Nichtregierungsorganisationen sind ein Produkt der so genannten Wissensgesellschaft. Dieser Ausdruck bedeutet zum einen, dass der Zugang zu Wissen und Information in vielen Bereichen leichter wird, zum anderen, dass Wissen in zentralen Feldern der Gesellschaftsentwicklung zu einer umkämpften Ressource wird, die z.B. mit den Mitteln eines verschärften geistigen Eigentumsschutzes oder neuer Verschlüsselungstechniken in der Telekommunikation vor dem Zugriff durch Unbefugte bewahrt werden soll. In diesen Konflikten um die Streuung, Kanalisierung oder Geheimhaltung von Wissen ist der Staat nicht länger der Hauptakteur. An die Stelle des Wissensstaates, der über ein Monopol bürokratischen Fachwissens oder eine säkulare Heilslehre zum Verständnis der Geschichte verfügt, treten gesellschaftliche Akteure, die ein problembezogenes Fachwissen anhäufen, das zur Mehrung des Einflusses in unterschiedlichen Foren und Kontexten eingesetzt wird. Insbesondere Nichtregierungsorganisationen entziehen die Erhebung, Hortung, Verarbeitung und Verwertung von Wissensbeständen der Geräuschlosigkeit behörden- oder konzerninterner Routinen und versuchen, dieses Wissen vor seiner beliebigen Unterordnung unter die kurzfristigen Erfordernisse von Markt und Staat zu bewahren.

Wissen und Emotion

Die Konzentration auf die eigenständige und professionelle Ermittlung von „skandalösen" Tatsachen und gravierenden Fehlentwicklungen in unterschiedlichen Politikfeldern geht einher mit der gelegentlich demagogischen Lust an starken Wertungen. Befreit vom Zwang, sich dem institutionellen Spiel um ständische Interessenwahrung und taktische Schadensbegrenzungen unterwerfen zu müssen, verfügen Nichtregierungsorganisationen über ein erhebliches Potenzial zur Mobilisierung von öffentlichen Emotionen, das die klassischen Verbände oft „grau" aussehen lässt. Sie benennen eine Vielzahl von lange Zeit unterschätzten Gefahren für die globale Ernährungssicherheit, die individuelle Gesundheit oder den sozialen Ausgleich, – Gefahren, denen kein Feind als unmittelbarer Verursacher entspricht. Aber auch wenn die neuen Verbände keine Erzfeinde benennen und in der Regel an das Gute im Menschen glauben, wimmelt es in ihrer Welt von Bösewichtern, Giftmischern und Piraten. So fühlen sich beispielsweise die Hersteller gentechnisch veränderter Nutzpflanzen zur Zeit der Verfolgung durch einen regelrechten „Bio-McCarthyism" ausgesetzt (Leisinger 2000). Sollte dieser Vorwurf zutreffen, verbinden die neuen Organisationen auch hier das scheinbar weit auseinander Liegende, indem sie die Verwissenschaftlichung und Professionalisierung der Politik ebenso beschleunigen wie die emotionale Anrufung potenzieller Aktivisten und jener wissbegierigen Zuschauer, die Politik in der Demokratie lediglich „spannend" finden, ohne je auf den Gedanken zu kommen, sich als aktives Mitglied einer Organisation anwerben zu lassen.

Die aufgezählten Elemente einer genaueren Bestimmung dessen, was wir unter „Nichtregierungsorganisationen" verstehen sollten, lassen sich zu folgender Ar-

beitsdefinition zusammenführen: *Nichtregierungsorganisationen (NGOs) sind formali-
sierte, auf Dauer angelegte Zusammenschlüsse von Personen, die sich im öffentlichen Raum,
aber ohne staatlichen Auftrag und ohne Anspruch auf unmittelbare Teilhabe an der staatlichen Macht, über nationalstaatliche Grenzen hinweg für die Belange von Nichtmitgliedern
einsetzen, deren Lebenslage sich strukturell von der Lebenslage der Organisationsmitglieder
unterscheidet.*

In der Sprache der Staatssoziologie Max Webers könnte man auch sagen: Es handelt sich um rationale Verbände, die ohne die Existenz von ausgeprägten Herr-
schaftsbeziehungen auskommen und sich daher von staatlichen und kirchlichen
Verbänden unterscheiden (Breuer 1994, S. 22ff.). Allerdings führt die hier vorge-
schlagene Definition eine weitere Differenzierung *innerhalb* der Gruppe herrschaftsarmer rationaler Verbände ein, indem sie klassische Mitgliederorganisationen von solchen Verbänden unterscheidet, die in der Einbeziehung und Aufwertung von Nichtmitgliedern ihren Sinn sehen. Die Definition beharrt auf dem
Unterschied zwischen den Aktiven und den „Anderen", denen die Fürsprache von
Nichtregierungsorganisationen gilt, wenngleich sie die Einebnung dieser Differenz
in einer unbestimmten Zukunft nicht ausschließt. Nichtregierungsorganisationen
beruhen auf freiwilligen Zusammenschlüssen von Bürgerinnen und Bürgern, die
Einfluss ausüben ohne Souveränität zu beanspruchen, aber diese Zusammenschlüsse werden *mit Blick auf Andere* unternommen, die nicht selbst unmittelbar Anteil haben an der bürgerschaftlichen Aktivität. Diese Asymmetrie kann immer weiter verringert werden, verschwinden wird sie jedoch nie völlig, es sei denn, eine
NGO verwandelt sich in etwas anderes, z.B. eine Selbsthilfegruppe.

Der konstitutive Bezug auf abwesende und entfernte Andere, die in ihrer Andersartigkeit anerkannt werden und deren Lebenslage verbessert werden soll,
schließt nicht aus, dass die Organisationsmitglieder im Zuge ihrer advokatorischen
Aktivität auch *Eigeninteressen* verfolgen. Wer sich für die Rechte von Frauen in fernen patriarchalischen Gesellschaften einsetzt, kann mit positiven Nebenwirkungen
dieses Engagements auf die eigene Lebenslage rechnen. Der Einsatz gegen die
unkalkulierbaren Schäden von Nuklearmülldeponien ist niemals völlig losgelöst
von den Ängsten der heute Lebenden. NGOs werden nicht von selbstlosen Moralvirtuosen geleitet, die ganz im Lichte von kategorischen Imperativen handeln,
ohne ihre eigenen Neigungen zu berücksichtigen. Gleichwohl liefern die räumliche
Verteilung, die Zusammensetzung und die tatsächlichen Orientierungen der
Mitgliedschaft im Normalfall sichere Hinweise darauf, ob es sich bei dem jeweiligen Verband eher um einen Zusammenschluss zur Verteidigung von Mitglieder-
interessen oder um eine Nichtregierungsorganisation handelt. Diese Formulierungen schließen ein, dass das Wachstum von Nichtregierungsorganisationen in den
vergangenen Jahrzehnten einen moralischen Fortschritt gegenüber Epochen bedeutet, in denen die Solidarität stets nur den imaginären *eigenen* Klassen- und Volksgenossen galt. Sie schließen dagegen *nicht* ein, dass einzelnen Nichtregierungsorganisationen per se eine höhere moralische Dignität zukommt als klassischen Interessenverbänden, ohne die es eine funktionierende Demokratie nicht gäbe. Weit
davon entfernt, widerspruchslos zu sein, erzeugt der Bezug auf Andere neue moralische Spannungen, die sich auf die Vorgehensweise und das öffentliche Erschei-
nungsbild von NGOs auswirken. Darauf werde ich in Kapitel 5 zurückkommen.

Die Asymmetrie zwischen den Aktiven der Organisation und den Nutznießern
und Zielgruppen ihres Engagements hat dazu geführt, dass NGOs lange Zeit durch

das Begriffsnetz der Verbändeforschung gefallen sind. Auch die politische Philosophie hat sich dem Phänomen gegenüber hilflos gezeigt. So ist der Begriff der „Zivilgesellschaft" organisationsblind und außerdem an die geschichtlichen Bedingungen einer vor-globalen Ära gebunden. Der verwandte Begriff der „posttraditionalen Gemeinschaften" (Honneth 1993) beruht auf der Erwartung von symmetrischer Wertschätzung zwischen autonomen Subjekten, die ebenfalls von den neuen Organisationen systematisch enttäuscht werden muss, da es ihnen gerade um Hilfe für Subjekte geht, denen ihre Autonomie in wichtigen Fragen genommen wurde.

Allerdings ist neben dem privilegierten Bezug auf Nichtmitglieder die Kennzeichnung des „Nachtraditionalen" hilfreich, um innerhalb der Familie herrschaftsarmer Verbände eine weitere Binnendifferenzierung einzuführen und das Phänomen der neuen Organisationen zu definieren. Die neuen Verbände beruhen auf der affektiven Anteilnahme von Organisationsmitgliedern an der besonderen Lage von anderen. Nachtraditional ist diese Form der Anteilnahme, weil sie losgelöst ist vom Wert der Eigenschaften, die traditionellerweise ganzen Gruppen von Menschen typisierend zugeschrieben wurden (ebd.). Die Organisationen sorgen zudem dafür, dass moralisch empfindsame Teile des Publikums von der Anteilnahme mit erfasst werden. Die Eigenschaften, von denen sich die organisationsbildende Anteilnahme loslöst, sind zum einen ständische, zum anderen aber auch die naturalisierten Kollektiveigenschaften der Klassenzugehörigkeit und der Nationalität, die immer wieder als Äquivalente hierarchischer Wertordnungen funktioniert und im 20. Jahrhundert oft genug sogar die Grundlage für systematische Ausrottungsmaßnahmen geschaffen haben. Mit der Schwächung der hierarchisierenden Deutungsmuster von „Klasse" und „Nation" in einigen modernen Gesellschaften wird die Einteilung von Gruppen in Freunde und Feinde erschwert. Politische Gegnerschaft und Solidarität werden damit zu provisorischen, flüssigen Größen, die nicht länger durch ein säkularisiertes Glaubens-system gestützt werden. Ohne völlig zu verschwinden, wird zudem die Unterscheidung von Freunden und Feinden von einer anderen überlagert, nämlich der Unterscheidung von Tätern und Opfern.

Während der Politisierungsgrad von NGOs je nach Handlungsfeld, Region oder Zeit variiert, gilt in jedem Fall, dass für nachtraditionale Verbände die beiden Unterscheidungen von Freund und Feind und von Opfer und Täter niemals völlig deckungsgleich sind. Freunde können zu Tätern werden, und auch der ärgste Feind mag in eine Situation geraten, in der er geschützt und verteidigt zu werden verdient. „Meinen Feind verteidigen", heißt ein Buch des prominenten Menschenrechtsaktivisten Aryeh Neier über US-amerikanische Neonazis (Neier 1979).[6] Dem Idealtypus einer modernen, nachtraditionalen Nichtregierungsorganisation kommen wir dann am nächsten, wenn weder Opfer noch Täter oder Zielgruppen des Publikums geschichtsphilosophisch vorsortiert und mit den gruppentypischen Rollenzuschreibungen einer „Mission" oder eines „Klassenschicksals" ausgestattet worden sind. Dies heißt nicht, wie gelegentlich von Sprechern christlicher Wohlfahrtsverbände behauptet worden ist, dass nachtraditionale Verbände überhaupt kein ethisches Fundament haben und lediglich den Imperativen geschmeidiger Funktionalität gehorchen (Salm 1996). Allerdings entgrenzen sie die Aufmerksamkeit für die Opfer von Missständen weit über den Kreis derjenigen hinaus, deren

Der Zusatz "nachtraditional"

---

[6] Neier kam als jüdisches Flüchtlingskind während des Zweiten Weltkriegs aus Deutschland in die USA und gehörte später zu den Mitbegründern der Menschenrechtsorganisation Human Rights Watch.

Leid in der Vergangenheit „relevant" erschien und als Durchgangsstadium hin zu einer höheren Entwicklungsstufe der Menschheit gewertet wurde.

**Vier
Schwellen**

Neben der Abgrenzung von wirtschaftlich motivierten Verbandsbildungen enthält unsere Definition von „Nichtregierungsorganisationen" vier weitere zentrale Schwellen, durch die sich NGOs als nachtraditionale Verbände von anderen Gruppierungen abgrenzen lassen. Im Einzelnen sind dies die Schwellen gegenüber

- staatlichen oder staatlich dominierten Organisationen, – Schwellen, die alles andere eindeutig ist, da es in der Wirklichkeit, zumal in Ostasien oder Lateinamerika, von Mischtypen wimmelt, für die es allerlei kuriose Namen gibt: GONGOs (Governmentally Organized Nongovernmental Organizations), MANGOs (Manipulated Nongovernmental Organizations) oder sogar GRINGOs (Governmentally Regulated and Initiated Nongovernmental Organizations); [7]
- politischen Organisationen, die sich zwar von klassischen Verbänden und Parteien unterscheiden und sich primär für Nichtmitglieder einsetzen, jedoch nicht gezielt über die Grenzen ihres Landes hinaus wirksam werden, um Ressourcen einzuwerben oder politische Veränderungen herbeizuführen;
- moralisch neutralen Dienstleistungsunternehmen und DONGOs (Donor-Organized Nongovernmental Organizations), die als operative Hilfsorganisationen im Ausland eingesetzt werden, z.B. von der Weltbank, dem UN-Hochkommissariat für Flüchtlinge (UNHCR) oder der Gesellschaft für Technische Zusammenarbeit (GTZ), ohne je selbstständig und öffentlich für ein bestimmte „Sache" einzutreten;[8]
- sowie gegenüber informellen Bündnissen oder sozialen Bewegungen, d.h. Nichtorganisationen, die sich ad-hoc bilden und zwar das Ideengut von Nichtregierungsorganisationen teilen mögen, jedoch nicht die Schwelle zur dauerhaften formalen Organisation der eigenen Aktivitäten überschreiten.[9]

Ich spreche von „Schwellen", um deutlich zu machen, dass es in allen vier Fällen Zonen des Übergangs gibt, die immer wieder zum Streit darüber führen können, ob die eine oder andere Organisation nun eine „echte" NGO ist oder nicht. Dieser Streit wird nicht zuletzt im Inneren der Gruppe der Nichtregierungsorganisationen ausgetragen, für die die Durchsetzung einer verbindlichen Definition ihrer selbst eine wichtige Statusfrage ist. Um hier über abstrakte Wortgefechte hinauszukommen, ist ein kurzer Blick in die Geschichte von Nichtregierungsorganisationen hilfreich.

---

[7] GRINGOs wurden z.B. im Vorfeld der Weltfrauenkonferenz 1995 in Peking von der chinesischen Regierung gegründet, um auch innerhalb des NGO-Sektors präsent zu sein.

[8] Daraus folgt, dass ich die so genannten „NGOs der ersten Generation", die sich auf nichtöffentliche Samaritertätigkeiten konzentriert haben, nur als eine Vorform moderner Nichtregierungsorganisationen betrachte. Vgl. hierzu das Vier-Generationen-Modell der Entwicklung von NGOs in Korten (1990, S. 114-128).

[9] Zu den Beziehungen von NGOs zu Graswurzel-Initiativen und sozialen Bewegungen, besonders mit Blick auf Entwicklungsländer, vgl. Bryant/Bailey (1997).

Tabelle 2: Was Nichtregierungsorganisationen nicht sind: Mischformen und not-   wendige Abgrenzungen

Begriffliche Antipoden zu NGOs	Vorstufen und Mischformen von NGOs	Aspekte entwickelter NGOs
Staat	GONGOs, GRINGOs etc.	Politische Unabhängigkeit
Nation	nationale regierungsunabhängige Organisationen	Transnationalität
Dienstleister	operative Hilfsorganisation, DONGOs	Advokatorisches Engagement (Öffentlichkeitsbezug)
Soziale Bewegung	Basisgruppen, Ad hoc-Initiativen	Selektive Unterstützung von Basis-Initiativen

Solidarität mit Fremden und Fernen: Zur Geschichte einer Politikform

Dass in der modernen Gesellschaft die Menschen weniger solidarisch handeln als in früheren Zeiten, wird von jeder Generation aufs Neue behauptet. Als wachsende Großorganisationen in Politik und Wirtschaft noch selbstverständlich waren, glaubte man, dass formale Hierarchien mehr und mehr an die Stelle spontaner Verabredungen und Zusammenschlüsse träten, während heute eher die Verwandlung aller sozialen Beziehungen in marktähnliche Tauschgeschäfte befürchtet wird. Derartig pauschale Thesen sind allerdings unbewiesen. Vieles spricht sogar dafür, dass heute das Motiv der Solidarität, wo es sich zeigt, reiner hervortritt als zu Zeiten, in denen die unbedingte Unterstützung der Alten, der Blutsverwandten oder der Volksgenossen noch durch starke soziale Normen vorgeschrieben war. Solidarität muss heute mehr denn je freiwillig erbracht werden, und öffentliche Klagen über die „Besitzstandswahrung" der Wohlhabenden, den „Egoismus" der Jugendlichen oder gar das „falsche Bewusstsein" von Arbeitern finden keine Resonanz mehr in einer Gesellschaft, in der sich Zwangsbindungen zugunsten freiwillig eingegangener Verträge, aber auch zugunsten einer Vielzahl anderer, emotional unterfütterter Beziehungen auflösen. Verschiedene Formen von Solidarität können damit in Konflikt zueinander treten. So sinkt in Westeuropa und den USA die Bereitschaft des Wahlvolkes, Steuererhöhungen zugunsten sozial schwacher Mitbürger oder Regionen ohne Murren hinzunehmen, während gleichzeitig Appelle an freiwillige Spenden und Hilfsleistungen keineswegs auf taube Ohren stoßen. Mit der Schwächung der Normen partikularistischer Zwangssolidarität, die jeden Einzelnen an seine offiziell Nächsten und Liebsten bindet, öffnet sich der Blick für diejenigen, die schon immer außerhalb dieser Normen standen. Parallel zu dieser Relativierung des Verpflichtungsgefüges, in dem seit jeher die Einzelnen gegenüber Familie und Nation standen, wachsen die Solidaritätszumutungen, mit denen sie nun nicht mehr nur von den Nächsten und vom Staat, sondern auch von freiwilligen Organisationen konfrontiert werden, deren Anliegen jetzt prinzipiell auf gleichem Fuß mit denen anderer Gruppen stehen.

Obwohl auch für moderne Gesellschaften gilt, dass private Unterstützungsnetze und offene Selbsthilfegruppen verbreiteter sind als der Kontakt und die Solidarität mit weit entfernten (oder auch heimischen) Fremden, haben transnationale Nichtregierungsorganisationen doch über lange Zeiträume hinweg das Gesicht der Weltgesellschaft mit geprägt. Um eine befriedigende Antwort auf die Frage geben zu können, was NGOs eigentlich sind, ist es ratsam, sich zunächst der geschichtlichen Herkunft der neuen Organisationen zu vergewissern. Ihre frühen Ursprünge verweisen nämlich zurück auf die philanthropischen Initiativen des westlichen Bürgertums im 19. und frühen 20. Jahrhundert, das damit begann, sich sowohl um die körperliche Unversehrtheit wie um das Seelenheil von Fernen und Fremden zu kümmern und dabei eine beachtliche organisatorische Kreativität an den Tag legte.[10]

Vorläufer moderner NGOs

Als Vorläufer der modernen NGOs müssen die großen Kampagnen gelten, die seit der Mitte des 19. Jahrhunderts beispielsweise gegen die Sklaverei im Süden der USA, gegen die Verweigerung des Frauenwahlrechts in Europa oder gegen rituelle Verstümmelungspraktiken in Ländern wie China oder Kenia gestartet wurden. Erwähnenswert sind auch die puritanischen Frauenbewegungen für Alkoholabstinenz und das Frauenwahlrecht, die sich in der 1874 gegründeten *Woman's Christian Temperance Union* zusammenschlossen. Frances Willard, die Leiterin der amerikanischen Sektion, prägte bereits vor 120 Jahren ein Vokabular, das in der heute gängigen Rede vom „globalen Dorf" und der „grenzenlosen Welt" wiederkehrt. „Wir dürfen uns nicht länger einengen lassen von den künstlichen Grenzen der Staaten und der Nationen," beschwor sie ihr Publikum bei einem Treffen in San Francisco, „wir müssen als Frauen zu dem stehen, was gerechte und große Männer schon vor langer Zeit zu ihrer Parole erhoben haben: Die ganze Welt ist meine Gemeinde – *„The whole world is my parish"* (zit. in Berkovitch 1999, S. 108).

Ein ähnliches Pathos prägte auch die transatlantische Kampagne für die Abschaffung der Sklaverei nach 1839, in der einige der zentralen Elemente vorgebildet wurden, an die später moderne Nichtregierungsorganisationen anschließen konnten. Der Kampf gegen die Sklaverei bildet das Motiv der ältesten Menschenrechtsorganisationen, die es gibt. Die erste Organisation wurde bereits 1787 gegründet mit dem Ziel, den Sklavenhandel und die Sklaverei in Großbritannien und den Kolonien abzuschaffen, – ein Ziel, das 1833 erreicht wurde. Danach richteten sich die NGOs gegen *verborgene* Formen von Sklaverei, die ermittelt und aufgedeckt wurden. So wurde bekannt, dass eine große Zahl von Fremden aus den Kolonien eine so genannte „Lehrzeit" (apprenticeship) in britischen Haushalten und Werkstätten absolvierte, die nichts anderes war als eine Fortsetzung der Sklaverei im Gewand der Legalität.

---

[10] Andere haben den Orden der Rosenkreuzer, dessen Geschichte sich mindestens bis ins 17. Jahrhundert zurück verfolgen lässt, „die erste NGO" genannt (Skjelsbaek 1971, S. 424). Es macht jedoch wenig Sinn, von internationalen NGOs in einer Zeit zu sprechen, in der es überhaupt noch keine Nationen im modernen Sinne des Wortes gab.

Nachdem auch diese Praxis verboten worden war, entstand 1839 schließlich eine *internationale* Anti-Sklaverei-Gesellschaft, die sich mit großem Elan für die Abschaffung der Sklaverei auf den Plantagen der amerikanischen Südstaaten einsetzte.

Auffällig ist, dass sich die frühen Kampagnen gegen die Sklaverei an moralischen Ideen orientierten, die für die Zeitgenossen unvorstellbar waren und deren Realisierung aussichtslos erschien.[11] Sklaverei war eine Jahrtausende alte Institution, die im alten Griechenland sogar mit einfachen Formen einer städtischen Demokratie ko-existieren konnte. Sie trug zum wirtschaftlichen Wohlstand der amerikanischen Südstaaten bei. Ihre Verteidiger konnten darauf verweisen, dass der Lebensstandard unfreier Plantagenarbeiter in Amerika höher war als der irischer Kleinbauern oder mancher englischen Bergwerksarbeiterin. Und der moderne Rassismus war keine grausige Erblast, sondern hatte seine schreckliche Blütezeit noch vor sich. Die Kampagne richtete sich außerdem nicht gegen fremde Barbaren, sondern gegen Auswüchse des *eigenen* Landes, oder, wo sich Iren, Briten und andere engagierten, gegen Fehlentwicklungen einer Nation, mit der man sich in vielerlei Hinsicht aufs Engste verbunden fühlte. Amerikanische Bürger und Politiker versuchten gleichwohl, die Kampagne als koloniale Einmischung in die inneren Angelegenheiten zu diffamieren. Für die grundsätzliche Beibehaltung der Sklaverei, die viele allenfalls ein wenig reformieren wollten, schien die Geschichte der Vereinbarkeit von Sklaverei und Demokratie, die ökonomische Nützlichkeit, die Freiheitsliebe einer jungen Nation und überhaupt der gesunde Menschenverstand zu sprechen, in dessen Licht die Forderung nach ersatzloser Abschaffung schlicht „verrückt" erschien.

Aufruf der britischen Anti-Slavery Society zur Unterzeichnung einer Petition gegen die Haltung von Schwarzen als „Lehrlingen", ca. 1837-38. Quelle: Anti-Slavery International, London

---

[11] Zum Folgenden vgl. Keck/Sikkink (1998, Kap. 2).

Gegen alle diese Argumente konnten sich nur Gruppen behaupten, die tiefer schürften und ihre Handlungsorientierungen aus letztlich religiösen Quellen schöpften. Es waren folglich protestantische Gruppen wie die Quäker, Unitarier und Methodisten, die zunächst das Rückgrat der Bewegung für die Abschaffung der Sklaverei bildeten. Neben religiösen Überzeugungen spielten auch technische Faktoren und der entstehende kapitalistische Markt eine große Rolle. Mit den städtischen Mittelschichten wurden nämlich die neuen Werte der Eigeninitiative und der Selbstverantwortlichkeit populär. Die Grenze zwischen dem, was Menschen nicht ändern konnten und was folglich der Natur der Dinge zuzuschreiben war, und dem, was sehr wohl von Einzelnen verantwortet werden musste, wurde neu gezogen. Die Hexen, Unholde oder Dämonen, die in den alten Volkskulturen Europas hinter den Dingen lauerten, um mit Pestpfeilen und unsichtbaren Krankheitsprojektilen zu schießen, verschwanden zugunsten einer Natur ohne Moral. Umgekehrt wuchs den Menschen immer mehr moralische Verantwortung für all das zu, was sich nicht plausiblerweise als „naturgegeben" darstellen ließ, und dazu gehörte neben dem eigenen Leben auch das der Fernen und Fremden, über deren trauriges Los die entstehenden Printmedien berichteten.

Vor diesem Hintergrund christlicher Grundüberzeugungen und einer marktkompatiblen aktivistischen Moral der Selbstverantwortlichkeit kam es sowohl in Großbritannien als auch in Amerika rasch zur Gründung von Anti-Sklaverei-Vereinen auf lokaler, regionaler und nationaler Ebene, die sich auch an die Nichtmitglieder religiöser Sekten wandten. In beiden Ländern wurden erstmals im großen Stil Unterschriften gesammelt, und die einzelnen Gliederungen der Kampagne übertrafen sich mit Rekordzahlen. 1833 unterschrieb in Großbritannien jeder siebte Erwachsene eine Petition gegen die Sklaverei, und in den USA wurden ein paar Jahre später 1.350 lokale Anti-Sklaverei-Vereine gezählt, die den Kongress mit Petitionen geradezu überschwemmten. Gruppen auf beiden Seiten des Atlantiks beeinflussten sich gegenseitig, indem die Amerikaner die radikaleren Forderungen der Briten nach sofortiger Abschaffung übernahmen, während umgekehrt die Briten auf amerikanischen Druck etwas „frauenfreundlicher" wurden und die Rolle weiblicher Aktivistinnen innerhalb der Kampagne stärker würdigten.

Der Einfluss auf die britische Regierung

Neben diesen horizontalen Austauschprozessen zwischen Gliederungen eines weitgespannten Netzwerks von im Prinzip Gleichgesinnten ist die wechselvolle Geschichte der „vertikalen" Beziehungen erwähnenswert, die die Gegner der Sklaverei mit der jeweils eigenen Regierung verbanden. Hier ist besonders der britische Fall interessant, da es die Gegner der Sklaverei waren, die die eigene Regierung zu einer neutralen Haltung während des amerikanischen Bürgerkriegs bewegten. Die Regierung in London sah zunächst lediglich ihre wirtschaftlichen Interessen an einer reibungslosen Lieferung von Baumwolle für die heimische Textilindustrie aus den Sklavenstaaten und war zudem verschreckt durch das drohende Gespenst ungeordneter Rebellion, das man einige Jahre zuvor in Indien kennengelernt hatte. Nicht zuletzt unter dem Eindruck der Agitation von Sklaverei-Gegnern im eigenen Land konnte sich die Regierung jedoch nicht entschließen, sich auf die Seite der amerikanischen Konföderierten zu schlagen.

Zusammengefasst lassen sich folgende organisatorische Neuerungen der Kampagne festhalten. Die Gegner der Sklaverei entwickelten frühzeitig grenzüberschreitende Netzwerke von Gleichgesinnten und nutzten geschickt alle damals verfügbaren Möglichkeiten der Selbstreklame und Agitation durch Printmedien. Sie konzentrierten sich auf die geduldige Sammlung von sorgfältig recherchierten Fakten und auf die spektakuläre Aufbereitung von Zeugenaussagen, die dazu angetan waren, das Gemüt der Leserinnen und Leser zu bewegen. Bestseller wie der Roman *Onkel Toms Hütte* von Harriet Beecher Stowe trugen weiter zur Popularisierung der gerechten Sache bei. Bereits damals gab es „politisch korrekte" Konsumartikel wie Zucker oder Kaffee, die mit der Aufschrift „Not made by slaves" warben. Schließlich entwickelte die Kampagne konkrete Techniken der Intervention, um schrittweise die neuen Ideen umzusetzen und andere von der Richtigkeit dieser Ideen zu überzeugen. Die Gründung von Vereinen und „societies" war dabei selbst ein Aspekt dieser Techniken. Ein anderer Aspekt war die Veranstaltung der großen Konferenzen, die 1840 und 1843 in London stattfanden. Diese internationalen Treffen dienten einerseits dem Zweck, die öffentliche Botschaft der Kampagne noch hörbarer zu machen; andererseits brachten sie aber auch die internen Differenzen innerhalb des wachsenden Netzwerks der Sklaverei-Gegner ans Licht. Kontrovers wurde besonders die Rolle der Frauen diskutiert, die sich in einem übertragenen Sinne als Quasi-Sklavinnen unter der Fuchtel ihrer männlichen Mitstreiter zu entdecken begannen. Tatsächlich lässt sich die Bewegung für das Frauenwahlrecht, das noch 1848 ebenso undenkbar und verrückt erschien wie das Verbot der Beschäftigung afrikanischer Sklaven, direkt auf die Anti-Sklaverei-Kampagne zurückführen.

Die Gruppen, die gegen die Sklaverei in den amerikanischen Südstaaten kämpften, schufen ein Repertoire oder eine „Werkzeugkiste" für nachfolgende regierungsunabhängige Initiativen wie z.B. die europäische Bewegung zugunsten des Frauenwahlrechts. Dieses über die Grenzen von Ländern, Generationen und Themenfeldern hinweg tradierbare Repertoire enthielt erste Hinweise zur geschickten Nutzung der Printmedien, zur journalistischen Recherche, zur gezielten Anregung der kollektiven Vorstellungskraft durch Geschichten und Bilder, zur Pflege transnationaler Beziehungen und schließlich zu Techniken des Lobbyismus gegenüber Berufspolitikern. Erprobt wurden diese Instrumente freilich zunächst nur im Rahmen europäischer Einzugsgebiete.

Ein anderer Strang der Genese moderner Nichtregierungsorganisationen weist dagegen über die Grenzen des heutigen „Westens" hinaus in außereuropäische Gebiete. Hier sind die frühen Kampagnen beispielsweise gegen Praktiken wie die Klitorisverstümmelung in Ostafrika oder die Einschnürung der Füße chinesischer Mädchen zu nennen. In diesen Kampagnen, die schon ins 20. Jahrhundert hineinreichten, spielten neben liberalen Philanthropen auch Missionare eine bedeutende Rolle, die natürlich nicht zu trennen ist von der imperialen Politik des britischen Königreichs und anderer Kolonialmächte. So wurde der erste transnationale Verein gegen die Einschnürung chinesischer Mädchenfüße 1874 von Mitgliedern der Londoner Missionsgesellschaft gegründet, ehe zwanzig Jahre später die Gattin eines britischen Großhändlers eine multinationale Dachorganisation – den „Verein für natürliche Füße" (Natural Foot Society) – gründete. Diese Organisation hatte den strategischen Vorteil, dass sie es auf chinesischer Seite mit Reformkräften zu tun hatte, die dasselbe Ziel der moralischen Reform einer antiquierten Gesellschaft verfolgten, deren hässliches Symbol auch in China in der gewollten Missbildung weiblicher Gliedmaßen gesehen wurde. Dies mag den Erfolg der Kampagne erklären, die nicht nur Ländergrenzen, sondern auch Kulturgrenzen überschritt und damit ungleich schwieriger zu führen war als die früheren Kampagnen zur Beendigung erst des überseeischen Sklavenhandels und dann der Sklaverei in Amerika, – Kam-

NGOs außerhalb Europas

pagnen, die sich letztlich auf gemeinsame christliche Werte auf beiden Seiten des Atlantiks stützen konnten. Die Bewegung zugunsten der chinesischen Mädchen zeigte jedoch auch zwei zentrale Dilemmata, mit denen Nichtregierungsorganisationen bis heute zu rechnen haben. Erstens wurde die geografische Ausdehnung des Reformwillens englischer Missionare und philantropischer Mittelschichtsgattinnen mit dem Desinteresse des breiten Publikum in Europa bezahlt, das sich nicht erwärmen wollte für die Opfer von Misshandlungen am anderen Ende der Welt. Hinzu kam zweitens das Dilemma der falschen Freunde. Einige der Sympathisanten philantropischer Initiativen waren nämlich Anhänger des Kolonialismus, die außerhalb Europas sowieso nur unmündige Barbaren vermuteten, denen die eigenen Werte aufgezwungen werden sollten. Bis heute werden Nichtregierungsorganisationen in außereuropäischen Ländern gelegentlich als Agenten westlicher – und damit angeblich „kulturfremder" Mächte – gescholten.

NGOs und Kolonialismus

Es wäre jedoch irreführend, die philantropischen Kampagnen, die in mancher Hinsicht als Vorläufer der modernen Nichtregierungsorganisationen zu sehen sind, auf ein Element speziell des britischen Kolonialismus zu reduzieren. Der Kolonialismus machte die überseeischen Regionen zugänglich für die strategischen Interessen der politischen und wirtschaftlichen Eliten des Mutterlandes, öffnete sie aber zugleich für Bürger mit anderen Absichten, die sich ein eigenes Bild von der Fremde machten und dieses Bild kommunizierten. Es ist wichtig, die Ambivalenz der Binnenbeziehung zwischen dem offiziellen Kalkül des Kolonialismus und den humanitären oder reformerischen Anliegen anderer Gruppen zu sehen, deren Einfluss im Fahrwasser des Kolonialismus wuchs, ohne doch mit ihm deckungsgleich zu sein. Selbst innerhalb der offiziellen Kirchen waren Missionare, die nach Indien abreisten, häufig eine Zielscheibe des Spottes. Die Rede war von „kleine Gruppen von Verrückten, die mit ihren Glaubensbotschaften den Hindus einen geringeren Dienst erweisen als uns durch ihr Verschwinden" (zit. in Porter 1997, S. 369). Das Image des weltfremden „Spinners" sollte von da an immer wieder den manchmal quasi-missionarischen Kampagnen regierungsunabhängiger Organisationen angeheftet werden.

Die zweischneidige Rolle der kolonialen Expansion Europas zeigt sich nirgendwo deutlicher als im Bereich des Naturschutzes und der Ökologie. Ohne Zweifel ging der Kolonialismus dort, wo seine Pioniere nicht an den Fieberkrankheiten und Wurmparasiten der Tropen scheiterten, ziemlich rücksichtslos mit den vorgefundenen Naturgütern um. Andererseits löste die Entdeckung überseeischer Regionen in Afrika, Asien und Amerika ein Erstaunen aus, das bisherige Überzeugungen ins Wanken brachte. So veränderte bereits die Entdeckung von Madeira, Mauritius oder der Kanaren die europäische Sensibilität für die Schönheit, Fruchtbarkeit und auch die Bedrohtheit ferner Naturräume, die von Anfang an in Analogie zum biblischen Paradies beschrieben wurden. Im Diskurs des mittelalterlichen Christentums hatte die äußere Natur noch unmittelbaren Anteil am Abfall des Menschen von Gott. Sie war selbst nichts anderes als kosmischer „Abfall" und bedurfte wie das Menschengeschlecht der Gnade Gottes. Diese Parallelität von sündigem Mensch und gefallener Natur löste sich seit dem 17. Jahrhundert auf, indem das neue Konzept einer „paradiesischen" Natur entstand, die von nun an unabhängig vom Menschen als Refugium und Ressource geschätzt werden konnte.

Später gelangten im Fahrwasser der maritimen Expansion vor allem der Briten immer wieder eigenwillige und experimentierfreudige Persönlichkeiten, deren Visionen über die Machtinteressen der Kolonialherren hinausgingen, an die Ränder der damals erschlossenen Welt. Ein gutes Beispiel ist der deutsche Botaniker Dietrich Brandis, der 1864 zum ersten Generalinspektor des Forstwesens in Britisch-Indien ernannt wurde. Brandis gilt bis heute als Vorbild für Forstwirte, Ökologen und ländliche Nichtregierungsorganisationen in Südasien, weil er sich nicht nur für die Sicherstellung langfristig nachhaltiger Erträge aus der Forstwirtschaft einsetzte, sondern auch für die Einbeziehung lokaler Bevölkerungsgruppen in die Nutzung von Wäldern und Naturschutzgebieten. Der schottische Förster Hugh Cleghorn, der zur selben Zeit ebenfalls in Indien aktiv war, gehörte zu den ersten, die weitab vom Mutterland auf die globalen ökologischen Risiken der großflächigen Zerstörung von tropischen und subtropischen Waldgebieten aufmerksam machten (Grove 1998, S. 82-85). Die Warnungen und Vorschläge solcher Wissenschaftspioniere verhallten oft ungehört und galten in der Kolonialverwaltung als utopisch, versponnen oder unausgereift. Und doch wurde hier, an der Peripherie des europäischen Weltsystems, ein Grundstock an Ideen herangebildet, der zum Rohstoff politischer Mobilisierungen für spätere Generationen in anderen Weltteilen werden sollte.

Freilich lag das globale Reformwissen, das ohne Zutun des Kolonialismus, aber doch in dessen Verlauf angesammelt wurde, lange Zeit brach, da es in den europäischen Mutterländern auf ein politisches Klima traf, das die Entwicklung transnationaler Nichtregierungsorganisationen zunehmend erschwerte. Die europäischen Staaten bauten im 19. Jahrhundert gigantische Infrastrukturen auf, die zu einer enormen Verdichtung des Austausches innerhalb der jeweiligen Gesellschaften und zu einer emotionalen Vergemeinschaftung beitrugen. Soziale Verhaltensweisen wurden vereinheitlicht und mit den großen nationalen Organisationen der Gesundheitsversorgung, der Politik und des Bildungswesens verknüpft. Die Familie wurde als „Keimzelle" größerer Einheiten gedeutet, und die Nationen missverstanden sich als Naturkräfte, wurden leidenschaftlicher und aggressiver. Die transnationalen Strukturen der Exilanten, reisenden Handwerker und weltbürgerlichen Intellektuellen, die 1864 noch die sozialistische Erste Internationale gegründet hatten, verloren an Boden, da auch die Organisationen der Arbeiterbewegung nur noch an einer Verbesserung ihrer Position im Rahmen des erstarkten Nationalstaates interessiert waren. Transnationale Gemeinsamkeiten wurden ebenso wie lokale Besonderheiten zugunsten nationaler Selbstdefinitionen und des Wunsches heruntergespielt, an der imaginären Größe der eigenen Nation teilzuhaben. Auf dem Höhepunkt dieser Entwicklung, im Ersten Weltkrieg und danach, kehrte auf kuriose Weise die vermeintliche Bindungslosigkeit, die man bei kosmopolitischen „Reichsfeinden" festzustellen glaubte, in den Orientierungen ultranationalistischer Kräfte wieder. So träumten Freikorpssoldaten bei ihrem Vormarsch im Baltikum nach dem Ersten Weltkrieg von einer „Lösung aller Bindungen" an die Welt, die hinter ihnen lag und sprachen von Deutschland als „einem fernen, fremden Land", mit dem man nichts mehr zu schaffen habe (Salomon 1962, S. 52, 80).

Diese Figur eines virtuellen Nationalismus, der sich in seinem grenzenlosen Expansionsdrang von jeglichem Bezug auf eine lokalisierbare Heimat löste, ist mit guten Gründen in den Mittelpunkt vieler historischer Analysen des 20. Jahrhunderts gerückt worden. Der beispiellose Boom transnationaler Nichtregierungsorganisationen, der das Jahrhundert ebenfalls prägte, ist darüber oft übersehen worden, und es überrascht, dass Bücher wie Eric Hobsbawms *Zeitalter der Extreme* (1995), John Grenvilles *History of the World in the Twentieth Century* (1994) oder Dan Diners

Die nationalistische Eiszeit

Das Jahrhundert verstehen (1999) ohne jeden Hinweis auf die Rolle freiwilliger Organisationen in nationalen und internationalen Angelegenheiten auskommen. Zu Beginn des 20. Jahrhunderts verschob sich das Epizentrum der Gründung von Nichtregierungsorganisationen von Europa nach Amerika, das von einer Zielregion humanitärer Bewegungen während der Anti-Sklaverei-Kampagne zur Ausgangsregion einer beispiellosen Mobilisierung regierungsunabhängiger Nothilfe- und Reforminitiativen aufstieg. Die Gründe hierfür waren vielfältig. Zunächst war die Schaffung von Organisationen, die sich der Einbeziehung von Fremden und Fernen widmen, wenig überraschend in einem Land, das sich in seinem Gründungsmythos als bürgerliche Vereinigung von einander fremden Ankömmlingen unter dem Dach einer gemeinsamen Freiheitsidee beschreibt. Eine angesehene britische Zeitschrift hat die Vereinigten Staaten vor ein paar Jahren als ein Einwanderungsland stilisiert, das im Prinzip den Mitgliedern jeder Rasse und Kultur offen steht, sofern sie die Ideen der Aufklärung akzeptieren. „Solange diese Ideen unangetastet bleiben", fuhr das Blatt nur halb im Scherz fort, „hätte auch ein Amerika Bestand, das von Marsmenschen besiedelt wäre" (The Economist, 30.11.1991, S. 18). Dem geistigen Individualismus stand in Amerika, im schroffen Gegensatz zum kontinentalen Europa, frühzeitig ein emphatisches Konzept der Menschheit zur Seite, das dem öffentlichen Empfinden nach niemals in Gegensatz zu den besonderen Anliegen einzelner Kulturen, Völker oder sogar möglicher außerirdischer Lebensgemeinschaften geraten sollte. Andere Faktoren kamen zu dieser Vorstellung einer radikal offenen Nation hinzu. So mag sich die Schwäche der politischen Parteien in einer präsidentiellen Demokratie günstig auf die Selbstorganisation von Bürgerinnen und Bürgern ausgewirkt haben, zumal vor dem Hintergrund einer religiösen Grundstimmung, die den Weg jedes Einzelnen zu Gott unabhängig macht von institutionellen Vermittlungen. Es ist jedenfalls auffällig, dass bis weit ins 20. Jahrhundert hinein Mitglieder protestantischer Sekten wie etwa der Quäker an der Gründung berühmter NGOs – von Greenpeace und Oxfam bis zu Amnesty International – beteiligt waren.

Anti-amerikanische Intellektuelle und Politiker in Europa haben die Wiedergeburt weltbürgerlicher Ideale aus dem Geist Amerikas instinktsicher als Bedrohung des unumschränkt souveränen Nationalstaats identifiziert. So sah Carl Schmitt im Nürnberger Kriegsverbrechertribunal und in der amerikanischen Apologie der Menschenrechte den Ausdruck einer „humanitären Ideologie" (Schmitt 1974, S. 72), in deren Namen nun weltweit Verbrecher und „Unmenschen" gejagt würden, wo sich früher moralisch ebenbürtige, in Staatsverbänden organisierte Feinde gegenüber standen. Auch General de Gaulle machte sich – sogar in Gegenwart des US-Botschafters in Paris – gerne lustig über das angelsächsische Interesse an der „Weltöffentlichkeit" und an dem, was Menschen in weit entfernten Territorien über die eigene Politik denken mochten (Ninkovich 1994, S. 256).

Die Vorstellung einer sich entwickelnden Weltöffentlichkeit („world opinion") jenseits der diplomatischen Beziehungen zwischen Staaten ist mit großer Eloquenz bereits vom amerikanischen Präsidenten Woodrow Wilson während des Ersten Weltkriegs und danach propagiert worden. Und auch F.D. Roosevelts Glaube an „Solidarität und Wechselseitigkeit in der modernen Welt, die sowohl technisch wie moralisch bedingt ist" (ebd., S. 110), blieb bis 1938 unerschüttert. Diesen optimistischen Glauben an eine von nichtstaatlichen, soziokulturellen Kräften getragene Weltöffentlichkeit teilte die politische Elite der USA mit einer Vielzahl von freiwilligen Initiativen, die sich besonders nach dem Ersten Weltkrieg bildeten.

Die Besonderheit Amerikas

Natürlich gab es auch vor dem Ersten Weltkrieg wichtige Anstöße zur Entwicklung internationaler Nichtregierungsorganisationen, angefangen vom Roten Kreuz in der Schweiz bis zu akademischen Vereinigungen und verschiedenen religiös motivierten philantropischen Zusammenschlüssen. Nach dem Ersten Weltkrieg jedoch verstärkte sich, teilweise beflügelt von der Gründung des Völkerbundes, das Wachstum von freiwilligen Assoziationen mit internationaler Ausrichtung. Von 135 Organisationen im Jahre 1910 stieg die Zahl bis 1930 auf 375. Prominente Beispiele sind die Netzwerke von Wissenschaftlern und Dienstleistern wie zum Beispiel Krankenschwestern, aber auch von moralisch engagierten Laien. So entstanden nacheinander der Internationale Wissenschaftsrat (International Research Council), das Internationale Cinematografische Bildungswerk (International Educational Cinematographic Institute), die Internationale Wohlfahrtsvereinigung zur Förderung von Kindern (International Association for the Promotion of Child Welfare), der Internationale Freiwilligendienst (International Voluntary Service), der Internationale Krankenschwesternrat (International Council of Nurses) und das pazifistische American Friends Service Committee, das 1947 zusammen mit der britischen Partnerorganisation den Friedensnobelpreis erhielt. Einige dieser Vereinigungen, etwa die der Krankenschwestern, verknüpften einen hohen moralischen Anspruch, der in der feierlichen Bezugnahme auf Ikonen wie Florence Nightingale zum Ausdruck kam, mit berufsständischen Reformbemühungen, etwa der Forderung nach der Einführung von verbindlichen Ausbildungsstandards. Die Bedeutung grenzüberschreitender Selbstorganisation wurde dabei von Anfang an klar erkannt. „Was heute zählt, ist Organisation. Ohne sie kann nichts wirklich Großes mehr erreicht werden", so die später einflussreiche Krankenschwestern-Aktivistin Sophie Palmer auf einer Tagung im Jahr 1897.

Zwar waren die USA nicht die einzigen, die zur Entstehung all dieser Organisationen beitrugen, aber sie waren doch besonders aktiv. Amerikanische Ärzte und Krankenschwestern verfolgten beispielsweise das Ziel, das Rote Kreuz über die Versorgung von Kriegsversehrten hinaus auch für die Bewältigung von Gesundheitsgefahren in Friedenszeiten bereit zu machen. Dabei wurde klar gesehen, dass Freiwilligkeit des Engagements und Professionalität keine Gegensätze bilden. In Europa und besonders in Deutschland war man dagegen eher geneigt, an die Allzuständigkeit und die umfassende Problemlösungsfähigkeit bürokratischer Fachverwaltungen zu glauben. Als beispielsweise Max Weber nach Ausbruch des Ersten Weltkriegs vom Heidelberger Garnisonskommando mit der Organisation der Lazarette für Kriegsopfer betraut wurde, beeilte er sich, ganz in Übereinstimmung mit dem deutschen Zeitgeist und seiner eigenen Theorie, den „Dilettantismus" freiwilliger Pflegerinnen zu kritisieren, dem er im Namen eines „rationalen" Sanitätswesens ein rasches Ende bereiten wollte. Selbst im Sanitätswesen hielt man nichts von freiwilligen Helferinnen, die ganz unbürokratisch Obst- und Weingelee für die Appetitlosen kochten oder zwanglos mit den Verwundeten plauderten.

In den USA entfaltete sich demgegenüber die Idee, den Fortschritt des Menschengeschlechts durch freiwillige Initiativen und Zusammenschlüsse von mündigen Bürgern zu befördern. In den 30er Jahren stieg die Zahl der Organisationsgründungen, deren Zielgruppen die Opfer von Krieg und Verfolgung in Übersee waren. 1933 wurde mit massiver amerikanischer Unterstützung das *International Rescue Committee* gegründet, das erstmals den Schutz, die Versorgung und möglichst die sichere Rückführung von Flüchtlingen zu einem weltweiten Anliegen erklärte.

Ein Jahr zuvor entstand die Organisation *Experiment in International Living*, die es zunächst amerikanischen Oberschülern erlauben sollte, Auslandserfahrungen zu sammeln, bevor sie später dazu überging, freiwillige Helfer auf Auslandseinsätze vorzubereiten und Fachleute für die Arbeit in internationalen Organisationen auszubilden. In die erste Hälfte des 20. Jahrhunderts fallen auch die Gründungen der großen Stiftungen der Familien Ford und Rockefeller, die das Los nicht-amerikanischer Bevölkerungen vor allem durch wissenschaftlichen Fortschritt und moderne Technologie verbessern wollten. Es sei erwähnt, dass die amerikanische Stiftungskultur auf eindrucksvolle Vorbilder in Deutschland und Großbritannien zurückgreifen konnte. Die Stiftungsinitiativen von Verlegern und Bankiers in deutschen Großstädten, besonders in Leipzig und Frankfurt, wurden im späten 19. Jahrhundert von Mäzenen an der amerikanischen Ostküste aufmerksam studiert. Allein Bayern hatte im Jahr 1887 mehr als 17.000 gemeinnützige Stiftungen mit einem Gesamtvermögen von fast 600 Millionen Mark (Adam 2000). Das europäische Stiftungswesen wiederum konnte an christliche Grundhaltungen anschließen, die ihre Kraft letztlich aus dem Urbild der Tischgemeinschaft mit den Armen und Missachteten bezogen.[12] Die Besonderheit der modernen amerikanischen Stiftungen bestand darin, dass alle diese Motive säkularisiert und durch eine grundsätzlich *internationale Orientierung* des Engagements gesteigert wurden.

Ein anderes amerikanisches Beispiel einer transnationalen Vereinigung, das in Europa von prominenter Seite kommentiert wurde, ist der Rotary Club. Der exklusive Club mit dem Motto „Service above Self – Selbstloses Dienen" wurde vor dem Ersten Weltkrieg von Geschäftsleuten in Chicago als eine überparteiliche, weltanschaulich neutrale Vereinigung von Männern und Frauen der freien Berufe und der Geschäftswelt gegründet. Die Vereinigung, die seit 1921 auf allen Kontinenten der Erde vertreten ist, dient dem eigenen Bekunden nach der „Pflege der Freundschaft" unter den Clubmitgliedern sowie der humanitären Hilfe zugunsten Dritter und der Völkerverständigung. Der italienische Marxist Antonio Gramsci, ein Mitbegründer der Kommunistischen Partei Italiens, der die meiste Zeit seines Erwachsenenlebens unter Mussolini im Gefängnis saß, ahnte frühzeitig die historische Bedeutung dieser exemplarischen, geradezu provozierend unpolitischen Organisation. So zählte er in den 30er Jahren die universalistische Philanthropie der Rotarier neben dem Fließband und der Hochlohnpolitik in den Fabriken von Henry Ford zu den großen Innovationen des amerikanischen Zivilisationsmodells. Gramsci erkannte, dass sich Amerika von den imperialen Mächten der Alten Welt durch einen spezifischen Typus transnationaler Expansion unterschied, der nicht auf die Besiedelung fremder Territorien, sondern auf die unablässige Rationalisierung und Moralisierung der Welt durch Nichtregierungsorganisationen abzielte. Indem er Mitglieder ungeachtet ihrer konfessionellen und sonstigen Bindungen aufnahm, verkörperte der Rotary Club für ihn eine Organisationsform, die sich sowohl vom Universalismus der katholischen Kirche wie auch von den volksdemokratischen Aspirationen der kommunistischen Parteien radikal unterschied. Die Ideale dieser Mitglieder nannte Gramsci abwechselnd industriefreundlich, kosmopolitisch, professionell, pragmatistisch und

---

[12] Ein Beispiel: Schon der bayerische Herzog Wilhelm V., der Vater von Maximilian I., zog sich Ende des 16. Jahrhunderts in die spätere Maxburg zurück, wo er zusammen mit seiner Frau Renata von Lothringen die traditionelle Hierarchie umkehrte und jeden Tag zwölf arme Frauen und Männer einlud und bei Tisch bediente.

rationalistisch. Für Gramsci versinnbildlichten damit die Rotarier eine antikommunistische Variante sowohl der moralischen Selbsterneuerung bürgerlicher Eliten als auch des „sozialen Dienstes" (Gramsci 1975, Bd. I, S. 541ff; Bd. III, S. 1925f.).

Zur selben Zeit geschah unter den Diktaturen des Alten Kontinents alles, um nicht nur jede freiwillige Selbstorganisation zu unterbinden, sondern auch die elementaren sozialpsychologischen Voraussetzungen solcher Anstrengungen zu zerstören, nämlich das spontane Vertrauen in die Nachbarn oder Kollegen. In der Sowjetunion wurden zudem in den 30er Jahren zahllose Menschen nicht nur wegen nachweisbarer Kontakte ins Ausland hingerichtet, sondern bereits dann, wenn ihre Hobbies oder ihre Verwandtschaftsbeziehungen einen solchen Kontakt auch nur denkbar erscheinen ließen. So erwischte es unterschiedslos Bürger mit ausländischen Vorfahren, Amateurfunker, Briefmarkensammler oder Menschen, die Esperanto beherrschten (Werth 1997, S. 210). Mit Blick auf Deutschland und Russland sprach die in die USA geflüchtete Hannah Arendt von politischen Systemen, in denen sich zuletzt der eigene „Nachbar ... als gefährlicher erweist als die Polizei" (Arendt 1986, S. 651). Abgesehen von anderen Verbrechen setzte man zu dieser Zeit auf dem Alten Kontinent alles daran, gesellschaftliche Solidarität überhaupt unmöglich zu machen. „Soziozid" wäre vielleicht der angemessene Ausdruck. In dieser Zeit verlangsamte sich selbst in den Vereinigten Staaten, die sich mehr und mehr als eine „Arche Noah der Menschheit" (Klaus Harpprecht) verstanden, die Entwicklung transnational orientierter Nichtregierungsorganisationen zugunsten anderer Formen eines militärischen und wirtschaftlichen Transnationalismus. Ähnlich wie im Vorfeld des Ersten Weltkriegs waren auch vor dem Zweiten Weltkrieg die Rekordzahlen der *Auflösung* bestehender internationaler Nichtregierungsorganisationen (INGOs) ein schlechtes Omen für die Zukunft (Auflösungsraten von INGOS).

Tod der Gesellschaft

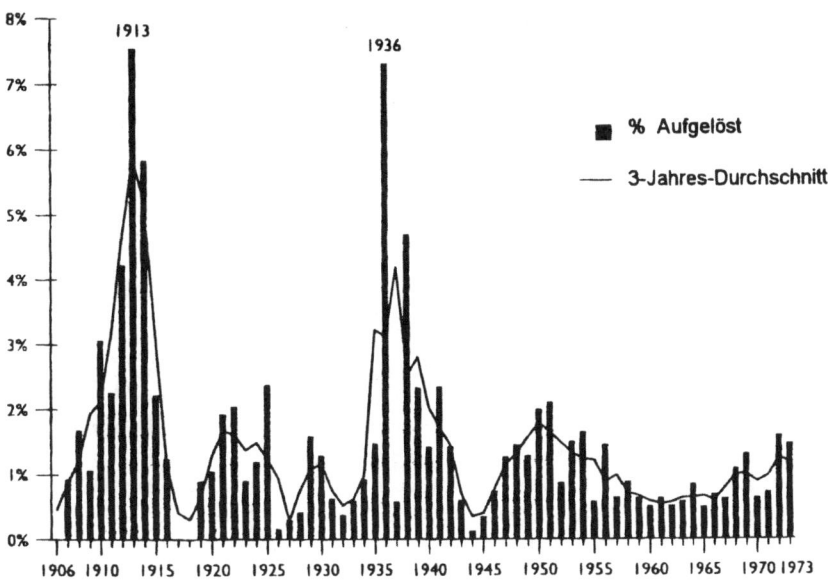

Datenbasis: Union of International Associations, nach Boli/Thomas 1999b, S. 24. Prozentualer Anteil der Auflösungen an der Gesamtzahl der aktiven INGOs,1906-1973.

Globalisierungsschub und Politisierung

Die bisherige Skizze kann man in der Aussage zusammenfassen, dass in Europa historisch vor allem politische Organisationen mit geringer thematischer Spezialisierung und begrenzter räumlicher Reichweite entwickelt wurden, während in Amerika umgekehrt Organisationsformen aus dem Boden schossen, die sich unabhängig vom Staat auf nur *eine* zentrale Aufgabe spezialisierten, diese aber immer in *mehreren* Staaten zugleich bewältigen wollten. Diese Kombination von funktionaler Spezialisierung und maximaler geografischer Reichweite, die nur da funktioniert, wo nicht der Staat das Vorbild moderner Organisation ist, finden wir bei multinationalen Wirtschaftsunternehmen, die zunächst ein amerikanisches Phänomen waren, ebenso wie bei den großen philantropischen Stiftungen oder karitativen Einrichtungen mit transnationaler Ausrichtung.

Nach dem Ende des Zweiten Weltkriegs und besonders nach 1960 sind es mehrere große Trends, die sich mit Blick auf grenzüberschreitende Organisationsgründungen feststellen lassen. Erstens nimmt die Zahl der Gründung nichtstaatlicher internationaler Organisationen aller Art sprunghaft zu, die sich zudem als wesentlich robuster erweisen als ihre Vorgänger. Die übergroße Mehrheit der nach dem Krieg gegründeten Organisationen ist auch heute noch aktiv. Um das Bild vom „explosionsartigen" Wachstum internationaler Zusammenschlüsse zu illustrieren, kann man die Jahrbücher der *Union of International Associations* (UIA) heranziehen, die 1960 über 2000 Organisationen zählten, während das Jahrbuch 2000/2001 Daten zu 40.000 Organisationen enthält! Eine Zählung der Vereinten Nationen kommt 1995 auf 29.000 internationale NGOs. Alle diese Zahlen übertreffen bei weitem die Prognosen, die man vor dreißig Jahren über das Wachstum transnationaler NGOs aufstellte (Skjelsbaek 1971, S. 434). Damals hatten die heutigen Riesen der NGO-Szene wie der WWF, Greenpeace oder Amnesty International, die alle in den 60er Jahren geboren wurden, ihre ersten Wachstumserfolge hinter sich. Zwischen 1968 und 1990 konnte das Budget des WWF und anderer Organisationen nahezu verhundertfacht werden, während die Mitarbeiterzahl um das Dreifache stieg (Frank et al. 1999). Das Budget von Amnesty International stieg von einigen tausend britischen Pfund 1961 auf 50.000 Pfund im Jahr 1970, um zehn Jahre später die Zwei-Millionen-Grenze zu erreichen. Nicht umsonst spricht man auch von BINGOs (Big International Nongovernmental Organizations).

Zweitens erweitert sich nicht nur die geografische Streuung von Organisationen, sondern auch die Vielfalt der Nationen und Regionen, die an ihnen teilhaben. Amerikaner sind trotz spektakulärer Neugründungen von Nothilfe-Organisationen wie dem *World Rehabilitation Fund* („Giving Help and Hope to People Around the World") oder CARE – in Deutschland bekannt durch die berühmten Care-Pakete nach dem Zweiten Weltkrieg – nicht mehr die einzigen Impulsgeber und Schrittmacher der Entwicklung von Nichtregierungsorganisationen. Ausnahmen wie das weit reichende Engagement der religiös inspirierten, rein US-amerikanischen *Neptune Group* während der Dritten Seerechtskonferenz der Vereinten Nationen (UNCLOS III) bestätigen diese Regel. Amerikaner stellen auch nicht mehr die Mehrheit der Mitglieder der meisten Organisationen, nachdem große Teile der Welt erst vom Joch des Kolonialismus und dann des Kommunismus und anderer Formen autoritärer Herrschaft befreit worden sind. Bereits unmittelbar nach dem Krieg wurde das Bild Amerikas weniger durch engagierte Nichtregierungsorganisationen geprägt als

Rasches Wachstum der neuen Verbände

durch große, finanzstarke Stiftungen. Ein herausragendes Beispiel ist die Rockefeller Foundation, die frühzeitig als Sponsor von Nichtregierungsorganisationen auftrat und in enger Abstimmung sowohl mit der US-Regierung als auch mit industriellen Interessenten in ärmeren Ländern medizinische und später landwirtschaftliche Modernisierungsprojekte unterstützte. Die doppelte Ausrichtung an philantropischen und wirtschaftlichen Interessen fand ihren Ausdruck auch darin, dass der Öl-Magnat Nelson Rockefeller, der bis 1945 selbst für die Regierung arbeitete (und mit Trumans Vize-Präsidenten Henry Wallace regelmäßig Tennis spielte), das Ideal einer Organisation verfocht, die unter einem Dach Profite erwirtschaften und einen Teil dieser Profite zugunsten des Wohles bedürftiger ausländischer Bevölkerungen ausgeben sollte. Erst die amerikanische Gesetzgebung zwang Rockefeller nach dem Zweiten Weltkrieg zur klaren Trennung von wirtschaftlichen und philantropischen Aktivitäten.

Drittens schließlich wächst der Anteil internationaler Organisationen mit *regionaler* Orientierung im Verhältnis zu den strikt globalen Organisationen vom Typus des Rotary Club, des Roten Kreuzes oder vieler Wissenschaftsvereinigungen. Nach 1945 explodiert erst einmal die Zahl der nichtstaatlichen Organisationen mit globaler Ausrichtung, nicht zuletzt im Wechselspiel mit der Gründung der Vereinten Nationen und ihrer Teilorganisationen. Währenddessen wächst die Zahl regionaler Organisationen deutlich langsamer und übertrifft erst 1959 die Zahl der Gründungen globaler Organisationen. Heute wachsen globale und nichtglobale Vereinigungen ungefähr im Gleichschritt, – ein Indiz dafür, dass sich die Globalisierung keineswegs immer zulasten kleinerer räumlicher Bezugseinheiten auswirkt. Weltbürgerliche Vereinigungen überwölben nicht länger eine in Einzelstaaten zerfallene Welt, sondern treffen auf Formen des transnationalen Zusammenschlusses auf der Grundlage gemeinsamer regionaler, sprachlicher oder kultureller Gemeinsamkeiten, die viel stärker als früher sowohl einzelnen Staaten als auch der Weltgemeinschaft gegenüber geltend gemacht werden. Die Soziologen John Boli und George Thomas haben zudem belegt, dass das Wachstum internationaler Nichtregierungsorganisationen mit anderen Variablen der Weltentwicklung wie der Energieproduktion, dem Welthandel, der Zahl zwischenstaatlicher Verträge und Übereinkommen sowie der Länder mit konstitutionell verankerten Bürgerrechten korreliert (Boli/Thomas 1999b).

Alle diese Zahlen stützen sich auf Erhebungen der Union of International Associations in Brüssel, die seit 1909 Angaben über Mitgliedschaft, Tätigkeiten, Ziele und interorganisatorische Kontakte von nichtstaatlichen Organisationen sammelt. Diese Angaben umfassen freilich alle denkbaren Sorten von Assoziationen und Verbänden, vor allem auch Berufs- und Industrieverbände, Freizeit- und Sportverbände sowie wissenschaftliche Vereinigungen. Die Mehrzahl der erfassten Organisationen hat den Austausch unter Spezialisten zum Ziel und dienen der technischen Rationalisierung der Handlungsfelder von Physikern, Radiologen, Tunnelbauexperten oder Insektenforschern. Ein großer Teil der anderen Organisationen diskutiert und normiert die Interessen und Leidenschaften von Menschen, die ihre Körper zum Organisationsanlass machen (Krankheiten, Sexualität, Sport usw.). Die meisten dieser Organisationen entstehen aus dem grenzüberschreitenden Zusammenschluss von Gleichgesinnten oder gleichermaßen Betroffenen, ohne dass ein konstitutiver Bezug auf die Nöte von Dritten und Nichtmitgliedern erkennbar wäre. Damit fehlt ihnen etwas, um in unserem Sinne als echte Nichtregierungsorganisationen gelten zu können.

Regionalisierung

61

Wenn man weiter gräbt, stößt man allerdings auf eine Gesamtzahl von etwa 12 Prozent aller internationalen Organisationen, die entweder das Ziel einer Stärkung individueller und kollektiver Rechte von Frauen, Minderheiten oder indigenen Volksgruppen verfolgen oder der Universalisierung humanitärer Grundsätze beispielsweise in der Menschenrechts- und Umweltpolitik dienen. Erst in diesem Segment, das im Verhältnis zu den anderen im Zuge der Globalisierung und des Internet-Booms schmaler werden dürfte, treffen wir auf politische Gruppen im weitesten Sinne, die als genuine Nichtregierungsorganisationen klassifiziert werden können. Interessant ist, dass qualifizierte Berufsgruppen in vielen Fällen die Bildung von transnationalen NGOs zu erleichtern scheinen. Anwälte spielen eine wichtige Rolle in Menschenrechtsorganisationen, Gerichtsmediziner und Ärzte operieren längst „ohne Grenzen", es gibt die Reporter ohne Grenzen und inzwischen sogar, im Zeichen der BSE-Krise, die *Vétérinaires Sans Frontières*. Nachforschungen zur Struktur der Professionen würden vermutlich einen Zusammenhang ermitteln zwischen der Transnationalisierung moderner Berufsstände und der Neigung idealistischer Randgruppen dieser Stände, dem jeweils spezifischen Berufsethos eine öffentlich-politische Dimension zu verleihen.

Während die Trendaussagen über das Wachstum und die geografische Verteilung von INGOs auch für die Untergruppe der politischen Nichtregierungsorganisationen zutreffen, sind für unsere Zwecke die absoluten Zahlen der UIA viel *zu hoch* gegriffen, da sie sich größtenteils auf unpolitische Zusammenschlüsse aller Art beziehen. Wichtiger noch ist, dass in anderer Hinsicht die Zahlen der UIA viel *zu niedrig* gegriffen sind. Damit eine Organisation mit gezählt wird, müssen nämlich ihre Ziele nicht nur „genuin international" sein, sondern nachweislich in mindestens drei Ländern verfolgt werden. Weiterhin müssen sich die Mitglieder aus mindestens drei Ländern rekrutieren und die Finanzquellen ebenfalls aus mindestens drei Ländern stammen. Dies bedeutet, dass die Masse der Nichtregierungsorganisationen, die eine starke lokale oder nationale Verankerung haben und durch die Bildung von Allianzen über den Bereich des eigenen Landes hinaus wirken, von der UIA nicht mit gezählt werden. Gerade dieser Sektor der lokal-transnationalen Gruppen ist jedoch ebenfalls enorm gewachsen und stellt längst die Mehrheit der Teilnehmer auf NGO-Treffen im Vorfeld von UN-Konferenzen und anderswo. Die meisten Nichtregierungsorganisationen sind nicht wirklich international in dem Sinne, dass sie es sich leisten könnten, in mehreren Ländern Büros zu unterhalten und eine multinationale Crew von Aktivisten und Fachleuten zu beschäftigen. Vielmehr handelt es sich um *transnationale* Organisationen, die im Interesse einer „gemeinsamen Sache" kontinuierliche Beziehungen mit Geldgebern und anderen Partnern über die nationalen Grenzen hinweg pflegen, innerhalb derer sie groß geworden sind. Ein gutes Beispiel für den in nationalen Kontexten verankerten Transnationalismus von Nichtregierungsorganisationen ist das *American Committee on Africa* (ACOA), das sich in den USA der 60er Jahre parallel zur schwarzen Bürgerrechtsbewegung mit dem Ziel der Boykottierung der Apartheidsregierung in Südafrika entwickelte, um auf diese Weise auch etwas für die imaginären „Brüder und Schwestern" außerhalb Amerikas zu tun. Bis heute gilt, dass das Verhältnis zwischen den großen internationalen Nichtregierungsorganisationen wie Public Citizen, Friends of the Earth oder Oxfam und den zahllosen kleineren, transnationalen Organisationen oftmals recht kompliziert ist.

Sowohl das rasante Wachstum einiger westlicher „BINGOs" als auch die enorme Vermehrung von Nichtregierungsorganisationen überall auf der Welt verlangen nach Erklärungen. Drei Erklärungsstränge lassen sich anführen. Zunächst ist es die Ausdehnung von Marktwirtschaft und liberaler Demokratie, die begünstigende Hintergrundbedingungen für das Wachstum von Nichtregierungsorganisationen bietet (1). Dasselbe gilt für die informationstechnische Revolution (2). Teilweise als Ergebnis der ersten beiden Trends beobachten wir zudem eine Verbesserung der Bedingungen, unter denen sich auch ressourcenschwache Gruppen politisch organisieren und Einfluss ausüben können (3).

Gründe für das Wachstum von NGOs

(1) Die entscheidende Hintergrundbedingung für die globale Stärkung von Nichtregierungsorganisationen liegt in der Ausweitung der Zonen von Demokratie und Wirtschaftswachstum über den Kreis der westlichen Länder und Japans hinaus, die – wie in Kapitel 2 erläutert – lange Zeit für ganz unwahrscheinlich gehalten wurde. Die Schwellenländer, die neuen Agrarexporteure in Lateinamerika und Asien und die Mega-Cities des Südens sind Indizien für eine Verdichtung der Kommunikation zwischen einer wachsenden Zahl von weit auseinander liegenden Zentren der Welt. Die Globalisierung lässt sich nicht auf weltweite Investitionsströme reduzieren, sondern findet ihren Ausdruck auch in den Zahlen von Internet-Nutzern, internationalen Flugbewegungen oder Telefonaten. So überschreiten heute durchschnittlich drei Millionen Geschäftsreisende und Touristen pro Tag eine internationale Grenze, das sind dreimal so viele wie 1980 (Foreign Policy 2001, S. 56-64). Nach Angaben des Deutschen Tourismusverbandes waren mehr als ein Viertel aller Deutschen schon in mindestens einem Entwicklungsland. Unklar ist zugegebenermaßen, inwiefern sich diese Mobilität günstig auf die Entwicklung eines globalen, menschenfreundlichen Denkens auswirkt.

Demokratisierung

Ein Aspekt der Ausdehnung und Vertiefung der Demokratie ist die rechtliche Erleichterung der Gründung von Nichtregierungsorganisationen oder nationalen Bürgervereinigungen. Osteuropa ist hierfür ein offensichtliches Beispiel, aber auch Länder wie z.B. Thailand haben in den 90er Jahren die Förderung freiwilliger Zusammenschlüsse von Bürgern ausdrücklich in der Verfassung verankert. Auch in Japan ist vor kurzem die restriktive Gesetzgebung zu Bürgervereinigungen zugunsten eines liberaleren Reglements verändert worden. In westlichen Ländern hat man in einigen Fällen das Umweltrecht um so genannte Public-Concern-Klauseln erweitert, die den Sinn haben, die Bildung problemorientierter Bürgervereinigungen ausdrücklich zu ermutigen (Determann 1997).

(2) Eine andere Hintergrundbedingung für die rasante Entwicklung von Nichtregierungsorganisationen ist die informationstechnische Revolution, die dazu geführt hat, dass heute bereits mehr als 250 Millionen Menschen weltweit „online" sind. Diese Revolution umfasst Technologien zur Überführung von Wirklichkeit in Daten, zur Verarbeitung dieser Daten sowie zu ihrer Kommunikation über beliebige Distanzen hinweg. Zur ersten Gruppe der Datenerfassungstechnologien gehörten ursprünglich Spionage-Satelliten, bis die NASA 1960 damit begann, auch Telefongesellschaften und Fernsehsendern die Stationierung privater Satelliten im Weltraum anzubieten. So konnten 1963 die Beerdigung John F. Kennedys und ein Jahr später die Olympischen Spiele in Tokio weltweit in Echtzeit ausgestrahlt werden. Inzwischen sammeln private Satelliten auch Daten für Bürgergruppen, die sich mit der Industrie oder den Behörden z.B. über Entwaldungsraten im Amazonasbecken oder anderswo streiten..

Die informationstechnische Revolution

Der gesamte Bereich der Elektronik und Kommunikationstechnik ist ein Kind des Kalten Krieges. Dies gilt auch für die Sowjetunion, die seit Mitte der 70er Jahre

Satelliten in der Erdumlaufbahn hatte, ohne jedoch daran zu denken, im zivilen Bereich die Möglichkeiten der kommunikativen Vernetzung über Staatsgrenzen hinweg zu nutzen. Der Grund mag in der nicht unbegründeten Sorge gelegen haben, neue Techniken der Zwei-Wege-Kommunikation könnten die Bürger des eigenen Herrschaftsbereichs noch stärker als bisher den Reizen und Botschaften des Westens aussetzen. In den USA dagegen verlief die Entwicklung in Richtung zivile Nutzung. Die großen Mikrochip-Produzenten, die das Pentagon belieferten, begannen in den 60er Jahren, außerhalb der eigenen Entwicklungslabors nach noch unerschlossenen Innovationsquellen Ausschau zu halten. Den erschwinglichen, individuell nutzbaren Kleincomputer verdanken wir letztlich dem Zusammenspiel zwischen den leicht verfügbaren Budgetmitteln des amerikanischen Verteidigungsministeriums und der gegenkulturellen Kreativszene der amerikanischen Westküste, die frühzeitig das Motto „One person, one computer" ausgab. All diese Technologien sind durch ihre Verknüpfung mit neuen Kommunikationstechniken zu einem Faktor des politischen Wandels und der Verschiebung des Kräfteverhältnisses zwischen staatlichen und nichtstaatlichen Mächten geworden. Aus der Notwendigkeit, kleine Computer in unterschiedlichen Zentren miteinander zu verbinden, entstand schließlich das erste große Computernetzwerk in den USA, das sich inzwischen zum Internet entwickelt hat. Das Internet wiederum wird ergänzt durch die Weiterentwicklung zahlreicher anderer Techniken der netzabhängigen und schnurlosen Kommunikation von Daten über beliebige Distanzen.

(3) Unabhängig von Fragen des Wertewandels und der Veränderung von Interessenlagen verändert sich Politik allein dadurch, dass sich *jegliches* Anliegen heute leichter denn je kommunizieren, sichtbar machen und in Organisationsformen umsetzen lässt. Für traditionell mächtige Akteure wie Staaten oder große Firmen ist

Verbesserte Organisations-chancen

es umgekehrt schwieriger denn je, Gegner durch Organisationsmittel „auszubooten" und in einem Zustand ohnmächtiger Vereinzelung zu halten, in dem ihnen jegliche öffentliche Kritik vergeblich erscheint. Technische Faktoren erklären freilich nicht die Genese von Nichtregierungsorganisationen selbst, sondern lediglich ihre Form und die Art und Weise ihrer Mobilisierung. Dass es überhaupt neben den klassischen Verbänden eine Vielzahl von Nichtregierungsorganisationen gibt, hängt mit der Verbesserung der Chancen heterogener und finanzschwacher Gruppen ohne strategisches Drohpotenzial zusammen, grundlegende Organisationsvoraussetzungen zu nutzen und eigene Verbände zu bilden. Politikwissenschaftler haben gezeigt, dass auch ressourcenschwache Gruppen zur Selbstorganisation fähig sind, sofern eine überdurchschnittlich handlungskompetente und enthusiastische Untergruppe existiert, die auch dann die Initiative ergreift, wenn die anderen nichts beitragen und als Trittbrettfahrer erscheinen (Willems/von Winter 2000).

Eine andere Konstellation entsteht durch das Auftreten „politischer Unternehmer", die von außen an Einzelne oder kleine Gruppen mit Organisationsangeboten herantreten und möglicherweise eine finanzielle Unterstützung durch Sponsoren einwerben können. Dies können auch staatliche Stellen, Kirchen oder Wohlfahrtsverbände außerhalb des jeweils eigenen Landes sein. Das geschickte Zusammenwirken von politischen Unternehmern und Sponsoren, die gezielt Fremdressourcen zur Organisationsbildung nutzen, eröffnet selbst den schwächsten Gruppen Möglichkeiten zum Zusammenschluss. Dies geht so weit, dass auch diejenigen, für die bislang öffentlich das Wort ergriffen wurde, z.B. von Ölfirmen drangsalierte Indianer in Ecuador, nun selbst über Mittel verfügen, in Verbindung

64

mit ausländischen Unterstützern auf ihr Los aufmerksam zu machen. Die dafür notwendigen Verbindungen zu Anwälten, Journalisten und NGOs werden wiederum erleichtert durch die informationstechnische Revolution. „Dank Fernsehen, Düsenjets, niedrigen Ferngesprächsgebühren, Express-Postdiensten, Turbo-Druckern und computerisierten Adressverwaltungen kann heute eine kleine energische Gruppe, die die Unterstützung überzeugter Geldgeber genießt, eine Menge Lärm machen" (Baumgartner/Walker 1988, S. 908).

Die Erleichterung der Organisation von moralischen Forderungen führt nun nicht unbedingt zu einer kosmopolitischen Demokratie oder einer koordinierten Kraftanstrengung zur Beseitigung von Armut, Not und Ungerechtigkeit. Vielmehr können umgekehrt in der Vermehrung von NGOs erhebliche Risiken für die wirksame Lösung von Problemen liegen. Brian Atwood, ein leitender Mitarbeiter der US-Entwicklungshilfeagentur USAID und Sondergesandter der USA während des Völkermords in Ruanda 1994, hat die rasche Vermehrung von Nichtregierungsorganisationen sogar als Teil einer globalen Chaos-Problematik bezeichnet. Nichtregierungsorganisationen sind für ihn nur eine von immer mehr „nichtregierbaren" Variablen wie unkontrollierbare Informations- und Geldströme, leicht zugängliche Kriegswaffenarsenale und Millionen von Flüchtlingen, die unsere analytischen Fähigkeiten auf die Probe stellen und traditionelle diplomatische Mittel entwerten (Atwood 1994).

Dieser Trend zur unübersichtlichen Vervielfältigung von Nichtregierungsaktivitäten, die keineswegs immer koordiniert verlaufen, wird überlagert und kompliziert durch eine Tendenz zur *Politisierung* von Nichtregierungsorganisationen. Unter „Politisierung" kann Verschiedenes verstanden werden. Bestimmte Formen der Politisierung würden die Grundprinzipien moderner Nichtregierungsorganisationen ad absurdum führen, die ja gerade nicht darauf aus sind, insbesondere einen Anteil an der Macht im Staat zu erwerben. Man kann umgekehrt sagen, dass Nichtregierungsorganisationen immer das Ziel verfolgt haben, bestimmte Lebensbereiche, Güter oder Personen aus den Machtkämpfen ihrer Zeit herauszuhalten. So haben humanitäre Nichtregierungsorganisationen frühzeitig, als von Globalisierung im engeren Sinne noch keine Rede sein konnte, eine globale Struktur zu dem Zweck entwickelt, auf Staaten in einem Kernbereich ihres Selbstverständnisses, nämlich dem Kriegshandeln, mäßigend einzuwirken. Zu dieser Mäßigung musste auch die Öffentlichkeit in den Nationalgesellschaften erst erzogen werden. Die in Großbritannien gegründete Kinderschutzorganisation *Save the Children* war bösen Anfeindungen ausgesetzt, als sie nach dem Ersten Weltkrieg auch deutschen Kindern helfen wollte. George Bernard Shaw soll damals zur Verteidigung der Organisation gesagt haben: „Ich habe keine Feinde unter sieben Jahren." So ist nach und nach gegen das neuzeitliche Konzept der Staatsräson und mit sehr gemischtem Erfolg eine minimale Ethik des Respekts vor dem Einzelnen institutionalisiert worden, die das Internationale Rote Kreuz und die assoziierten islamischen Gesellschaften des Roten Halbmondes als eine Ethik der Humanität bezeichnen. Kernelemente dieses Humanitätsideals sind die strikte Unparteilichkeit und Neutralität bei zwischenstaatlichen Konflikten sowie der Grundsatz der Nichtdiskriminierung, der jede Unterscheidung von Katastrophen- oder Kriegsopfern in „gute" und „schlechte" – und damit jede Unterscheidung von Kriegshandlungen in „gerechte" und „ungerechte" – verbietet.

In den letzten Jahren konnte man jedoch zunehmend den Versuch auch humanitärer Nichtregierungsorganisationen beobachten, die eigene Mission politisch zu

Politisierung von NGOs

verstehen, ohne zugleich ins Fahrwasser machtpolitischer Interessen von Staaten zu geraten. Dieselbe Tendenz lässt sich erst recht für Organisationen im Bereich des Menschenrechtsschutzes, der Umweltpolitik oder der Entwicklungszusammenarbeit zeigen. Die Zukunft der neuen politischen Organisationsformen wird davon abhängen, ob sie den Drahtseilakt zwischen der Wahrung universalistischer Anliegen und dem vorsichtigen Einstieg in das politische Ringen um Macht und Einfluss ohne Glaubwürdigkeitsverlust vollführen können.

Die begrenzte Politisierung ist nicht das Ergebnis einer willkürlichen Entscheidung von Organisationsspitzen, sondern einer Reihe von Entwicklungen in der Weltgesellschaft, die ich unter vier Stichworten resümieren möchte. Die Politisierung ist demnach das Resultat, erstens, einer wachsenden Zahl von vermeidbaren Katastrophen, die im öffentlichen Bewusstsein sozusagen an die Stelle der „guten alten" Naturkatastrophen getreten ist, deren Opfer man beklagen musste, ohne Verantwortliche namhaft machen zu können; zweitens, des gestärkten Selbstbewusstseins von nichtwestlichen Regionen gegenüber westlichen Einflüssen im Allgemeinen und philantropischer Beglückung im Besonderen, – ein Selbstbewusstsein, das im Westen auf die Gegenliebe zahlreicher Modernisierungskritiker stößt; drittens, der Aufwertung der Menschenrechte nach dem Ende des Kalten Krieges, die sich niedergeschlagen hat in einer symbolischen und finanziellen Begünstigung von Nichtregierungsorganisationen durch internationale Institutionen einschließlich der Weltbank; und, viertens, der massiven Schwächung von Staaten außerhalb der Zonen globalisierten Wachstums. Ich werde alle vier Aspekte kurz erläutern.

Naturkatastrophen oder Sozialkatastrophen? Unter dem Eindruck der globalen Klimaveränderungen, aber auch der lokalen Recherche von Journalisten und Nichtregierungsorganisationen in Desastergebieten beobachten wir eine Verwischung der Grenzen zwischen Naturkatastrophen und solchen Notsituationen, die gesellschaftlich herbeigeführt und politisch zu verantworten sind. Was früher als beklagenswertes Unglück – oder gar als Strafe Gottes – galt, erscheint heute oft als unverantwortliches Fehlverhalten von Behörden und Firmen oder schlicht als Ungerechtigkeit.[13] So haben die schweren Erdbeben, die in jüngster Zeit den indischen Bundesstaat Gujarat und El Salvador erschütterten, bei Hilfsorganisationen zu kritischen Fragen nach der Existenz oder der Einhaltung von baurechtlichen Vorschriften durch Behörden und Firmen in den betroffenen Gegenden geführt. Ähnliches gilt erst recht für die zu erwartenden Folgen der globalen Erderwärmung, die nach Angaben des zwischenstaatlichen Expertengremiums für Klimaveränderung (IPCC) Gletscher, Korallenriffe, Inselstaaten, Mangroven, Nadel- und Tropenwälder sowie alpine Ökosysteme in Mitleidenschaft ziehen und immer mehr Menschen den Folgen verheerender Küstenstürme aussetzen werden. Im Zeitalter anthropogener Klimaveränderungen und vergleichbarer Fernwirkungen menschlichen Handelns werden die früher einer unbeherrschten Natur zugerechneten Notlagen (z.B. Überschwemmungen oder Orkanschäden) jetzt unter Gesichtspunkten politischer Verantwortlichkeit und globaler Gerechtigkeit betrachtet. Hans-Joachim Schellnhuber vom Potsdam-Institut für Klimafolgenforschung kann sich bereits vorstellen, das eines Tages – sollte zum Beispiel der ostasiatische Monsun mit unausdenkbaren Folgen modifiziert werden – die Präsidenten der reichen Industriestaaten vor einem internationalen Tribunal der „Klima-Kriminalität"

---

[13] Dies ist eine ziemlich neue Entwicklung: Ein moderner Reformer wie Mahatma Gandhi wertete noch 1934 schwere Erdbeben im indischen Bihar als eine „Strafe Gottes" für die Sünden des Kastensystems.

angeklagt werden (SZ, 11.7.2001, S. 9). Dieser Trend zur Entzauberung von Naturkatastrophen begünstigt die Aufwertung von Nichtregierungsorganisationen als Deutungs- und Orientierungsinstanzen in einer Welt schwer fassbarer Bedrohungen.

Hinzu kommt, dass das globale System humanitärer Hilfe mit einer massiven *quantitativen* Zunahme von Katastrophen und Opfern konfrontiert wird. Jüngste Zahlen des Roten Kreuzes sprechen von einem Anstieg der Gesamtzahl aller Erdbeben- und Überschwemmungsopfer von einer halben Million auf fünfeinhalb Millionen zwischen 1995 und 2000. 58 Prozent der wachsenden Flüchtlingspopulation der Erde gelten inzwischen als „Umweltflüchtlinge", die durch Bodenerosion, Dürre oder andere Umstände gezwungen werden, in die rasch wachsenden Megacities der ärmeren Länder zu strömen. Auffällig ist zudem die eindeutige geographische Polarisierung der Leidtragenden: 96 Prozent aller Opfer von „Naturkatastrophen" sterben in den Entwicklungsländern.[14]

Ein anderer Faktor der Politisierung von NGOs ist die Konfrontation mit Fehlentwicklungen der Modernisierung in außereuropäischen Gesellschaften. Zu einem Teil lassen sich diese Fehlentwicklungen, etwa im Bereich der Landwirtschaft, auf eine erste Welle von Hilfsmaßnahmen durch internationale philantropische Stiftungen zurückführen. So hat die Rockefeller Foundation mit der Gründung internationaler Agrarforschungseinrichtungen nach dem Zweiten Weltkrieg maßgeblich zur Einführung von Hochertragssorten beigetragen. Die Motive und Konsequenzen der damit eingeleiteten „Grünen Revolution" sind heute jedoch in vielen der betroffenen Länder, z.B. Mexiko oder Indien, umstritten. Wo die Initiatoren der Grünen Revolution humanitäre Motive nannten, wird heute eine Strategie multinationaler Konzerne gesehen, die Länder des Südens vom Import teurer und schädlicher Chemikalien abhängig zu machen. Im Westen konnte man bereits 1962 eine nicht minder dramatische Anklage gegen die Vergiftung allen Lebens durch Pestizide vernehmen, nachdem Rachel Carson mit ihrem Buch *Silent Spring* den ersten „grünen" Bestseller landete. Der auf den großen Welthandelskonferenzen der Vereinten Nationen (UNCTAD) seit den 60er Jahren geäußerte Unmut der Entwicklungsländer über Ungerechtigkeiten der Weltwirtschaftsordnung verstärkte die Selbstzweifel im Westen am Gestus der „Hilfe" für die Armen und bereitete den Boden für allerlei Konzepte der „Befreiung", die in einigen kirchlichen Kreisen gut ankamen. In der Verbindung zwischen dem gewachsenen Misstrauen außereuropäischer Länder gegenüber westlichen Modernisierungsrezepten und der Kritik innerhalb des Westens an den unübersehbaren Nebenfolgen und Fehlschlägen der Modernisierung liegt somit ein weiterer Grund für eine gewisse Politisierung der heute aktiven Generation von Nichtregierungsorganisationen.

Bedeutsam ist außerdem, dass der Westen nach dem Ende des Kalten Krieges im Umgang mit den Empfängerstaaten von Hilfsmaßnahmen wählerischer sein konnte, nachdem diese Staaten nicht länger als strategische Partner im Konflikt mit der Sowjetunion gebraucht wurden. Die Aufwertung der Menschenrechte und die Bindung von Hilfsmaßnahmen an politische Bedingungen waren ein Niederschlag dieses Wechsels, der im politischen Spektrum der westlichen Länder von links bis rechts auf Beifall stieß. Dieser Wechsel wurde auch von internationalen Institutio-

Pathologien der Modernisierung

---

[14] Vgl. http://www.fema.gov/nwz99/irc624.htm („World Disasters Report Predicts a Decade of Super-Disaster") (22.2.2001).

nen wie dem UN-Sicherheitsrat und der Weltbank vollzogen. Die Weltbank führte 1988 das Schlagwort vom „Guten Regieren" („good governance") ein, das von Anfang an einher ging mit einer Aufwertung der Rolle der „Zivilgesellschaft" und ihrer Träger, den Nichtregierungsorganisationen. Diese strategische Verwendung von NGOs durch mächtige internationale Institutionen hat zum „Verlust der Unschuld" (Weiss 1995) und in diesem Sinn zu einer Politisierung vieler NGOs beigetragen.

Gescheiterte Staaten

Ein weiterer Grund für die Politisierung von NGOs ist schließlich die qualitative Transformation der Staatenwelt durch den regionalen Zusammenbruch von Staaten und die daraus resultierenden Anomie- und Desintegrationspotenziale. Während sich im Gefolge der Entkolonialisierung nach dem Zweiten Weltkrieg die Zahl der Staaten kontinuierlich vermehrte und sich damit eine Staatenwelt nach dem idealtypischen Modell des Westfälischen Friedens in globalem Maßstab zu festigen schien, ist heute allenthalben die Rede von „gescheiterten Staaten" oder auch „Pseudo-Staaten", die im Unterschied zu klassischen Staatswesen weder über eine ausreichende Legitimitätsgrundlage verfügen, um innerhalb ihres Territoriums allgemeinverbindliche Entscheidungen durchzusetzen noch daran interessiert sind, die „eigene" Bevölkerung zu schützen und zu versorgen. Neben der Zahl der wirtschaftlich und strategisch „nutzlosen Länder", so der bemerkenswerte Ausdruck des ehemaligen EU-Kommissars Claude Cheysson (zit. in Consoli 1992), wachsen auf der offiziell nach Staaten gegliederten Weltkarte die „weißen Flecken" schwer regierbarer und statistisch nicht mehr vermessener Gefahrenzonen. Diese Zonen sind ausgesprochen anfällig für Bürgerkriege und andere Situationen massiver innenpolitischer Krisen. Kündigen sich derartige Situationen an, verfügen die verbliebenen Rumpfstaaten über keinerlei Ressourcen, ihre Autorität aufrecht zu erhalten. Das Resultat sind „komplexe Notlagen" der Zivilbevölkerung, wie sie seit 1992 vom UN-Büro für humanitäre Angelegenheiten (DHA) genannt werden. Ihre Zahl steigt ebenso wie die Zahl von entsprechenden UN-Einsätzen und die für internationale Hilfsleistungen aufgewendeten Summen. Im Unterschied zu Naturkatastrophen sind komplexe Notlagen von Menschen gemacht, so dass einige Autoren auch von *„unnatürlichen* Notlagen" (Farer 1996) sprechen.

Diese Krisen sind das Resultat einer Selbstermächtigung lokaler Kriegsherren, die auf global oder regional bedingte Marginalisierungsprozesse mit der Zerstörung der sozialen, kulturellen und politischen Integrität von Gemeinwesen – und nicht selten mit der Vertreibung von Hilfsorganisationen – reagieren. Gelegentlich ist es auch die offizielle Armee, die sich unter dem zersetzenden Einfluss von Loyalitätskrise, politischem Orientierungsverlust und Drogenkonsum gegen die eigene Bevölkerung wendet – Algerien bietet hierfür seit Jahren ein furchtbares Beispiel.[15] Der Zusammenbruch von Staat und Wirtschaft, die Entstaatlichung und Entnormierung des Kriegshandelns und die damit einhergehende kalkulierte Grausamkeit gegenüber der Zivilbevölkerung kulminieren in massiven, gewaltsamen Migrationsschüben großer Bevölkerungsgruppen, die das wichtigste Merkmal dieser Krisen sind. Komplexe Notlagen sind damit Ausdruck und Resultat einer globalen politischen Pathologie, die zu einem politisch wirksamen Mobilisierungs- und Organisationsanlass geworden sind.

---

[15] Vgl. den Aussteiger-Bericht des algerischen Fallschirmspringers Habib Souaïdia (2001) über die Schrecken und Komplizenschaften des Bürgerkriegs in seinem Land.

Vor dem Hintergrund dieser skizzierten Entwicklungen bedeutet „Politisierung" die Ergänzung der *dreipoligen* Struktur, die NGOs historisch kennzeichnete, durch einen *vierten* Pol. Nichtregierungsorganisationen haben typischerweise als Vermittler und Bindeglieder zwischen zwei Gruppen fungiert: zwischen hilfsbedürftigen Gruppen von Menschen und einem meist räumlich entfernten Publikum, das sensibilisiert, „aufgerüttelt" und beispielsweise zu Spenden animiert werden soll. Anders als für traditionelle politische Organisationen macht das Leid der Kranken, Hungernden und Verfolgten, für die sich Nichtregierungsorganisationen einsetzen, niemals irgendeinen „Sinn". Darin unterscheiden sie sich von Nationalisten oder Kommunisten, die das Leiden der Kolonialvölker oder des Proletariats als Durchgangsstadium auf einem langen Weges der Befreiung deuteten. Radikale Politiker appellierten folglich auch nicht an ein diffuses Publikum, sondern an die Solidarität von Genossen und Kameraden, die in der vorgestellten Gemeinsamkeit der sozialen Lage oder der Zugehörigkeit zur selben Nation begründet war. Insofern Solidarität wenigstens die Aussicht auf Wechselseitigkeit und Ebenbürtigkeit voraussetzt, appellieren Nichtregierungsorganisationen demgegenüber weniger an die Solidarität des Publikums als an die Bereitschaft zur helfenden Hinwendung zu Menschen, von denen man durch große räumliche und soziale Distanzen getrennt ist. Wenn man NGOs gelegentlich mit einem gewissen Recht als weltliche „Missionare" bezeichnet hat, so haben sie doch zumeist in zwei Richtungen gleichzeitig missioniert, indem sie auf das Publikum der eigenen Heimat nicht weniger einwirkten als auf die Lebenslage von fremden Hilfsbedürftigen.[16]

Wer ist der „Missetäter"?

Der vierte Pol, der heute, unter gänzlich veränderten Bedingungen, zu dieser Dreierbeziehung hinzu tritt, besteht in der Figur eines *Missetäters,* der zum Ziel einer öffentlichen Anklage durch moderne Nichtregierungsorganisationen wird.[17] Die Einführung dieses vierten Pols neben der *Organisation* selbst, den mutmaßlichen *Nutznießern* ihrer Aktivitäten und dem *Publikum* kommt sinnbildlich in der Szene zum Ausdruck, die sich auf einer Sitzung der UN-Menschenrechtskommission im Jahr 1980 abspielte. Vor dem Hintergrund der massenhaften Verschleppung politischer Gefangener während der Militärdiktatur in Argentinien stand die Frage der Einrichtung einer speziellen Arbeitsgruppe zu diesem Thema auf der Tagesordnung. Ein Sprecher von Amnesty International nannte eine Reihe von Ländern, deren Regierungen an der möglichst unauffälligen Beseitigung von Kritikern mitwirkten. Als er dazu überging, das Schicksal von zwei Argentiniern zu schildern, die in einem geheimen Lager gefoltert worden waren, protestierte der anwesende Vertreter der Regierung Argentiniens und stellte das Recht von NGOs in Frage, namentlich genannte Staaten anzugreifen. Die Delegierten mehrerer Drittweltstaaten unterstützten Argentinien, während sich die Vertreter Kanadas und der USA hinter Amnesty stellten. In einer später viel zitierten Entscheidung sprach daraufhin der jordanische Vorsitzende der Kommission den NGOs das grundsätzliche Recht zu,

---

[16] Geldgeberorganisationen betrachte ich nicht als einen eigenständigen Pol neben den NGOs, da das Verhältnis beider im Normalfall nicht durch einseitige Außenkontrolle, sondern durch Symbiose gekennzeichnet ist. Siehe auch die Bestimmung von NGOs im Gegensatz zu DONGOs, GRINGOs usw. in Tabelle 2.

[17] Vgl. die typische Stellungnahme von Greenpeace-Deutschland zu den Atommüll-Transporten aus der Wiederaufbereitungsanlage La Hague ins niedersächsische Zwischenlager Gorleben im März 2001: „Deutschland ist damit wieder Mittäter bei einem der größten Umweltverbrechen unserer Zeit" (SZ, 27.3.2001).

Regierungen zwar nicht „anzugreifen", wohl aber „Informationen" über namentlich genannte Regierungen vorzutragen (Gaer 1996, S. 54). Damit war ein wichtiger Schritt zur Institutionalisierung diskreter Formen öffentlicher Anklage innerhalb der Vereinten Nationen getan.

Auch weitab vom UN-System bürgerte sich in der Folgezeit die Praxis ein, nicht nur die Opfer, sondern auch die mutmaßlichen Verantwortlichen von Missständen zu benennen. Teilweise genügte eine kleine Bedeutungsverschiebung, um diesen vierten Pol neben der eigenen Organisation, den Opfern und dem Publikum zu etablieren. Eine solche Bedeutungsverschiebung kommt beispielsweise im Wahlspruch einer schweizerischen Gruppe zum Ausdruck, die sich für Reformen der Weltwirtschaft einsetzt: „Nicht den Armen mehr geben, sondern ihnen weniger nehmen!" Damit wird der Fokus von den bedürftigen Armen auf eine noch näher zu bezeichnende Gruppe von Einrichtungen gelenkt, die für die Verarmung verantwortlich gemacht wird. Dadurch wiederum verschiebt sich der Status der Bezugsgruppen des eigenen Engagements, die nämlich von einer Zielgruppe tätiger Barmherzigkeit zum Gegenstand der öffentlichen Fürsprache angesichts identifizierter Missetäter werden.

Ein Hinweis auf das Alte Testament

Den Übergang vom mehr oder minder prophetischen Appell an das Publikum zugunsten einer Masse von Unglücklichen zur öffentlichen Anklage von Missetätern vollziehen übrigens bereits Autoren des Alten Testaments, wenn sie zunächst schreiben „Verschafft Recht den Unterdrückten und Waisen, verhelft den Gebeugten und Bedürftigen zum Recht!", um sogleich fortzufahren mit dem Satz: *„Befreit die Geringen und Armen, entreißt sie der Hand der Frevler!"* (Ps 82, 3-4). Heutige NGOs säkularisieren diese viergliedrige Sinnstruktur, die zwischen dem klagenden Psalmisten, Gott als Adressat der Klage, den Unterdrückten und Bedürftigen sowie den Frevlern vermittelt.[18] An die Stelle der „Frevler" treten solche Gruppen und Institutionen, die für die Verletzung verbindlicher Zivilisationsstandards verantwortlich gemacht werden. Die Klage wird öffentlich vorgetragen im Namen allgemeiner Prinzipien. Hervorzuheben ist, dass sich die öffentliche Kritik advokatorischer Nichtregierungsorganisationen von der Rache, der Beschwerde, dem gewaltsamen Kampf und dem Rechtsstreit unterscheidet.

In diesem Sinne wurden in jüngerer Zeit Warlords in Bosnien, russische Reeder in Murmansk, amerikanische Gentechnikfirmen, der Braunkohletagebau in den neuen Bundesländern oder das diffuse Kollektiv all derer, die „weiß, männlich, satt"[19] sind, als Übeltäter dargestellt. Vorgeworfen wurde diesen Gruppen, die allesamt ins Visier kleiner oder großer Kampagnen geraten sind, ganz Unterschiedliches: das Kriegsrecht und die Gebote der Menschlichkeit zu verletzen, Atommüll auf gemeingefährliche Art und Weise zu verschiffen, heimlich gentechnisch veränderten Mais auszusäen, das Überleben der seltenen Rotbauchunke in der Niederlausitz zu gefährden oder auch, gegenüber der Not anderer erkennbar gleichgültig zu sein. Kein gemeinsames Band eint alle genannten Übeltäter, die beständig chan-

---

[18] In einem Theorie-Bestseller der radikalen Globalisierungskritik wird sogar eine historische Analogie bemüht zwischen dem globalen moralischen Interventionismus moderner NGOs und dem „imperialen" und „inquisitorischen" christlichen Impuls, überall „Sünder" zu identifizieren und zu bekehren (Hardt/Negri 2000, S. 35-37).

[19] So eine Gegnerbeschreibung der Schweizer Organisation Erklärung von Bern in ihrer Dokumentation Nr. 5/1999 („Die WTO auf dem Prüfstand").

gieren und sich ebenso beständig zu vermehren, aber auch unkenntlicher zu werden scheinen. Im Fall von Militärdiktaturen oder Kriegsverbrechen fällt die Benennung von Tätern relativ leicht, in anderen Situationen jedoch bleiben die Konturen der Täterschaft undeutlich. Dies gilt auch bei großtechnischen Katastrophen, deren Anfänge meistens auf kleine Unachtsamkeiten von Einzelnen zurückzuführen sind. In Tschernobyl sollte im Nachtbetrieb lediglich ein Kühlsystem getestet werden. „Zwischen dem was ist/ und dem was der Möglichkeit nach sein könnte/ findet sich zur Zeit/ kein greifbarer Feind", sang dazu passend vor einigen Jahren die deutsche Rockband „Die Sterne".

Auf der anderen Seite vermehren sich mit den mehr oder weniger diffusen Tätern auch die Opfer. Dies liegt unter anderem am Niedergang von Deutungsmustern in der Öffentlichkeit, die in der jüngeren Vergangenheit die kollektive Wahrnehmung räumlich entfernter Opfer von Naturkatastrophen oder politischer Repression mit gesteuert haben. So funktionierten sowohl ethnozentrische als auch populär-marxistische Deutungsmuster in einigen europäischen Ländern lange Zeit als öffentlich wirksame Selektionsfilter, die aus der globalen Überzahl von Opfern diejenigen auswählten und kenntlich machten, deren in Bildern und Texten repräsentiertes Leid politisch „relevant" schien. Mit dem Verschwinden solcher Selektionsfilter aus der Mitte der Deutungskulturen westlicher Gesellschaften kommt es zu einer „Vervielfachung der Opfer" (Boltanski 1999, S. 169), die nun nicht mehr als soziale Klasse vereinheitlicht oder in eine geschichtsphilosophisch begründete Hierarchie gebracht werden können.

Je mehr allerdings die alten geschichtsphilosophischen Sortierungen von Opfern und Tätern an Plausibilität verlieren, desto notwendiger werden andere subjektive Ordnungsleistungen. So lassen sich heute moderne NGOs insbesondere danach unterscheiden, wie sie der unübersichtlichen Vervielfältigung von Tätern und Opfern in der modernen Gesellschaft durch „moralische Weltkarten" Herr zu werden versuchen, das heißt durch die *politisch-geografische Zuordnung* relevanter Gruppen zu eigenen oder fremden Nationen und Regionen.

Freilich fällt die Verräumlichung von Verantwortungszuschreibungen und Opferidentifikationen angesichts hochkomplexer globaler Krisenentwicklungen nicht immer leicht. Das auf die Beobachtung der Klimaentwicklung spezialisierte internationale Expertengremium IPCC hat etwa prognostiziert, dass bei einer Erderwärmung um bis zu drei oder vier Grad Kanada und Sibirien von größeren Weizenernten profitieren könnten, während jenseits dieser Ziffern das gesamte Welternährungssystem umkippen und es nur noch Verlierer und Opfer geben werde (SZ, 11.7.2001, S. 9). In der Gegenwart jedoch kommen weder Staaten noch Nichtregierungsorganisationen umhin, Gewinner und Verlierer, Opfer und Täter zu unterscheiden und zu lokalisieren. Viele prominente NGOs identifizieren grenzüberschreitende Bedrohungen oder Beunruhigungen – zum Beispiel die Tropenwaldvernichtung oder den Treibhauseffekt –, deren Opfer hauptsächlich und zuerst *außerhalb* der Grenzen des eigenen Gemeinwesens (oder *jenseits* der Lebenszeit der eigenen Generation) lokalisiert werden, wenngleich sie potenziell überall (und zu jeder Zeit) auftreten können. Die Verantwortlichen für aufgedeckte und kritisierte Missstände werden demgegenüber im *eigenen* Gemeinwesen gesucht. Ebenso wird zunächst an das Publikum der eigenen Herkunftskultur und ihrer elektronisch erreichbaren Weiterungen appelliert. Diese Organisationen, die ich NGOs des Typs I nenne, entsprechen dem Idealtypus einer advokatorischen Nichtregierungsorganisation. Menschenrechtsorganisationen variieren die Struktur der Anklage, indem sie die eigenen Regierungen zumindest der heimlichen Mittäterschaft bei Vergehen in der Ferne zeihen.

So kritisierte die Generalsekretärin von Amnesty International anlässlich der Präsentation eines Berichts im März 2001 westliche Regierungen, die staatliche Misshandlung und Folter von Frauen in anderen Ländern nicht nur „schweigend und gleichgültig" hinzunehmen, sondern häufig auch zu decken. Ein anderes Beispiel ist eine Organisation in der Schweiz, die ihr Land der Beihilfe zur Steuerhinter-ziehung anklagt und auf die desaströsen Folgen privater Finanzbeziehungen gerade für die ärmsten Länder verweist. Selbst in den Fällen, in denen die Haupttäter von Normverletzungen offenkundig nicht im eigenen Land zu suchen sind, richten folglich NGOs des Typs I ihre Anklage gegen die abgestufte Komplizenschaft von Organen des eigenen Staates.

Tabelle 3: Nichtregierungsorganisationen und ihre moralischen Weltkarten: Drei Grundtypen

| | Geografisch-politische Zuordnung von primären Täter-, Opfer- und Publikumsrollen | |
	zur eigenen Nation/ Großregion	*zu fremden Nationen/ Großregionen*
NGO I	Täter/Publikum	Opfer
NGO II	Opfer	Täter/Publikum
NGO III	Publikum	Täter/Opfer

Ein zweiter Typus von NGOs siedelt die *Opfer* hauptsächlich im eigenen nationalen Kollektiv an, während die Täter woanders sind. Dieser Typus kennzeichnet die politische Landschaft vieler Schwellenländer, deren Nichtregierungsorganisationen sich zugleich bemühen, vor allem das Publikum der Länder, in denen die Verantwortlichen von Fehlentwicklungen und Missständen lokalisiert werden, zu erreichen. Ein Beispiel ist die *Treatment Action Campaign* (TAC) in Südafrika, die sich in jüngster Zeit erfolgreich für den Parallelimport von inhaltsgleichen Aids-Medikamenten eingesetzt hat, die nicht unter ihrem Markennamen zugelassen werden und damit weitaus billiger sind als die Weltmarktprodukte der Pharmaindustrie. Seit ausländische Pharmaunternehmen gegen diese Praxis wegen der mutmaßlichen Verletzung ihrer Patentrechte Gerichtsverfahren angestrengt haben, sind sie zur Zielscheibe der öffentlichen Anklage geworden. NGOs des Typs II haben vor allem dann Aussicht auf Erfolg, wenn es ihnen gelingt, mit Organisationen in westlichen Ländern Bündnisse zu schließen und damit das Publikum der Herkunftsländer der großen Pharmaunternehmen zu erreichen. Im gegebenen Beispiel sind die Bündnispartner Oxfam und Ärzte ohne Grenzen.

Ein dritter Typus von Nichtregierungsorganisationen schließlich platziert sowohl Täter wie Opfer in fremden Nationen und Kulturen und appelliert hauptsächlich an das Publikum der eigenen Herkunftsregion, etwas zu unternehmen. „Kein Urlaubsort wo Vogelmord", dichtete vor langer Zeit ein deutscher Ornithologenverband, der gegen die Praxis des Singvogelverzehrs in Italien Sturm lief. Der WWF, das Netzwerk Reporter ohne Grenzen, aber auch einige feministische Organisationen, die gegen repressive Praktiken in außereuropäischen Ländern agitieren, gehören zu den seriösen Beispielen dieses dritten Typs advokatorischer Nichtregierungsorganisationen.

Das Publikum ist bei allen drei NGO-Typen, gerade auch im Zeitalter der elektronischen Vernetzung, niemals sauber auf die eigene Nation oder fremde Nationen zu begrenzen, wenngleich es Schwergewichte der Orientierung gibt, die in der Tabelle angedeutet werden. Das geäußerte Ideal der meisten NGOs besteht natürlich in der Ausweitung des Adressatenkreises auf das globale Medienpublikum. Alle drei NGO-Typen versuchen entweder, sich an ein Publikum zu wenden, dass über die Grenzen des eigenen Landes hinausreicht oder doch zumindest eine moralische Sensibilität für Untaten oder Missstände in fremden und entfernten Regionen zeigt. In diesem Sinne ist das Bedeutungsfeld, in dem sich moderne Nichtregierungsorganisationen bewegen, von vornherein transnational. Im Namen von allgemeinen Prinzipien, zu deren Formulierung sie selbst beigetragen haben, appellieren diese Organisationen an ein Publikum, das nicht selbst in Erdbeben- oder Bürgerkriegszonen eingreifen kann und daher mit leidet, spendet oder sich selbst zu Wort meldet. Dieses Trapez von anklagenden Organisationen, notleidenden Opfern, unerkannt bleiben wollenden Missetätern und einem diffusen Publikum ist allerdings nicht freischwebend, sondern eingebettet in institutionelle Zusammenhänge, in denen wiederum die Staaten ein herausragendes Gewicht haben.

Das Publikum

Das Verhältnis zu den Staaten: Eine Beziehungsmatrix

Ein breiter Konsens besteht darüber, dass die Globalisierung der Waren-, Kapital- und Informationsflüsse die Steuerungsautonomie der Nationalstaaten auf eine harte Probe stellt. Die Politik hat angesichts der drastisch gestiegenen Mobilität des Kapitals lernen müssen, dass sie die Determinanten dieser Mobilität nur zum eigenen Schaden ignorieren kann. Der Prozess der europäischen und internationalen wirtschaftspolitischen Integration mit seiner Doppelwirkung der Ausweitung von Marktfreiheiten einerseits und der Zuständigkeiten der Europäischen Union und der Welthandelsorganisation andererseits hat zudem die Manövrierräume der Mitgliedsstaaten deutlich eingeengt. Parallel dazu verschärft sich jedoch auch die Ungleichheit zwischen den Regionen und Staaten und damit die Möglichkeiten von Staaten, direkt oder auf dem Umweg über internationale Institutionen das Verhalten von anderen Staaten, von nichtgebietsansässigen Bürgern und von transnationalen Firmen verbindlichen Regeln zu unterwerfen. Diese Asymmetrie ist letztlich auf die Tatsache zurückzuführen, dass sich das Weltwirtschaftsgeschehen regional konzentriert und hauptsächlich in den alten westlichen und den neuen asiatischen Industrieländern und -zonen abspielt. Wer die Frage nach der Eigenart von Nichtregierungsorganisationen stellt, darf diese wachsende Ungleichheit zwischen Staaten nicht zugunsten pauschaler Thesen über den Niedergang oder die Robustheit von Staaten übergehen.

Politische Ungleichgewichte bewirken, dass die wirtschaftliche Globalisierung keineswegs zu einer Angleichung staatlicher Handlungskapazitäten führen, und erst recht nicht zu einer automatischen Angleichung auf niedrigstem Niveau (Bernauer 2000, S. 369ff.). Exemplarisch hierfür steht Kalifornien, wo der Erlass strikter Umweltgesetze nicht zur Abwanderung von Investoren führte, sondern umgekehrt zur nachholenden Übernahme dieser Gesetze durch andere Bundesstaaten der USA.

Starke und schwache Staaten

Macht und Legitimität versickern folglich nicht vollständig im privaten Untergrund der Staatenwelt, um von nichtstaatlichen Akteuren und unkontrollierbaren Märkten aufgefangen zu werden, sondern wandern von schwächeren hinauf zu stärkeren Regionen, Staaten und Staatenbünden. Besonders die USA profitieren von dieser Entwicklung. Symptomatisch hierfür ist, dass von den über 60 einseitigen Wirtschaftssanktionen gegen einzelne Staaten zwei Drittel von den USA initiiert und aufrecht erhalten wurden. Die im Prozess der Globalisierung relativ starken Staaten können die Ergebnisse von internationalen Verhandlungen und Entscheidungsprozessen zu ihren Gunsten beeinflussen. Hinzu kommt, dass schwache Staaten in dem Maße, wie sie sich gezwungen sehen, dem externen politischen Druck von Märkten und stärkeren Staaten nachzugeben, ihre zukünftigen Entscheidungsspielräume einschränken. Anders als starke Staaten können sie es sich kaum leisten, einmal unterzeichnete Vereinbarungen – etwa zum Schutz der Menschenrechte oder geistiger Eigentumsrechte – gegebenenfalls wieder außer Kraft zu setzen, sobald die eigenen Interessen es gebieten.

Innenpolitisch gilt ebenfalls, dass sich die Globalisierung je nach Staat sehr unterschiedlich auf den Zusammenhalt der Gesellschaften und ihre Stabilität auswirken kann. Relativ schwache Regierungen in Entwicklungsländern haben weitaus größere Mühe als starke Regierungen, ihren Bevölkerungen die als notwendig angesehenen Anpassungskosten an den Weltmarkt oder die Kreditvergabebedingungen internationaler Finanzinstitutionen abzuverlangen. Die ohnehin monumentale Aufgabe vieler Flächenstaaten des Südens, eine oftmals immens große und zudem äußerst heterogene Bevölkerung politisch integrieren zu müssen, wird durch den Zwang zur Berücksichtigung der „Sachzwänge" der Globalisierung noch erheblich erschwert.

Wandel und Niedergang des Staates

Diese knappen Überlegungen lassen sich zu der These zuspitzen, dass wir gegenwärtig sowohl eine *Transformation* des Staates hin zu einem international vernetzten, standortsensiblen Wettbewerbsstaat beobachten als auch einen *Niedergang* des Staates in Regionen, in denen die Nationalstaatsbildung auf keine robusten Traditionen zurückblicken kann. Während starke Staaten, etwa im Rahmen der Europäischen Union, ihre Autonomie gegenüber der jeweiligen national geprägten Gesellschaft erhöhen, droht den schwächeren Staaten eine Aushöhlung ihrer innenpolitischen Gestaltungsspielräume. Den schwächsten Staaten, die über keinerlei Ressourcen und Perspektive verfügen, sich starken regionalen Bündnissen wie der Europäischen Union oder der Nordamerikanischen Freihandelszone anzuschließen, droht die vollständige klientelistische Instrumentalisierung von Amtsinhabern durch rivalisierende Clans und damit letztlich der Zerfall des Gemeinwesens. Im einen Fall ermächtigt die wirtschaftliche Globalisierung eine „transnationale Zivilgesellschaft" (Streeck 1998, S. 15) und alle Arten von neuen politischen Organisationen; im anderen Fall floriert nur noch der grenzüberschreitende Waffen- und Menschenhandel und an die Stelle einer wie auch immer embryonalen Zivilgesellschaft treten marodierende Privatarmeen, die sich ihre Gesetze selber schaffen und die über keinerlei, durch „nationale" Überzeugungen gefestigte Beziehungen zu Bevölkerung des Territoriums, in dem sie operieren, verfügen. In Teilen Afrikas, Zentralasiens oder der Andenregion in Lateinamerika kehrt die Vergangenheit der Bürgerkriege und der politischen Anomie wieder, gegen die sich der klassische bürgerliche Verfassungsstaat in seiner Frühzeit definiert und behauptet hatte. Diese sinnbildliche Verräumlichung der eigenen Vergangenheit hat in den letzten Jahren mit dazu beigetragen, die pauschale staatstheoretische Niedergangsthese sowohl nach funktionalen Handlungsfeldern wie auch nach geografischen Räumen zu differenzieren. Sie hat zugleich an die Unersetzbarkeit des Staates und zwischenstaatlicher Bündnisse bei der Erlangung bestimmter Kollektivgüter wie der Eindämmung externer und interner Gewalt erinnert. „Wer sich gelegentlich fragt, warum wir einen Staat brauchen, sollte eine Gegend aufsuchen wie den Kosovo", lautete ein Kommentar von Timothy Garton Ash im Anschluss an die Operation „Allied Force" der Nato (SZ, 7./8.8.1999).

Ob die Globalisierung die Staaten insgesamt eher stärkt oder schwächt, ist nicht zuletzt abhängig von den bereits bestehenden Kräfteverhältnissen innerhalb der Staatenwelt. Die Globalisierung gefährdet nicht die Position der ohnehin starken Staaten, die vielmehr umgekehrt die Imperative einer verschärften Weltmarktkonkurrenz und der Abwehr neuer Sicherheitsbedrohungen zum Anlass von Strukturreformen in den jeweiligen Nationalgesellschaften machen und über Möglichkeiten verfügen, einige der Schattenseiten der Globalisierung einigermaßen in Schach zu halten. Zu diesen Schattenseiten gehört etwa die Ausbreitung internationaler Gangsterkartelle in den Sektoren des Terrorismus, des Drogenhandels oder des Menschenschmuggels und Sklavenhandels, der heute bereits Hunderttausende von Menschen zu Opfern macht.[20] Auf der anderen Seite sind es die im Zuge der Globalisierung von Märkten geschwächten Staaten der Peripherie, die dem Druck z.B. der Welthandelsorganisation erliegen, sofern es ihnen nicht gelingt, mit der Hilfe von NGO-Bündnissen und anderen Kontakten in der einen oder anderen Frage einen gewissen Widerstand aufrecht zu erhalten (vgl. dazu Kapitel 4). Im Extremfall beobachten wir als Nebenfolge der Globalisierung einen regelrechten Kollaps von Staaten.

Wer finanziert die NGOs?

Sowohl Staaten, die im Zuge der Globalisierung an Handlungsspielraum verlieren als auch solche, die ihre Position festigen, indem sie sich z.B. zu Staatenbünden wie der Europäischen Union zusammenschließen, begünstigen das Wachstum von Nichtregierungsorganisationen. Dies geschieht nicht zuletzt durch direkte Finanztransfers von westlichen Staaten an die „eigenen" sowie an ausländische NGOs. Oxfam erzielte 1998 ein Einkommen von 162 Millionen US-Dollar, von denen ein Viertel aus den Etats der britischen Regierung und der EU stammte. Die christliche Organisation World Vision erhielt im selben Jahr 55 Millionen Dollar von der US-Regierung. Die Ärzteorganisation *Médicins Sans Frontières*, der im Jahr 2000 der Friedensnobelpreis verliehen wurde, bekommt fast die Hälfte der eigenen Mittel aus staatlichen Quellen. Viele der im pazifischen Raum aktiven japanischen NGOs erhalten ihre Finanzmittel vom Außenministerium in Tokio oder vom Ministerium für Post und Telekommunikationswesen. Von den 120 Organisationen, die zwischen 1993 und 1996 in Kenia gegründet wurden, beziehen alle außer neun ihr Einkommen von ausländischen Regierungen und internationalen Institutionen (The Economist 2000).

Tabelle 4 zeigt deutlich, in welchem Ausmaß auch in Deutschland Nichtregierungsorganisationen durch öffentliche Mittel finanziert werden. NGOs finanzieren sich hauptsächlich aus staatlichen Quellen sowie aus den Spenden von Nichtmitgliedern, die offenkundig an Bedeutung gewonnen haben. Gruppen wie Greenpeace oder Amnesty International, die finanziell von keiner Regierung abhängig sind, bilden die Ausnahme. Traditionelle politische Organisationen wie Gewerk-

---

[20] Vgl. „Mobsters Without Borders Are Targeted as U.S. Security Threat", in: International Herald Tribune, 16.12.2000 (online-Version). Das Manuskript des vorliegenden Buch wurde unmittelbar nach dem terroristischen Massenmord in den USA vom 11. September 2001 abgeschlossen, dessen Konsequenzen zu diesem Zeitpunkt noch unabsehbar waren.

schaften und Arbeitgeberverbände weichen erheblich von dem für NGOs typischen Finanzierungsmix ab, indem sie sich fast ausschließlich auf selbsterwirtschaftete Mittel, d.h. auf Mitgliederbeiträge, stützen.

Tabelle 4: Klassische Verbände und NGOs: Finanzierungsstruktur 1990-1995 in Prozent

	Öffentliche Mittel in %		Spenden in %		Selbsterwirtschaftete Mittel in %	
	1990	1995	1990	1995	1990	1995
Gewerkschaften und Arbeitgeberverbände	5,5	2,0	0,3	0,8	94,3	97,2
International tätige NGOs	76,9	51,3	16,8	40,9	6,2	7,8

Datenbasis: Johns Hopkins Comparative Nonprofit Sector Project, nach Zimmer (2000). Die Zahlen zu NGOs beziehen sich auf in Deutschland ansässige Organi-sationen ohne Umweltschutzorganisationen.

Die weitgehende Abhängigkeit der meisten Nichtregierungsorganisationen von staatlichen Zuschüssen, die außerhalb von Europa und Nordamerika besonders drastisch ist, wirft immer wieder Fragen nach der politischen Unabhängigkeit dieser Organisationen auf. Wir wissen, dass zwanglose Geldzuwendungen wie jedes Geschenk die Gunst des Beschenkten erringen und in manchen Fällen auch eine korrumpierende Tendenz haben können. Der Freiwilligkeit der Aktivität von Nichtregierungsorganisationen entspricht die Freiwilligkeit der staatlichen Zuschüsse, die sie vom Tribut unterscheidet. Tatsächlich bedeutet jedoch die Tatsache, dass die neuen Verbände zu einem guten Teil vom „Brot" der Staaten abhängig sind, keineswegs, dass sie auch das „Lied" dieser Staaten singen und in den Chor der Globalisierungsenthusiasten einstimmen. Vielmehr ist meistens das Gegenteil der Fall. Zumindest die größer werdende Gruppe politisierter NGOs, die die Fürsprache zugunsten von weltweiten Modernisierungsverlierern und Katastrophenopfern mit einer Strategie der öffentlichen Anklage verknüpft, kritisiert in vielen Fällen die Politik der starken westlichen Staaten und ihrer Verbündeten in Ostasien und, zu einem geringeren Teil, in Lateinamerika. Wenn sie die Globalisierung auch nicht in allen ihren Aspekten bekämpfen, so sind NGOs doch stets kritische „Globalisierungswächter", um das treffende Wort der beiden Berliner Politikwissenschaftler Heike Walk und Achim Brunnengräber zu zitieren. Umgekehrt unterstützen sie die Staaten der Peripherie oder zumindest bestimmte Bevölkerungsgruppen innerhalb dieser Staaten. In einigen Fällen sind es sogar Nichtregierungsorganisationen gewesen, die militärisch abgesicherte humanitäre Interventionen in instabilen Krisenregionen gefordert haben. Bei diesen Regionen handelt es sich regelmäßig um solche, in denen sich irreguläre Milizen anschicken, die Bevölkerung zu dezimieren oder zu vertreiben, um dort, wo einst Staaten waren, rechtsfreie, aber wirtschaftlich einträgliche Reviere abzustecken.[21]

---

[21] Vgl. z.B. die Fallstudie über die Eroberung und „ethnische Säuberung" der bosnischen Stadt Brcko im April 1992 durch bewaffnete Schmuggler- und andere Gangsterbanden in Griffiths (1999).

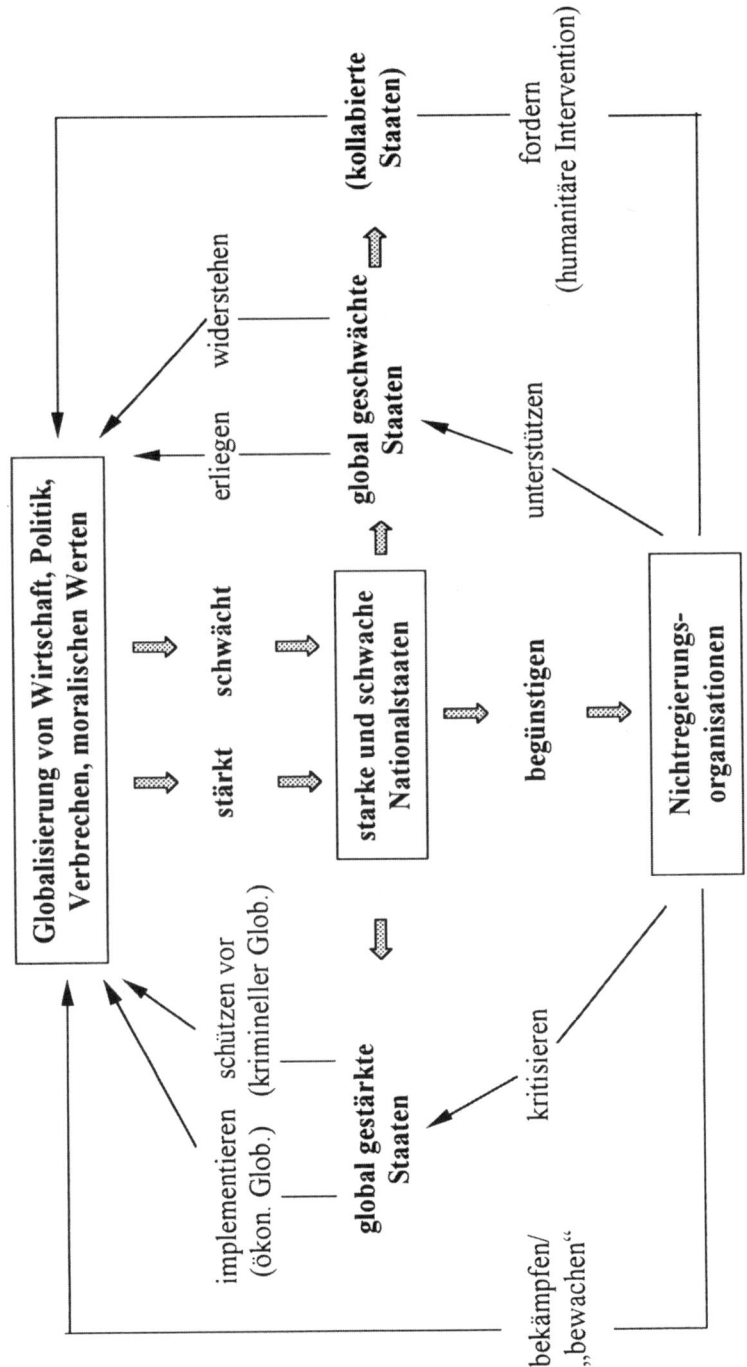

Nichtregierungsorganisationen und Staaten im Globalisierungsstress: Eine Beziehungsmatrix

Kapitel 4

Wo engagieren sich Nichtregierungsorganisationen?

Entgegen einer weit verbreiteten Vorstellung leben wir nicht wirklich in einer ortlosen, „atopischen Weltgesellschaft" (Helmut Willke), in der räumliche Bezüge vollkommen bedeutungslos wären. Vielmehr werden die räumlichen Maßstäbe des Handelns in dem Maße, wie sie nicht mehr durch unüberwindliche Schranken *gegeben*, sondern von Investoren, Aktivisten und einfachen Bürgern *gewählt* werden können, erst jetzt im eigentlichen Sinne zum Thema und deshalb immer wichtiger. Auch NGOs müssen solche Wahlentscheidungen treffen und den Raum, in dem sie handeln, bis zu einem gewissen Grad ständig selbst schaffen. Wie die Zahlen zur Gründung internationaler Vereinigungen nach dem Zweiten Weltkrieg zeigen, konnte dieser Raum zunächst gar nicht groß genug sein. Das Ziel war in vielen Fällen die Ausdehnung des Organisationsnetzes und Aufmerksamkeitshorizontes auf die ganze Welt. Diese Ausdehnung schien der Größe der Probleme zu entsprechen, derer man sich annehmen wollte, vom drohenden Atomkrieg, den Seuchen und Hungersnöten bis hin zur Gefahr von Meteoriteneinschlägen auf der Erde. Die Vereinten Nationen schienen damit von Anfang an das natürliche Forum für die Anliegen moderner Nichtregierungsorganisationen zu sein.

In der Tat gibt es eine besondere Beziehung zwischen den mutmaßlich globalen Problemen der Gegenwart, der öffentlichen Fürsprache und Anklage von Nichtregierungsorganisationen und den verschiedenen Agenturen und Programmen der Vereinten Nationen. Die Anziehungskraft der Vereinten Nationen kommt bereits darin zum Ausdruck, dass sich in der Nähe ihrer Hauptquartiere in Rom, Nairobi, New York, Genf und Wien auch die Verbindungsbüros zahlreicher NGOs befinden. So haben in Genf, wo jedes Jahr etwa 7.500 UN-Treffen stattfinden, rund 1.700 NGOs ihren Sitz. Diese besondere Beziehung hat auf der Konferenz der Vereinten Nationen über Umwelt und Entwicklung (UNCED) 1992 in Rio de Janeiro – dem so genannten „Erdgipfel" – ihr bislang stärkstes Sinnbild gefunden.

Den Beziehungen zwischen dem UN-System und den NGOs, die seit den 80er Jahren vom Aufstieg einer Vielzahl nichtwestlicher Organisationen begleitet worden sind, werde ich zuerst nachgehen, bevor ich zeige, wie sich Nichtregierungsorganisationen aus der engen Anlehnung an die Vereinten Nationen teilweise zu lösen beginnen. Aus der größeren Unabhängigkeit gegenüber den Vereinten Nationen ergibt sich auch ein Themenkranz, der die ressortspezifische Arbeitsteilung der Vereinten Nationen und nationaler Regierungseinrichtungen unterläuft, sowie schließlich eine Neugewichtung der öffentlichen Rollen des „Global Player" und des „Local Hero", die Nichtregierungsorganisationen beide beherrschen müssen.

Die Vereinten Nationen als Bühne und Partner

Im Fairmont Hotel in San Francisco kann der Besucher eine Tafel mit der folgenden Inschrift lesen: „25. April – 26. Juni 1945. In diesem Raum trafen sich die von 42 nationalen Verbänden gestellten Berater der Delegation der Vereinigten Staaten auf der Konferenz der internationalen Organisationen, wo die Charta der Vereinten Nationen entworfen wurde. Ihr Beitrag zeigt sich besonders in den Bestimmungen der Charta zum Schutz der Menschenrechte." Bei den nationalen Verbänden, von denen die Rede ist, handelte es sich um Gewerkschaften, Handelskammern, Industrieverbände, Farmerorganisationen, Kirchenvertreter und die Amerikanische Vereinigung für die Vereinten Nationen. Die Einbeziehung dieser Verbände in die hohe Diplomatie war ein Experiment, das in einem völkerrechtlich zunächst völlig unbestimmten Raum eine allmähliche Aufwertung von nichtstaatlichen Akteuren in der internationalen Politik ankündigte, die sich im Zuge dieser Aufwertung zu modernen Nichtregierungsorganisationen entwickeln sollten. Diese Aufwertung wurde nach dem Zweiten Weltkrieg mit getragen vom Pathos des Amerikanischen Jahrhunderts, wie es schon in den Reden Präsident Roosevelts während des Krieges zum Ausdruck gekommen war. Anders als jüngere NGOs definierten sich die Verbände und religiösen Gruppierungen, die an der Formulierung der UN-Charta mitwirkten, keineswegs im prinzipiellen Gegensatz zu Regierungen und schon gar nicht im Gegensatz zur Regierung der USA, von der sie sich vielmehr ausdrücklich ermutigt fühlten, und zwar besonders in der Frage einer universellen Erklärung der Menschenrechte.[22]

Den Vorläufern moderner NGOs gelang es, in der UN-Charta den Artikel 71 zu verankern. Er sieht die Konsultation von Nichtregierungsorganisationen im Rahmen des Wirtschafts- und Sozialrats (ECOSOC) der Vereinten Nationen vor. Der ECOSOC ist neben dem Sicherheitsrat, der Vollversammlung und dem Sekretariat eines der vier Organe der Vereinten Nationen, das mit entwicklungspolitischen Aufgaben im weitesten Sinne betraut ist und über etwa 60 Prozent des Gesamtetats verfügt. Ihm unterstehen auch die Menschenrechtskommission und die Kommission für nachhaltige Entwicklung, um nur zwei der wichtigsten zu nennen. Die Rolle des gelegentlichen Beraters, der zwar spricht, aber keine „Stimme" hat, wurde den NGOs in der Folge noch mehrfach bestätigt, zuerst durch die Resolution 288B (X) des Wirtschafts- und Sozialrats der Vereinten Nationen vom 27. Februar 1950. In dieser Resolution wird auch der Ausdruck „nongovernmental organizations" verwendet, der allerdings viel weiter gefasst wird als üblicherweise und auch industrielle Interessenvertreter, Vertreter politischer Parteien sowie Lobbyisten aller Art einschließt.

Die Akkreditierung von NGOs beim Wirtschafts- und Sozialrat erfolgt abgestuft nach drei Kategorien, je nachdem, ob die Antrag stellenden Organisationen als repräsentativ für große Teile der Bevölkerung in mehreren Ländern gelten und einen allgemeinen Konsultativ- und Beobachterstatus beanspruchen, ob sie eine spezielle Kompetenz und ein besonderes Interesse für nur wenige Aufgabengebiete mitbringen oder ob sie ohne Anspruch auf einen allgemeinen oder speziellen Konsultativstatus im Einzelfall nützliche Beiträge für besondere Einrichtungen der Vereinten Nationen zu leisten versprechen. Die Zahl der Organisationen ohne jeglichen Konsultativstatus, die von der UNO aus Anlass einzelner großer Konferenzen zugelassen werden, ist in den vergangenen Jahrzehnten stark angewachsen und lag zum Beispiel während der Anti-Rassismus-Konferenz in Durban im September 2001 bei über 1500. Ein Blick in die Liste dieser ad hoc akkreditierten Organisatio-

Die UN-Resolution von 1959

Akkreditierungs-verfahren

---

[22] Zum Text der Allgemeinen Erklärung der Menschenrechte von 1948 vgl. die Homepage von Amnesty International Deutschland: http://www.amnesty.de/rechte/aemr.htm

nen zeigt die enorme Breite des Spektrums von Gruppierungen, deren Selbstbezeichnungen die Wörter „Alliance", „Fundacion", „Centro", „Network", „Society" oder „Ligue" enthielten und die erst durch die UN-Akkreditierung, d.h. durch eine Zuschreibung von außen, zu „NGOs" mutierten.[23] In Durban zeigte sich eine deutliche Ausfransung der NGO-Gemeinde, in der wie nie zuvor obskure, teilweise offen antisemitische Elemente den Ton angaben.

Dies ist jedoch überhaupt nicht typisch für NGOs im Allgemeinen, sondern eher ein Indiz für die wachsende Uneinheitlichkeit des Phänomens sowie für die Leichtigkeit, mit der nahezu beliebige Gruppen allein durch das Ausfüllen von Formularen, die man als PDF-Downloads auf den entsprechenden Websites der Vereinten Nationen erhalten kann, kurzfristig in den Genuss des Titels „NGO" kommen können. Jenseits der großen UN-Konferenzen ist das Verfahren zur Erlangung eines Beobachterstatus anspruchsvoller, und die meisten NGOs, die vom Wirtschafts- und Sozialrat einen offiziellen Status zuerkannt bekommen haben, sind für ihre Seriosität und ihre gelegentlich überraschenden Sachkenntnisse bekannt. In der jüngeren Geschichte ist es auch immer wieder vorgekommen, dass sich kleine nationale Gruppen sozusagen im „Huckepack"-Verfahren von großen internationalen NGOs einen allgemeinen Konsultativstatus beschaffen ließen. Dies gilt beispielsweise für die berühmte *Neptune Group,* die von 1973 bis 1982 unter dem Dach weltweiter Quäker-Organisationen für eine neue Seerechtskonvention der Vereinten Nationen stritt. Akkreditierte NGOs haben Zugang zu allen Dokumenten der Vereinten Nationen, können ihrerseits schriftliche Stellungnahmen einreichen und haben zugleich Gelegenheit, Regierungsvertreter anzusprechen und Kontakte zu pflegen. Sicherheitsausweise erlauben den Zugang zu allen UN-Gebäuden einschließlich der Restaurants und Bars, die von den Diplomaten frequentiert werden. Vor allem jedoch verleiht der konsultative Status den Vertretern von Nichtregierungsorganisationen ein hohes Maß an Legitimität, das ihren Ausschluss von Sitzungen oder ihre Nichtbeachtung begründungsbedürftig macht. Er sichert ihnen, um einen treffenden Anglizismus zu gebrauchen, ein „standing" – d.h. die Chance, Beachtung und Gehör zu finden – und damit die Voraussetzung jeglicher politischen Einflussnahme. NGOs spielen in sämtlichen UN-Konferenzen jeweils unterschiedliche Rollen und tauchen inzwischen selbst an den Rändern des Sicherheitsrats auf. Es gibt heute kein Thema mehr, das im UN-System diskutiert wird, ohne dass NGOs angehört werden oder sich selbst Gehör verschaffen.

Historische Rückschläge

Dies war nicht immer so. Vielmehr haben wechselnde Staaten und Staatengruppen immer wieder versucht, die Vereinten Nationen auf ein zwischenstaatliches Forum ohne Beteiligung nichtstaatlicher Gruppen zu reduzieren. Ein erster schwerer Rückschlag erfolgte 1952, als der Wirtschafts- und Sozialrat die bis dahin übliche Praxis von Nichtregierungsorganisationen untersagte, Dokumente zu Menschenrechtsverletzungen in namentlich genannten Ländern zu verteilen und in Sitzungen zu diskutieren. 1959 wurde diese Richtlinie noch einmal ausdrücklich für alle Sitzungen des Wirtschafts- und Sozialrats und seiner Untergliederungen bestätigt. Dieser Maßnahme lag die Sorge einer wachsenden Zahl von Staaten zu Grunde, dass sich die Vereinten Nationen von einem privilegierten Staatenforum

---

[23] Vgl. die Liste „NGOs not in Consultative Status with the Economic and Social Council that have been accredited to the World Conference against Racism, Racial Discrimination, Xenophobia and Related Intolerance", http://www.unhchr.ch/html/racism/05-ngolist.html (5.9.2001).

in eine Bühne für inoffizielle Akteure wandeln könnten, die darauf aus wären, legitime Völkerrechtssubjekte öffentlich bloß zu stellen und zu brüskieren. Besonders in der UN-Menschenrechtskommission sahen Staaten wie die Sowjetunion ein Einfallstor für die aus ihrer Sicht subversiven Anliegen von Nichtregierungsorganisationen. Die Zeitung *Izvestija* verglich in ihrer Ausgabe vom 9. April 1969 Nichtregierungsorganisationen geradezu mit „Unkraut", das man rasch ausmerzen müsse (zit. in Korey 1998, S. 77). 1967 gelang es Repräsentanten der Sowjetunion sogar, in einzelnen Fällen UN-Dokumente in Ausschüssen der Menschenrechtskommission zu unterdrücken. Mit Äußerungen, die sich vor allem gegen Menschenrechtsorganisationen richteten, konnte der Ostblock auf das stille Einverständnis vieler junger Staaten in Asien und Afrika rechnen. Im Zuge der Entkolonialisierung in den 50er und 60er Jahren verdoppelte sich die Zahl dieser Staaten beinahe, womit sich auch die Machtbalance innerhalb der UNO zu Lasten der alten europäischen Mächte und der USA verschob.

Im Ausschuss zu Nichtregierungsorganisationen, einer Einrichtung des Wirtschafts- und Sozialrats, die den Status und die Teilhaberechte von NGOs festlegt, wurde es nach 1968 gefährlich eng für die neuen Akteure, denen mehr und mehr ein Odium der Illegitimität anhaftete. Gerüchte über die Finanzierung von NGOs durch den amerikanischen Geheimdienst und ähnliche Verschwörungstheorien machten damals die Runde. Stellvertretend für andere sprachen Indien und Tansania den Nichtregierungsorganisationen das Recht ab, Staaten zu kritisieren, in denen sie keine Mitglieder hatten. Zugleich sollten die Vereinten Nationen selbst vor jeder öffentlichen Anklage durch Nichtregierungsorganisationen geschützt werden. Die wortreiche Unterstützung dieser Initiative durch sowjetische Delegierte wurde von Beobachtern als besonders makaber empfunden, da die Mitgliedschaft in einer internationalen NGO für Sowjetbürger lebensgefährlich und damit zum Anlass genau der Kampagnen werden konnte, die durch die angestrebten neuen UN-Richtlinien verhindert werden sollten. Die 1942 gegründete, in New York ansässige Internationale Liga für Menschenrechte beispielsweise galt einem sowjetischen Delegierten als „eine der hassenswertesten Organisationen", die ehrenwerte Mitgliedstaaten der Vereinten Nationen mit Dreck bewerfe und lediglich „Verschwörer, Kindesentführer, Kriminelle, Mörder, Häftlinge, Entflohene und Flüchtlinge" schütze (zit. in Korey 1998, S. 85). Später wies die Sowjetunion auch jede Kritik an den Menschenrechtsverletzungen durch die Militärdiktaturen in Chile und Argentinien als „Vergiftung der internationalen Atmosphäre" (ebd., S. 91) zurück.

Entfremdung zwischen UNO und NGOs

Die Stimmung, die durch solche, auf offiziellen Sitzungen vorgetragenen Einlassungen erzeugt wurde, führte bereits in den frühen 70er Jahren zu einer gewissen Lockerung der Beziehung zwischen den Vereinten Nationen und Menschenrechtsorganisationen, die ihre Handlungsspielräume außerhalb dieses Forums zu erweitern suchten, das sich allem Anschein nach weder zur Durchsetzung der eigenen Werte noch als Bühne öffentlicher Anklage und Fürsprache eignete. Symptomatisch für die neue Unabhängigkeit der NGOs waren die ersten Kampagnen gegen die Apartheid in Südafrika, die von Organisationen wie dem American Committee on Africa (ACOA) getragen wurden, das zunächst keinerlei offiziellen Status bei den Vereinten Nationen innehatte.

Die Mehrheit der autoritären Staaten setzte schließlich den Umzug der Menschenrechtskommission von New York nach Genf durch, der Mitte der 70er Jahre abgeschlossen war und auch von Frankreich unterstützt wurde. Mit diesem Umzug verband sich für viele Staaten die, wie sich zeigen sollte, trügerische Hoffnung, anders als in der amerikanischen Metropole eine Geheimpolitik nach dem Modell der europäischen Großmächte, d.h. unter Ausschluss nichtstaatlicher Organisationen und der von einigen Franzosen ohnehin gering geschätzten „Weltmeinung" betreiben zu können.

Das Thema der Menschenrechte und damit der Freiheiten der Kommunikation und des Zusammenschlusses gehört seit den Tagen der Agitation gegen die Sklaverei in den amerikanischen Südstaaten zu den Grundimpulsen von Nichtregierungsorganisationen. Auf diesem Gebiet wurden die Techniken der öffentlichen Anklage und Bloßstellung und damit erste Schritte einer behutsamen Politisierung eingeübt. In den 70er Jahren stieß diese Politisierung an die äußeren Grenzen der Macht politischer Ordnungen, die in der Ausdehnung einer auf subjektiven Rechten und Verkehrsfreiheiten gegründeten Weltgesellschaft eine Existenzbedrohung sahen. Die Menschenrechtskommission, in der eigentlich zentrale Anliegen aus der Gründungszeit der Vereinten Nationen verhandelt werden sollten, präsentierte sich als ohnmächtige „Quasselbude talentierter Anwälte", wie sich die prominente Aktivistin Felice Gaer einmal ausdrückte. Aus dieser Zeit stammen auch die von mir in Kapitel 2 zitierten pessimistischen Äußerungen westlicher Politiker zu den generellen Überlebenschancen der Demokratie auf der Erde. Die Sackgasse der Menschenrechtspolitik mag mit dazu geführt haben, dass sich das Wachstum von Nichtregierungsorganisationen auf ein politisch zunächst weniger „heißes" Gebiet verlagerte, nämlich auf das Gebiet der globalen Umweltpolitik, wo es um die Schutzansprüche von zukünftigen Generationen und nichtmenschlichen Lebensformen geht.

Die Umweltpolitik speiste sich nach dem Zweiten Weltkrieg aus teils wissenschaftlichen, teils sentimentalen Quellen, die jedoch in jedem Fall denkbar weit von potenziell anstößigen Menschenrechtsfragen entfernt waren. Auf der wissenschaftlichen Seite beginnt die Geschichte mit der Gründung der UNESCO 1946, die sich vom 1931 gegründeten Internationalen Rat wissenschaftlicher Vereinigungen (ICSU) über Methoden des internationalen Austauschs zwischen Wissenschaftlern und Kulturschaffenden unterrichten ließ. Eine wichtige Teilorganisation der Vereinten Nationen lernte somit von den Organisationstechniken älterer transnationaler bürgerschaftlicher Zusammenschlüsse. In dieselbe Zeit fiel auch die Gründung der Internationalen Vereinigung für Naturschutz, kurz: World Conservation Union (IUCN), an der die UNESCO ebenso wie einzelne Regierungen und Nichtregierungsorganisationen beteiligt waren. IUCN und UNESCO veranstalteten im Spätsommer 1949 eine erste Technische Konferenz über den Schutz der Natur. Unter dem Eindruck der Entkolonialisierung und der Neugründung von zahlreichen souveränen Staaten in Asien und Afrika wurde 1963 auch eine UN-Konferenz über die Anwendung von Wissenschaft und Technologie zugunsten der unterentwickelten Regionen veranstaltet, die jedoch keineswegs das Image der einschlägig engagierten Nichtregierungsorganisationen außerhalb Europas und den USA verbesserte.

Die andere Quelle, die zur Bildung von Nichtregierungsorganisationen im Umweltbereich beitrug, verweist zurück auf die Geschichte der Naturschutzverbände. In Deutschland entwickelten sich diese Verbände in der zweiten Hälfte des 19. Jahrhunderts aus der Heimatschutzbewegung. Ihre Motive waren überwiegend sentimentaler Art. So gründete Lina Hähnle 1899 in Stuttgart den Bund für Vogelschutz, um sich gegen die Mode des Hutschmucks aus Vogelfedern zur Wehr zu setzen. Die modernen NGOs aus der Zeit nach dem Zweiten Weltkrieg sind von anderem Kaliber, wenngleich auch sie eine sentimentale Wurzel haben, die erst allmählich durch eine wissenschaftliche Orientierung ergänzt wurde. Hier ist vor allem die 1961 in London erfolgte Gründung des *World Wildlife Fund* (WWF) zu nennen, der sich erst später in *World Wide Fund for Nature* umbenannte, um eine Erweiterung seiner Aufmerksamkeit von bedrohten Wildtieren auf ganze Ökosysteme zu signalisieren. An der Gründung waren auch der IUCN und ein britischer Safari-Club beteiligt. Der erste Generaldirektor der UNESCO, Julian Huxley, gab wichtige Impulse durch die Veröffentlichung einiger Aufsehen erregender Artikel in der britischen Zeitung *Observer* über das bestandsgefährdete Großwild der Nashörner, Zebras und Elefanten in Ostafrika. Der WWF fügte dem Interesse der Wissenschaftler an der Erhaltung der Natur als Erkenntnisobjekt eine sentimentale Note hinzu, die auch in seinem Logo, dem Pandabär, und der bis heute typischen Vermarktung von Bildern niedlicher oder imposanter Tiere zum Ausdruck kommt.

Mit der Gründung von IUCN und WWF waren erste wichtige Voraussetzungen für die Etablierung des Umweltthemas innerhalb der Vereinten Nationen geschaffen. Einen weiteren Anstoß gab das Internationale Biologische Programm (IBP). Es wurde 1964 vom Internationalen Rat wissenschaftlicher Vereinigungen mit dem Ziel ins Leben gerufen, die biologischen Grundlagen und Grenzen der modernen, auf beständiges Wachstum ausgerichteten Wirtschaftsweise zu erforschen. Den Hintergrund dieses außerordentlichen Forschungsprogramms, an dem 50 Länder unter Führung der USA teilnahmen, bildeten Indizien dafür, dass die Steigerung der Produktivität in modernen Volkswirtschaften mit einem Verlust an langfristiger Stabilität erkauft werden könnte. Missernten ließen z.B. auf die höhere Anfälligkeit ertragsstarker Monokulturen gegenüber Insektenfraß und Krankheitserregern schließen. Bei Anhörungen vor dem amerikanischen Kongress im Jahr 1967 beschwor ein Wissenschaftler die Abgeordneten mit den Worten: „Wir werden in die Geschichte als eine elegante technologische Gesellschaft eingehen, die an den Folgen biologischer Desintegration zu Grunde gegangen ist" (zit. in Kwa 1987, S. 423). Hier klang bereits die Formel der „nachhaltigen Entwicklung" an, die von den Vereinten Nationen und einer Vielzahl von Nichtregierungsorganisationen in den 80er Jahren zu einem globalen Leitbild erhoben und seitdem mehr oder weniger überzeugend in praktische Politik umgesetzt wird. Sowohl das Internationale Biologische Programm als auch eine Reihe weiterer Initiativen der Folgezeit, etwa das 1971 gegründete interdisziplinäre Forschungsprogramm „Man and the Biosphere" der UNESCO, beruhten auf der zweifachen Einsicht, dass sowohl unser *systematisches Wissen* über die Austauschbeziehungen zwischen moderner Gesellschaft und Natur als auch das *öffentliche Bewusstsein* über die Gefährdung dieser Beziehungen unterentwickelt sind. Nichtregierungsorganisationen wie der WWF machten sich diese Einsicht zu eigen und suchten gleichermaßen den Dialog mit Wissenschaftlern wie auch mit einem breiten Publikum von Naturfreunden, deren Gefühle in politischen Druck auf in- und ausländische Regierungen umgemünzt werden sollten.

Das Zusammenwirken von neu gegründeten Nichtregierungsorganisationen, weltweiten Wissenschaftsvereinigungen und Forschungsprogrammen sowie der UNESCO führte schließlich zur ersten großen internationalen Umweltkonferenz, die im Juni 1972 in Stockholm stattfand. Bei den Vorbereitungen zu der Konferenz spielten vor allem wissenschaftliche NGOs eine wichtige Rolle, z.B. Experten für

Das Internationale Biologische Programm (IBP)

Bodenkunde. Der Internationale Rat wissenschaftlicher Vereinigungen hatte im Vorfeld der Konferenz einen Ausschuss zu den möglichen Umweltfolgen der Einführung moderner Technik in den Entwicklungsländern gegründet und damit zu einer gewissen Entspannung des Verhältnisses dieser Länder zu den internationalen NGOs beigetragen. Viele Entwicklungsländer sahen nämlich anfangs – und keineswegs ganz zu Unrecht – in den globalen Ambitionen der westlichen Umweltschutzbewegung einen Versuch, die nachholende Modernisierung des Südens aufzuhalten und Teile außereuropäischer Territorien gleichsam als Ersatzparadiese und „ewige Jagdgründe" für westliche Wohlstandsbürger zu reservieren. Neben wissenschaftlichen Vereinigungen trug besonders die Engländerin Barbara Ward, eine überaus prominente und kommunikationsstarke Pionierin der NGO-Bewegung, dazu bei, Verbindungen zwischen Entwicklungs- und Industrieländern herzustellen und die Ansprüche auf industrielle „Entwicklung" und intakte „Umwelt" zumin-

Stockholm 1972: „Eine Welt"
dest in der Welt der Ideen miteinander zu versöhnen. Ausgehend von der Stockholmer Konferenz gewann das Motiv der unteilbar *einen* Welt", das sich nach dem Zweiten Weltkrieg auch in Reden moderner Führer der Dritten Welt wie z.B. dem ersten indischen Premierminister Jawaharlal Nehru findet, eine zusätzliche Bedeutung, indem es jetzt hieß, dass die eine Welt auch nur *einmal* zu haben sei und entsprechend gepflegt werden müsse: „Only One Earth" lautet der Titel eines Bestsellers von Barbara Ward aus dem Jahr 1972. Das Buch wurde außerdem zu einer Art Gründungsdokument des einflussreichen Internationalen Instituts für Umwelt und Entwicklung (IIED) in London, das weltweit als aktiver Sponsor vieler lokaler NGOs auftritt.

Die bereits erwähnte Aufteilung des Umweltgedankens in sentimentale und wissenschaftliche Aspekte fand innerhalb der in Stockholm präsenten Nichtregierungsorganisationen ihren Ausdruck in den Kommunikationsschwierigkeiten zwischen den regierungsunabhängigen Experten, die aus dem Konzept einer systematischen Umweltwissenschaft erste Handlungsanweisungen für eine neue, ressortübergreifende Politik schöpfen wollten, und den Teilnehmern an einer inoffiziellen Parallelkonferenz von NGOs, die das typische Bild einer bunten Aussteiger-Ökologie bot und von Untergangspropheten, Naturmystikern, Freaks und solchen Individuen getragen wurde, die sich in erster Linie mit Walen und Delfinen identifizierten. In dieser Spannung lagen die Keime einer neuen Gründungswelle von ökologischen Nichtregierungsorganisationen, die bereits im Vorfeld von Stockholm einsetzte und deren erstes Resultat die Gruppe *Friends of the Earth* war. Friends of the Earth – der deutsche Ableger ist der Bund für Umwelt- und Naturschutz Deutschland (BUND) – wurde 1969 von einem „Dissidenten" der angesehenen amerikanischen Naturschutzorganisation Sierra Club gegründet und markierte den Übergang zu den unmittelbar politischen und aktionsorientierten NGOs der Gegenwart, die das Motiv des Umweltschutzes häufig mit friedenspolitischen oder Bürgerrechtsaspekten verbinden. Auch der ehemalige Geschäftsführer von Greenpeace, Thilo Bode, führt die Ursprünge seiner 1971 gegründeten Organisation auf den „Traum der Hippies, der antiautoritären Blumenkinder" zurück, die in Stockholm eines ihrer ersten großen politischen Happenings erlebten (Bode 1998).

Wechselwirkungen zwischen NGOs und internationalen Organisationen
Durch die anschließende Gründung des Umweltprogramms der Vereinten Nationen (UNEP) leistete die Stockholmer Konferenz außerdem einen wichtigen Beitrag zur wechselseitigen Förderung von zwischenstaatlichen und nichtstaatlichen Organisationen. Stärker noch als in anderen Politikfeldern lässt sich im

Bereich der Umweltpolitik eine positive Korrelation zwischen der Bildung *internationaler* Institutionen und der Entwicklung *freiwilliger* Zusammenschlüsse über Ländergrenzen hinweg feststellen. Bevor sich die Regierungen für die „Umwelt" als einem eigenständigen Thema zu interessieren begannen, waren naturschützerische Nichtregierungsorganisationen nicht viel mehr als Exoten ohne politische Legitimität. Der Aufbau und die Konsolidierung zwischenstaatlicher Strukturen in der Umweltpolitik bedeuteten, dass NGOs mit (oft finanziell unterfütterten) Rollenerwartungen konfrontiert wurden, die sie je nach ihrer gewählten Orientierung erfüllen oder durch Radikalisierung überbieten konnten. Aber auch umgekehrt zeigt das Beispiel der Stockholmer Umweltkonferenz das hohe Maß, in dem die Neuschaffung einer zwischenstaatlichen Regierungsstruktur vom Einsatz regierungsunabhängiger Initiativen abhängig sein kann, die damals von engagierten Fachwissenschaftlern oder Humanisten vom Schlage Barbara Wards getragen wurden.

Die Konferenz über die Umwelt des Menschen (UNCHE), wie sie offiziell hieß, behandelte ihr Thema noch in gänzlich unpolitischen Begriffen und war darauf angelegt, jegliche Polarisierung zu vermeiden. Zwar wurde damals das internationale Vokabular um Wörter wie „Verursacherprinzip" bereichert, die Ahnung jedoch, dass das Umweltthema politischen Sprengstoff enthalten könnte, kam nur ein einziges Mal auf, als nämlich schwedische Delegierte das Wort vom „Ökozid" – Mord an der Natur – in Umlauf brachten und damit die Möglichkeit einer öffentlichen Anklage andeuteten. Der Leiter der US-Delegation, Russell E. Train, bemerkte daraufhin, dass er kein „Politiker", sondern lediglich ein „Umweltschützer" sei. „Die Vereinigten Staaten," fuhr er fort, „wehren sich gegen das, was sie als eine unnötige Politisierung der Umweltdebatte betrachten" (New York Times, 8.6.1972, zit. in Rowland 1973, S. 118). Erst zwanzig Jahre später, auf dem Erdgipfel in Rio de Janeiro, sollte diese Politisierung das vormals neutrale Gebiet der Umwelt endgültig in ein Konfliktfeld verwandeln.

Umwelt ohne Politik

Schließlich war „Stockholm 1972" eine frühe Ikone der Globalisierung, weil sich hier die Welt (abzüglich des Ostblocks) anlässlich eines bis dahin weitgehend undiskutierten Problems traf, um sich gleichermaßen ihrer Einheit – der gemeinsamen Abhängigkeit vom Weiterfunktionieren der Erde – wie auch ihrer Uneinheitlichkeit und Ungleichheit bewusst zu werden. Zum ersten Mal kam es auf globaler Ebene zu einer Vielzahl von direkten Begegnungen zwischen westlichen Nichtregierungsorganisationen und den Repräsentanten nachkolonialer Länder, wenngleich niemandem verborgen blieb, dass höchstens zehn Prozent der anwesenden NGOs aus anderen als westlichen Ländern stammten. Organisatoren des Stockholmer Gipfels sprachen rückblickend von einer Zeit, die geprägt war von den ersten Welthandelskonferenzen der UNO in Genf (1964) und Beirut (1968), auf denen die Entwicklungsländer den Ton angaben, vom „großen Erwachen" der Kulturen des Südens und schließlich von dem immensen Eindruck, den die ersten Weltraumfotos des bläulich umschleierten, zerbrechlich wirkenden Planeten Erde auf die Zeitgenossen ausübten. Anders als bei den Gründungsveranstaltungen der Vereinten Nationen war die Welt für alle erkennbar nicht mehr länger ausschließlich „weiß, westlich und christlich" (Nerfin 1985, S. 7). Diese Entdeckung hatte auch etwas Befreiendes, da sie es den Mitgliedern von Nichtregierungsorganisationen erlaubte, aus dem Mentalkäfig des Ost-West-Gegensatzes auszubrechen und „den Süden", wie es seitdem hieß, als ausgeschlossenen Dritten ins Spiel zu bringen. Zur selben Zeit begann eine ethnologisch informierte Selbstkritik Europas Furore zu machen. Im deutsch-

Der Auftritt der Entwicklungsländer

sprachigen Raum wurde etwa der Bericht *Die Weißen denken zu viel* von Paul Parin und Mitarbeitern zum Kultbuch. Westliche Entwicklungseinrichtungen begannen ihre paternalistische Haltung gegenüber den Empfängerländern von Hilfsmaßnahmen zu überdenken. In der evangelischen Publizistik in Deutschland wurde vermehrt gefordert, die moralisch aufgewertete „Stimme des Südens" besser zur Geltung zu bringen. Und eine für die künftige Förderungspraxis gegenüber NGOs maßgebliche Denkschrift der Evangelischen Kirche in Deutschland aus dem Jahr 1973 ermahnte die Christen, „an vorderster Front im Kampf gegen ein provinzielles, enges Gefühl der Solidarität" zu stehen (zit. in Willems 1998, S. 295).

Themen im Umkreis von „Umwelt" und „Ökologie" sollten sich als besonders geeignet erweisen, Solidarität und Fürsprache auf Fremde und Ferne auszudehnen. Diese damals noch „unschuldigen", konfliktarmen Problemgebiete, die Nichtregierungsorganisationen früher als Staaten entdeckten, schienen geeignet, durch eine kluge Ausweichbewegung aus den erstarrten Frontverläufen des Kalten Krieges heraus zu führen und die Chance zu eröffnen, auf neutralem Terrain die Einheit der Weltgesellschaft neu zu denken. Die globale Umweltpolitik verhieß universelle Versöhnung, ging es ihr doch vordringlich um den Schutz der Elemente des Wassers, der Luft, der Erde sowie die Sicherung der Energiequellen, deren Definition und Wert in allen Kulturen und politischen Lagern unbestreitbar schien. Noch am Internationalen Umwelttag 1994 beharrte die frühere Vorsitzende des Umweltprogramms der Vereinten Nationen, Elizabeth Dowdeswell, auf einer solchen Sichtweise: „Wir sind eine Welt und eine Familie ... Ein Weg besteht darin, zu den elementaren Grundlagen zurückzugehen. Denken Sie an das Wasser, das wir trinken, an die Energie, die wir nutzen und an die Art und Weise, in der all dies das Leben von Mitmenschen am anderen Ende unseres globalen Dorfes beeinträchtigen kann" (UN Newsletter, New Delhi, 14.5.1994).

Natur und Kultur

Die Menschen werden in dieser typischen Äußerung analog zum Bild des blauen Planeten als „Erdlinge" angerufen, wie sie ansonsten nur Außerirdischen erscheinen mögen, nämlich als gesellige Wesen, die auf die Zufuhr bestimmter chemischer Grundstoffe aus ihrer Umwelt angewiesen sind, was sie dummerweise „vergessen" haben. Die Ironie besteht jedoch darin, dass sich im wirklichen Leben weder die Elemente noch die Natur als solche isolieren und von den *Bedeutungen* reinigen lassen, die ihnen von unterschiedlichen gesellschaftlichen Gruppen im Rahmen ihrer *gelebten Welt* zugeschrieben werden.[24] Im Gegenteil: Je näher man der „Natur" kommt, desto mehr zählt „Kultur". Diese Erfahrung mussten nach Stockholm westliche Nichtregierungsorganisationen im Umweltbereich machen, die auf eine wachsende Zahl vor allem asiatischer Organisationen trafen und dabei entdeckten, dass keineswegs alle „dasselbe" wollten. Vielmehr erwies sich gerade die Domäne der Umweltpolitik als außerordentlich durchlässig für andere, nichtökologische Zielsetzungen sowie als anfällig für Kulturkämpfe und neue weltweite Interessenkonflikte, die das Gesicht der Nichtregierungsorganisationen verändert haben.

---

[24] Zum Begriff der „gelebten Welt" (lived world) vgl. Weiss (1996) und Morris-Suzuki (2000). Die Auffassung, dass sich NGOs weniger für die gelebte Welt realer Gruppen und Individuen als für den Schutz des „Lebens selbst" einsetzen, vertreten Hardt/Negri (2000, S. 313).

Der globale Süden: UNCED 1992 und die Folgen

Neben der Entspannung des Ost-West-Gegensatzes, die mit dem Verschwinden des politischen Ostens endete, brachten die 80er Jahre die Milderung von zwei weiteren Gegensätzen, dem von Umweltschutz und Entwicklung sowie dem von wirtschaftlicher Entwicklung und politischer Demokratie. Diese Gegensätze hatten bis dahin die Köpfe beherrscht, ein starkes Wachstum der Nichtregierungsorganisationen über den Kreis der westlichen Länder hinaus erschwert und die Einflusschancen dieser Organisationen im UN-System geschmälert. Auf den Gegensatz von Umweltschutz und Entwicklung bezog sich die indische Premierministerin Indira Gandhi auf dem Stockholmer Gipfel als sie verkündete, dass Armut die Hauptursache für die Umweltzerstörung sei („Poverty is the biggest polluter") und dass folglich die Industrieländer erst einmal etwas für die strukturelle Besserstellung der Entwicklungsländer durch eine neue Weltwirtschaftsordnung tun sollten. Diese oft zitierte und anfangs auch beklatschte Formel einer angesehenen Sprecherin der blockfreien Staaten entlastete die Industrieländer von jeglicher direkten Verant-wortung für globale ökologische Krisenerscheinungen und bestimmte die Umweltzerstörung als Begleiterscheinung der Armut, die von den Armen selbst hervorgerufen würde. In dieser Logik verwandelte sich das universalistische Anliegen, die Erde funktionsfähig zu erhalten, in ein Privileg der entwickelten Länder, – eine Auffassung, die dem Selbstverständnis einiger elitärer Naturschutzvereinigungen im Westen durchaus entgegen kam.

Den zweiten Gegensatz von wirtschaftlicher Entwicklung und politischer Demokratie zogen einflussreiche Förderer von Nichtregierungsorganisationen wie zum Beispiel Ernst Michanek in Zweifel. Der ehemalige Direktor der schwedischen Entwicklungshilfe-Agentur und der renommierten Dag Hammerskjöld Stiftung in Uppsala erklärte in den 80er Jahren politische Rechte und Freiheiten zu einer treibenden Kraft für jede Art der sozialen und wirtschaftlichen Entwicklung (Michanek 1985). Geschützte Mitwirkungsrechte galten zunehmend als wichtig nicht nur für die Erfüllung von elementaren Bedürfnissen, sondern auch für deren Formulierung. So wehrten sich unabhängige Landwirtschaftsinitiativen, die als Reaktion auf die Grüne Revolution entstanden waren, gegen das malthusianische Klischee von den passiven Bevölkerungen in der Dritten Welt, die wie Viehbestände zu ernähren seien und nur an die eigene Fortpflanzung dächten.[25]

Erst das Leitbild der „nachhaltigen Entwicklung", das im so genannten Brundtland-Bericht „Unsere gemeinsame Zukunft" von 1987 im Auftrag der Weltkommission für Umwelt und Entwicklung (WCED) formuliert wurde, bot eine suggestive Zielformel an, in der die Gegensätze von globalem Umweltschutz, Demokratie und wirtschaftlichem Wachstum miteinander im Einklang standen. Das Leitbild der nachhaltigen Entwicklung akzeptiert die neomalthusianische Unterstellung, dass die politischen und sozialen Konflikte auf der Erde durch Mangel erzeugt werden, während man argumentieren könnte, dass es sich in Wirklichkeit umgekehrt verhält: Weil es Konflikte gibt, die sich aus allen möglichen Quellen speisen, sind die Menschen nicht bereit zu teilen, so dass bei den Konfliktparteien der Eindruck der Verknappung entsteht.

Das Leitbild "Nachhaltige Entwicklung"

---

[25] Zur Lehre von Malthus und dem Neomalthusianismus vgl. meine knappen Ausführungen in Kapitel 2 sowie in Heins (2001, Kap. 1 und 4).

Während der Bericht selbst das Kernproblem der Weltentwicklung erkannt zu haben beanspruchte, wies er gleichzeitig den neuen und alten Nichtregierungsorganisationen eine strategische Rolle bei der Identifizierung von weiteren globalen Problemen sowie bei der Konsensfindung zwischen „Nord" und „Süd" zu. Damit fand eine Entwicklung ihren vorläufigen Abschluss, die über verschiedene Zwischenstationen – von Barbara Wards *Only One Earth* zum Brandt-Bericht der Nord-Süd-Kommission von 1980 – den zunehmend realpolitisch obsoleten Ost-West-Gegensatz durch den Gegensatz von Nord und Süd ersetzte und *im selben Zug* den Nichtregierungsorganisationen den prominenten Platz in den Vereinten Nationen zurückgab, der in den 50er Jahren dauerhaft gefährdet schien.

Aufwertung und Ausdehnung der NGO-Welt

Dieser zunächst symbolischen Aufwertung der „Rolle", die man den Nichtregierungsorganisationen auf der Bühne der Vereinten Nationen zudachte, entsprach an der Basis ein starkes Wachstum dieser Organisationen selbst, und zwar auch außerhalb Europas und der USA. Das Verbindungsbüro der NGOs in Nairobi, dem Sitz des UN-Umweltprogramms, zählte 1982 bereits 2.230 Organisationen allein im Umweltbereich. Dies sind weit mehr als doppelt so viele wie zur Zeit der Stockholmer Konferenz zehn Jahre zuvor. Vor allem in einigen Ländern Asiens explodierte die Zahl von Frauengruppen, lokalen entwicklungspolitischen Initiativen und Umweltorganisationen. Bekannt sind besonders das *Third World Network* (TWN) und das *Pestizid-Aktions-Netzwerk* (PAN), die beide in der ersten Hälfte der 80er Jahre in Malaysia gegründet wurden und heute zu denjenigen internationalen Nichtregierungsorganisationen gehören, die mit beachtlichem Erfolg vom Süden her weltweite Verbindungen und Einflusskanäle aufgebaut haben. In einigen Fällen kam es auch zu transkontinentalen Achsenbildungen z.B. zwischen Friends of the Earth und *Sahabat Alam Malaysia* (SAM), einer Organisation, die sich in der nationalen Umwelterziehung des wohlhabenden asiatischen Landes engagiert und zugleich die Interessen marginalisierter Jäger und Sammler vertritt, die auf den Bestandsschutz der einheimischen Wälder angewiesen sind. Solche engen Kooperationsbeziehungen zwischen Nichtregierungsorganisationen aus unterschiedlichen Weltregionen waren jedoch zunächst die Ausnahme. Die westlichen Organisationen der Stockholm-Ära kombinierten einen Affekt der Grenzenlosigkeit der eigenen Mission mit wachsender Professionalität und Finanzkraft. Damit wuchs auch der Anspruch, sich um die Umweltprobleme ferner Länder zu „kümmern". In dem Maße, wie diese Länder im Zuge ihrer Modernisierung und Demokratisierung eigene Nichtregierungsorganisationen hervorbrachten, waren daher Auseinandersetzungen und allerlei „Taubstummen-Dialoge" unvermeidlich. Teilweise trugen diese Konflikte kulturkämpferische Züge. So wiesen in einer ersten Phase die Regierungen der nachkolonialen Staaten die Sorge um die Umwelt als eine Marotte der westlichen Mittelschichten zurück. Dagegen gingen in den 80er Jahren besonders indische oder malaysische Intellektuelle dazu über, die Naturzerstörung auf das religiöse Erbe des Westens und das christliche Gebot zurückzuführen, sich die Erde untertan zu machen.

Die 3. Seerechtskonferenz der UNO

Abseits der historischen Bahn, die von Stockholm nach Rio de Janeiro führte und unterwegs das Verhältnis von Vereinten Nationen, Nichtregierungsorganisationen und dem „Süden" veränderte, verdient noch eine weitere Station Erwähnung, an der es erstmals Ansätze eines echten Dialogs zwischen westlichen Nichtregierungsorganisationen und außereuropäischen Staaten gab. Gemeint ist die Dritte Seerechtskonferenz der Vereinten Nationen (UNCLOS III), die 1973 begann

88

und erst 1982 mit der Zeichnung einer Seerechtskonvention abgeschlossen wurde. Inzwischen gibt es als weiteres Resultat dieses Prozesses den Internationalen Seegerichtshof mit Sitz in Hamburg, der in den letzten Jahren bereits eine ganze Reihe von Streitfällen um die Nutzung der Weltmeere entschieden hat. Nach Auffassung der deutschen Bundesregierung handelt es sich bei der Seerechtskonvention immerhin um das „bislang bedeutendste Vertragswerk der Vereinten Nationen".[26] Den Anstoß zu diesem Übereinkommen gaben verschiedene Fischereistreitigkeiten in küstennahen Gewässern, vor allem jedoch Hinweise darauf, dass der Meeresboden wertvolle mineralische Rohstoffe wie etwa Nickel enthält. Die souverän gewordenen Staaten des Südens befürchteten, dass die technologisch entwickelten Länder in naher Zukunft Rohstoffquellen in den Weltmeeren erschließen könnten, ohne den Rest der Welt in die Nutzung dieser Rohstoffe mit einzubeziehen oder an der Vermarktung zu beteiligen. Solche Bedenken fanden eine Entsprechung bei westlichen Gruppierungen. Diese wiesen angesichts einer zusammenwachsenden Welt den frühneuzeitlichen Gedanken zurück, die Meere jenseits bestimmter staatlich kontrollierter Küstenzonen weiterhin als rechtsfreier Raum zu betrachten, in dem das Recht des Stärkeren gilt. Die Nutzung der Meere und ihrer Ressourcen sollte nicht länger eine entnormierte Domäne moderner Piraten und Freibeuter sein, sondern transparenten Regeln unterworfen werden, in deren Mittelpunkt der völkerrechtliche Begriff des „Gemeinsamen Erbes der Menschheit" (common heritage of mankind) stand. Dieser Begriff, der während der Seerechtskonferenz eingeführt wurde, ließ sich auf eine Tradition von Autoren zurückführen, die schon früher den Gedanken eines Kondominiums aller Staaten über die Meere und ihre Ressourcen hegten. Im Begriff des Gemeinsamen Menschheitserbes schien zudem noch einmal die Idee der *einen* Welt auf, die in Stockholm mit so großem Erfolg propagiert worden war und auch bei den Handels- und Entwicklungskonferenzen der Vereinten Nationen (UNCTAD) zwischen 1968 und 1976 eine Rolle spielte. Dort kehrte sie als Forderung der Entwicklungsländer nach steigenden Rohstoffpreisen und einer Umverteilung zwischen Nord und Süd wieder.

In den USA wurde die Forderung nach einem Kondominium aller souveränen Staaten über das Gemeingut der Meere besonders von der Neptune Group ausgearbeitet und propagiert. Hinter diesem Namen verbarg sich eine kleine, überaus energische Gruppe von religiösen Humanisten (Quäker und Methodisten) und juristischen Autodidakten, die in wechselnder Zusammensetzung den Gang der Seerechtskonferenz UNCLOS III maßgeblich mit beeinflusste (Levering/Levering 1999). Aus verschiedenen Gründen kann die Neptune Group als ein Prototyp moderner Nichtregierungsorganisationen betrachtet werden, da sie gleichsam aus dem Nichts aufstieg, von „einfachen" Bürgerinnen und Bürgern getragen wurde, durch geschickte nationale und transnationale Vernetzung ihren Einfluss stetig mehrte und wirtschaftlich davon abhing, dass die Gebete ihrer wenigen Mitglieder erhört wurden. Politisch bestand die Neptune Group aus liberalen Internationalisten, die die Verfassungsentwicklung der USA und den Wahlspruch im Großen Amtssiegel der Vereinigten Staaten, *E pluribus unum* (Aus Vielen Eins), auf die Vereinten Nationen und auf sämtliche Güter der Erde und benachbarter Gestirne ausweiten wollten – eine von vielen als „verrückt" bewertete Idee, wie sie in ähnlicher Weise immer wieder in den Gründungsimpuls von Nichtregierungsorganisationen einge-

„E pluribus unum"

---

[26] Vgl. die Bundestags-Drucksache 12/7829 vom 10.6.1994, S. 2.

gangen ist. Es ist nicht ohne Ironie, dass im Verlauf der Seerechtskonferenz ausgerechnet diese winzige Gruppe von „Welt-Föderalisten" mit ihrem ur-amerikanischen Ansatz auf beachtliche Resonanz bei den Delegierten der Dritten Welt stieß. Dies ist umso überraschender, als bei den ersten Sitzungen der Konferenz in Caracas (1974) und Genf (1975) noch die Meinung unter den Staaten vorherrschte, NGOs seien notorisch unprofessionelle Verbände von Hippies und Weltverbesserern. Die Neptune Group wurde zudem verdächtigt, Kontakte zum amerikanischen Geheimdienst zu unterhalten, obwohl es dafür nicht das geringste Indiz gab. All dies bewirkte, dass NGOs zu Beginn der Seerechtskonferenz nicht einmal schweigend den Verhandlungen beiwohnen durften und es ihnen auch nicht erlaubt war, auf Plenarveranstaltungen zu den Delegierten zu sprechen.

Erst das kenntnisreiche und ausgewogene Bulletin „Neptune" der gleichnamigen Gruppe führte zu einer langsamen Aufweichung der Fronten. Mitarbeiter waren selbst überrascht von den freundlichen und aufmunternden Worten, die sie plötzlich von Delegierten südlicher Staaten erhielten. Die Gruppe übernahm Schritt für

NGOs als „ehrliche Makler"

Schritt eine Rolle, die sie selbst abwechselnd als die eines „Katalysators" von Nord-Süd-Dialogen oder auch eines „ehrlichen Maklers" beschrieb. Dies gelang ihr dadurch, dass sie dem Anliegen einer gerechten „Verfassung der Meere" Vorrang einräumte vor rein umweltpolitischen Forderungen, die erst in zweiter Linie formuliert wurden. Die angestrebte Verfassung der Meere als Teil einer neuen überterritorialen Weltordnung konnte die verteilungspolitischen Interessen der ärmeren Staaten an der Zukunft des Tiefseebergbaus mühelos berücksichtigen, da das Konzept des Gemeinsamen Menschheitserbes ohnehin eine sozialstaatliche Komponente enthält. Die auf der Seerechtskonferenz aktiven Umweltgruppen hingegen hatten von sich aus kaum Zugang zu den Delegierten nichtwestlicher Staaten, denen die Fixierung beispielsweise auf die mythenträchtige Fauna der Großwale schlicht unverständlich blieb.

„Betet für das Seerecht". Mitstreiter der Neptune Group nach einer ökumenischen Andacht, New York City 1977. Quelle: Levering/Levering, Citizen Action for Global Change, 1999, S. 88.

Letztlich konnte die Neptune Group nur Teilerfolge erzielen, da vor allem die Reagan-Administration den Begriff des Gemeinsamen Erbes entschieden ablehnte. Statt dessen kehrte die amerikanische Regierung zur Auffassung früherer Jahrhunderte zurück, in denen das Piratenrecht galt, auf den Meeren „sogar auf Kosten Dritter gute Prisen und Beute zu machen" (Schmitt 1974, S. 148). Unter den Bedingungen einflussreicher neoliberaler Ideen haben Nachverhandlungen im Rahmen einer Umsetzungsvereinbarung 1994 eine marktkonforme Neufassung der Bestimmungen zum Tiefseebergbau ermöglicht, die durch die Gewährung von geistigen Eigentums- und exklusiven Zugangsrechten den Interessen künftiger Bergbaukonzerne mehr Rechnung trägt als den Finanz- und Teilhabeforderungen der ärmeren Länder des Südens. Diese werden zwar formell anerkannt, stehen jedoch unter dem Vorbehalt der Zustimmung von Seiten der Industrieländer.[27]

Auf der anderen Seite versinnbildlicht UNCLOS III eine neue Etappe der Beziehung nordatlantischer NGOs zum Rest der Welt. Die Konferenz verknüpfte die bislang getrennten Felder der Umweltpolitik und Ressourcenpolitik und kündigte damit ein erweitertes Aufmerksamkeitsspektrum künftiger Nichtregierungsorganisationen an. Somit wurde eine Entwicklung angestoßen, die zehn Jahre später in die Konferenz über Umwelt und Entwicklung (UNCED) mündete. Dazwischen liegt ein mehrgleisiger Prozess, der (a) zur Entstehung und zügigen Globalisierung auch südlicher Nichtregierungsorganisationen, (b) zur Politisierung des vormals neutralen Umweltthemas und schließlich (c) zur Konsolidierung des „standings" von Nichtregierungsorganisationen innerhalb einzelner Staaten sowie des UN-Systems führte, – eine Konsolidierung, die keineswegs Hand in Hand ging mit einer immer umfassenderen Harmonie zwischen großen und kleinen, westlichen und nichtwestlichen NGOs. Diesen mehrgleisigen Prozess, der in der zehntägigen großen Konferenz über Umwelt und Entwicklung im Juni 1992 in Rio de Janeiro einen sichtbaren Kristallisationspunkt fand, möchte ich im Folgenden an einem Beispiel illustrieren.

Die Geschichte handelt von einer Nichtregierungsorganisation mit Sitz in der indischen Hauptstadt Delhi, die hauptsächlich mit Mitteln aus Deutschland und Schweden finanziert wird. Vergleichbar mit anderen Organisationen in Südasien entstand sie vor längerer Zeit aus dem Unbehagen junger Intellektueller an den immergleichen Slogans über Modernisierung und nationale Entwicklung, mit denen sie aufwuchsen. Der spätere Direktor der Organisation besuchte in den 60er Jahren, als Indien von lokalen Hungersnöten, Dürrekatastrophen und einer maoistischen Guerilla heimgesucht wurde, eine der Eliteschulen des Landes für Ingenieurwesen. Er erhielt das Angebot, in den USA am Massachussetts Institute of Technology promoviert zu werden, lehnte jedoch ab, um seinen Erfahrungshunger als Journalist zu stillen. Ende der 70er Jahre arbeitete er in London, wo er auch die berühmte Barbara Ward traf, die sich ihrerseits für den nachkolonialen „Orient" interessierte. Die zahlreichen Beziehungen, die er in Europa als Journalist und Wissenschaftskritiker knüpfen konnte, erlaubten ihm schließlich, 1987 das *Centre for Science and Environment* (CSE) zu gründen, das heute etwa 100 professionelle Mitarbeiter hat.

Lange Zeit befasste sich die Organisation vor allem mit nationalen Problemen im Schnittfeld von Umwelt und Entwicklung, wobei sie vehement die „Indira-Gandhi-These" zurückwies, derzufolge die zahllosen Armen Asiens unter dem Druck kurzfristiger Nutzenkalküle die Zerstörung von Umweltressourcen betreiben. Dagegen wurde gezeigt, dass ländliche Armutsschichten in tropischen und subtropischen Regionen vielfach zu den Hauptbetroffenen von Umweltzerstörungen zählen und damit wichtige potenzielle Verbündete von Umweltbewegungen darstellen. Eine globale Dimension dieser Grundfrage ergab sich für die Organisation erst im Vor-

Ein Beispiel aus Indien

---

[27] Vgl. Agreement Relating to the Implementation of Part XI of the United Nations Convention on the Law of the Sea (U.N. Doc. A/RES/48/263, 1994, Annex § 9.7)

feld des Erdgipfels. Alles fing damit an, dass Maneka Gandhi, die Schwiegertocher von Indira und spätere Umweltministerin Indiens, in den 80er Jahren das Thema der globalen Erwärmung entdeckte. Unter Berufung auf einen Bericht des unabhängigen *World Resources Institute* (WRI) in Washington, in dem Indien unter den Hauptproduzenten von Treibhausgasen an vierter Stelle genannt wurde, machte sie die Armen in Indien indirekt mitverantwortlich für das Klimaproblem, da auch durch den Reisanbau und die Viehzucht Treibhausgase wie Methan freigesetzt würden. Für das CSE wurden die Thesen der Umweltpolitikerin zum Anlass einer weltöffentlich ausgetragenen Auseinandersetzung mit dem WRI. In einem vielbeachteten Gegenbericht unterschied das CSE zwischen überlebensnotwendigen Emissionen, die aus der Kultivierung biologischer Ressourcen entstehen, und Luxus-Emissionen aus Verbrennungsmotoren (Agarwal/Narain 1991). Damit wurden die Berechnungsgrundlagen für die Diagnose eines „globalen" Klimaproblems in Zweifel gezogen und der Blick auf die Besonderheiten unterschiedlicher Weltregionen gerichtet. Nicht die Emissionen pro Land seien einer weltweiten Reform der Industrie zu Grunde zu legen, sondern die Emissionen pro Kopf. Der Westen und der „verschwenderische Konsum" der Westler trügen eine unvergleichlich viel größere Verantwortung für die globale Erderwärmung als die Reisbauern und Viehzüchter Asiens. Diese Pointe richtete sich gegen die kulturblinden Rechenkünste einer bedeutenden amerikanischen Nichtregierungsorganisation, aber mehr noch gegen die Position der indischen Umweltministerin, die für die gedankenlose Übernahme einer fehlerhaften und für die nationalen Interessen Indiens schädlichen Analyse des Auslands kritisiert wurde.

Während der Vorbereitungen zur UNCED suchte die indische Regierung den Kontakt zum CSE, das in der Folge die Position und Verhandlungsstrategie Indiens massiv beeinflussen sollte. Der Dualismus von guten und bösen, überlebensnotwendigen und Luxus-Emissionen, die säuberlich auf jeweils eine der beiden Erdhalbkugeln abgebildet wurden, setzte sich in den offiziellen Positionen der indischen Regierung durch, deren Spuren man auch später in den Dokumenten der Vertragsstaatenkonferenzen wiederfinden konnte. In verschiedenen internationalen Verhandlungen, etwa zum Schutz der Ozonschicht, haben somit Gruppen wie CSE im Verbund mit ihren Regierungen ein Differenzierungsprinzip durchgesetzt, welches vorsieht, den Entwicklungsländern Sonderrechte und Verzögerungsprivilegien bei der Einhaltung internationaler Standards einzuräumen. Auch mit der Klimarahmenkonvention zeigten sich die Politiker führender Entwicklungsländer sehr zufrieden. „Die Verpflichtungen, die wir eingehen mussten", so der Leiter der indischen Delegation in Rio de Janeiro erleichtert, „sind minimal" (zit. in Rajan 1997, S. 151).

Wir haben es hier mit einer Geschichte zu tun, in der eine Nichtregierungsorganisation über sich hinaus wächst und mit beachtlicher Resonanz in eine weltweite Debatte eingreift. In diesem Prozess entwickelt sie eine konsensfähige nationale politische Position, während die Regierung anfangs über gar keine Position verfügte, die Zahlen einer amerikanischen Nichtregierungsorganisation nachbetete und die eigenen Bauern für das globale Klimaproblem mitverantwortlich machte.

Gegen die neutrale Rede von der Notwendigkeit einer menschheitlichen Anstrengung, das Klima der „einen" Erde zu retten, haben Organisationen wie die indische einen scharfen politischen Ton bis nach Rio de Janeiro getragen, der sich deutlich unterscheidet von der eher ökumenischen Grundstimmung in Stockholm.

„Gute" und „böse" Emissionen

CSE verkörpert den Typus einer hochprofessionellen NGO, die im Wesentlichen die Opfer der globalen Umweltkrise im eigenen nationalen Kollektiv ansiedelt, während die Verantwortlichen im fernen Ausland lokalisiert werden (siehe Kapitel 3, Tabelle 3). Zugleich wird versucht, über den Besuch von internationalen Tagungen, eine weltweit erhältliche Zeitschrift und eine sorgfältig gepflegte Homepage das Publikum derjenigen Länder zu erreichen, in denen die Verantwortlichen der fatalen Erderwärmung gesehen werden. Für die Außenwelt kaum wahrnehmbar ist die Tatsache, dass CSE im eigenen Land sehr wohl gegen Energieverschwendung und eine rücksichtslose Industrialisierungspolitik agitiert und auch Verantwortliche nennt. Für westliche Nichtregierungsorganisationen sieht es statt dessen so aus, als würden die Regierungen des Südens, für die der Klimaschutz keinerlei Priorität genießt, in den einschlägigen Verhandlungen einer völkerrechtlich verbindlichen Konvention massive Schützenhilfe oder sogar eine Generalabsolution durch die „eigenen" Nichtregierungsorganisationen erhalten. Das Leitbild einer nachhaltigen Entwicklung verwandelt sich damit mehr und mehr in ein Suchbild, in dem unterschiedliche Gruppen ganz unterschiedliche politische Imperative wiedererkennen.

Mit guten Gründen hat daher der Klimapolitikexperte Michael Grubb eine ernüchternde Bilanz der viel gepriesenen Fähigkeit der Nichtregierungsorganisationen gezogen, Brücken zwischen Institutionen, kollektiven Überzeugungen und Erdteilen zu bauen: „In dem Maße, wie NGOs an Einfluss gewinnen, werden nicht nur ihre Grenzen deutlicher, sondern auch ihre internen Differenzen. Unterschiede zwischen umwelt- und entwicklungspolitischen NGOs waren von Anfang an offensichtlich, und es wurden erhebliche Anstrengungen unternommen, diese Unterschiede zu verringern. Und doch war auf dem Erdgipfel bei einigen, wenngleich nicht bei allen Themen die Kluft zwischen den größten, vor allem US-amerikanischen Umwelt-NGOs und vielen südlichen NGOs fast so groß wie die zwischen den entsprechenden Regierungen" (Grubb et al. 1993, S. 46). Offenkundig sind wir weit entfernt von einer Allianz der Regierungen, denen die geballte Macht oder Ohnmacht verbündeter Nichtregierungsorganisationen gegenüber stünde. Vielmehr kreuzen sich Konfliktachsen, indem Nord-Süd-Spannungen auch die bunte Gemeinde der NGOs durchziehen, die immer wieder in die Nähe „ihrer" Regierungen rücken oder denen von anderen eine solche Nähe unterstellt wird. So ist der Streit um die Reduzierung von Treibhausgasen ein ausgezeichnetes Beispiel für ein Menschheitsanliegen, von dem zunächst angenommen wurde, dass es sich durch moderne Technik und ein bisschen guten Willen aller Beteiligten lösen ließe. In Wirklichkeit eröffnete sich hier ein neues Kampffeld zwischen Staatenbündnissen. Zwar geht es in diesem Kampf nicht mehr um einen „Platz an der Sonne", wohl aber um möglichst geräumige Anteile an den natürlichen Deponien der Erdatmosphäre und der Weltmeere, die Staaten und Staatengruppen zur Entsorgung ihrer rasch anwachsenden Industrialisierungsabfälle beanspruchen. Der Konflikt und die Rolle, die prominente NGOs in ihm spielen, zeigt ein weiteres Mal, dass die These vom Bedeutungsverlust nationaler Politik im Zeitalter der Globalisierung voreilig ist. Das nationale Rückgrat staatlicher Interessenpolitik ist weit davon entfernt, sich angesichts von Weltproblemen in Gelatine aufzulösen.[28]

Wachsende Differenzen zwischen NGOs

---

[28] Vielmehr ist es umgekehrt so, dass Weltprobleme zu einer Spezialdisziplin nationalstaatlicher Sondierungsstäbe werden, wie das Beispiel des „Arbeitsstabs Globale Fragen" im Auswärtigen Amt zeigt.

Für das Verhältnis von Nichtregierungsorganisationen und Vereinten Nationen bedeutet dies zweierlei: zum einen hat sich die Stellung der neuen Organisationen *konsolidiert*, zum anderen jedoch *bricht sich* der gewonnene Einfluss an den uneinheitlichen Interessenlagen innerhalb der Staatenwelt. Beide Trends verdienen einige Erläuterungen.

NGOs als Partner der Staaten

Seit den 90er Jahren tauchen in UN-Dokumenten Formeln auf, die eine veränderte Rolle von Nichtregierungsorganisationen anzeigen. So ist nicht mehr nur von vagen konsultativen Arrangements die Rede, sondern zunehmend auch von NGOs als ebenbürtigen „Partnern" der Staaten, die auch an informellen Treffen von Regierungsdelegationen teilnehmen dürfen (Willetts 2000). Unter dem Eindruck der überwältigenden Präsenz von NGOs auf dem Erdgipfel in Rio 1992 und den folgenden Konferenzen wurden außerdem im Juli 1996 die Zulassungsvoraussetzungen für die Teilnahme an UN-Veranstaltungen gelockert, so dass heute auch NGOs mit Sitz in nur einem Land ermutigt werden, einen formellen Status bei den Vereinten Nationen zu beantragen. Diese Erweiterung trägt dem Umstand Rechnung, dass viele jüngere Nichtregierungsorganisationen nicht mehr nur kosmopolitisch vorgehen und überall zu Hause sind, sondern in lokalen und nationalen Lebenszusammenhängen wurzeln, über die sie im Licht einer „gemeinsamen Sache" hinaus streben, um Beziehungen zu Partnern in anderen Ländern aufzubauen. In Handlungsfeldern wie dem Menschenrechtsschutz, der Familienplanung oder der ökologischen Nachhaltigkeitsdiskussion sind NGOs von zweitrangigen Beratern zu Teilnehmern am politischen Prozess aufgestiegen. Im Februar 1997 durften NGO-Repräsentanten von Oxfam, Médicins Sans Frontières und CARE erstmals sogar die Mitglieder des Sicherheitsrates über die Lage im Gebiet der Großen Seen in Zentralafrika unterrichten und ihrer Besorgnis Ausdruck verleihen, dass in dieser Krisenregion humanitärer Aktionismus an die Stelle tragfähiger politischer Konzepte treten könnte. Insbesondere Oxfam hatte auch danach immer wieder einen recht guten Zugang zum Sicherheitsrat. Ein anderer Höhepunkt der Einbindung von Nichtregierungsorganisationen war die Sondergeneralversammlung der UNO zur Bestandsaufnahme der Rio-Konferenz („Rio+5") 1997, auf der NGO-Vertreter zum ersten Mal im Plenum das Rederecht erhielten. Zur Überraschung einiger Regierungsvertreter wurde eine der Arbeitsgruppen, die mit der Formulierung der Schlussdokumente der Konferenz beauftragt war, sogar von einer NGO geleitet.

Weitere Beispiele: In einem zwischenstaatlichen Expertengremium zur Lage der Wälder sitzen drei Vertreter von Nichtregierungsorganisationen gleichberechtigt mit der Ernährungs- und Landwirtschaftsorganisation (FAO), dem Entwicklungsprogramm (UNDP) und dem Umweltprogramm (UNEP) der Vereinten Nationen. In diesem Fall wurde die Gleichrangigkeit von NGOs im Verhältnis zu Teilorganisationen der UNO sogar formell anerkannt. UNDP hat einen Beirat eingerichtet, der sich allein aus Repräsentanten von NGOs zusammensetzt und dazu besteht, die UN-Mitarbeiter in allen wichtigen Fragen des Umgangs mit transnationalen Firmen und einzelnen Entwicklungsländern zu beraten. In einem Koordinationsrat, der sämtliche Aktivitäten zur Aids-Vorsorge durch die Vereinten Nationen koordiniert – die UNO ist der weltweit größte Einkäufer von Kondomen – sind Vertreter von Nichtregierungsorganisationen ausdrücklich als Mitglieder und nicht nur als Beobachter eingeladen worden. Solche und andere Beispiele sind auch dann bemerkenswert, wenn der Wirtschafts- und Sozialrat regelmäßig verlautbaren lässt, dass keinerlei Präzedenzfälle geschaffen werden sollen.

In einigen Fällen ist es Nichtregierungsorganisationen gelungen, den eigenen Status in Konventionen der Vereinten Nationen festzuschreiben – ähnlich wie das Rote Kreuz und der Rote Halbmond ihre Stellung in den Genfer Konventionen von 1949 verankert haben. So verweist die Konvention über die Rechte des Kindes von 1989 auf die herausragende Rolle von NGOs als Experten bei der Umsetzung der Vertragsziele. Regierungen haben sich verpflichtet, regelmäßig Berichte zur Situation von Kindern in ihren Ländern vorzulegen, an deren Bewertung NGOs beteiligt sind. Ein anderes Beispiel für die Selbstverstärkung von Nichtregierungs-organisationen durch symbiotische Beziehungen zu UN-Einrichtungen ist die Beeinflussung der Sprache von Konventionstexten, offiziellen Erklärungen und Aktionsplänen. Der Streit auf UN-Konferenzen dreht sich häufig um Ausdrücke und Begriffe, deren Verwendung von der einen oder anderen Seite gewünscht und manchmal mit geradezu magischer Bedeutung versehen wird. Zu Beginn der Vierten Weltfrauenkonferenz in Peking 1995 war beispielsweise noch ein Viertel der Formulierungen des Aktionsplans umstritten. Der Streit war in diesem wie auch in anderen Fällen nicht zuletzt deshalb so heftig, weil die offiziell verabschiedeten Aktionspläne der Vereinten Nationen über die Schwerpunkte der Finanzierung von einschlägigen NGOs entscheiden. Wäre es nicht gelungen, zum Beispiel einen Paragrafen über die besondere Rolle von „Mädchen" in die Dokumente einzubauen („critical areas of concern"), würden Regierungen kaum Mittel für nichtstaatliche Mädchenprojekte etwa im Bildungsbereich freigeben. Über die Beeinflussung der Wortwahl tragen damit Nichtregierungsorganisationen zur symbolischen Absicherung der eigenen zukünftigen Finanzierungsquellen bei.

Als Fazit ist festzuhalten, dass mit dem Erdgipfel 1992 und den anderen großen UN-Konferenzen der 90er Jahre – z.B. Menschenrechte in Wien 1993, Bevölkerung und Entwicklung in Kairo 1994 und Frauenrechte in Peking 1995 – die zweite Welle des globalen Engagements von Nichtregierungsorganisationen ihren sichtbaren Höhepunkt erreicht. Während die erste Welle nach dem Zweiten Weltkrieg im Zeichen der Menschenrechte stand und sich zu Beginn der 70er Jahre an der weltpolitischen Konstellation in den Vereinten Nationen brach, profitierte die zweite Welle vom Tauwetter nach dem Ende des Kalten Krieges. Das Menschenrechtsthema hatte nach dem Zweiten Weltkrieg gleichsam „zu viel" Aufmerksamkeit auf sich gezogen, insofern es bei den Diplomaten des Ostblocks Gefühle der Bedrohung auslöste. Andere Themen im Umkreis von Ökologie und langfristiger Gesellschaftsentwicklung fanden demgegenüber lange Zeit zu wenig Aufmerksamkeit und wurden von der alles erdrückenden Sicherheitsagenda der Supermächte an den Rand gedrängt. All dies schien 1989 der Vergangenheit anzugehören, so dass bereits auf den Vorbereitungstreffen zur UNCED eine weltbürgerliche Solidarität beschworen wurde, „die nicht nur aus wechselseitiger Abhängigkeit erwächst, sondern darüber hinaus aus der Erkenntnis, dass alle Länder zu einem gemeinsamen Planeten gehören und eine gemeinsame Zukunft haben" (UN-Resolution 44/228, 1989). Die „Friedensdividende" nach dem Ende des Wettrüstens schien zudem ungeheure Finanzmittel zu Gunsten ziviler politischer Aufgaben und der überfälligen Entschärfung des Nord-Süd-Konflikts freizusetzen. Symptomatisch für diese ansteckende Euphorie war die aus heutiger Sicht schwer verständliche Entscheidung vom März 1994, den Koordinierungsausschuss für multilaterale Exportkontrollen (COCOM), der die Proliferation militärisch nutzbarer Technologien überwachen und verhindern sollte, aufzulösen.

Zwei Wellen des NGO-Erfolgs

Zehn Jahre nach dem Erdgipfel wird die Welt sehr viel nüchterner gesehen. Die katastrophalen Terroranschläge auf die USA vom 11. September 2001, die an nur einem Tag so viele Opfer forderten wie sie die Stadt München als Folge der alliierten Fliegerangriffe während des gesamten Zweiten Weltkrieges zu beklagen hatte, haben Fragen von Souveränität, Krieg und Sicherheit wieder an die Spitze der politischen Agenda aufrücken lassen. Auch linksliberale Politiker sprechen von einer Rückkehr des „Bösen" in der Politik.[29] Auf der anderen Seite ist jedenfalls für die nähere Zukunft offenkundig die Bereitschaft der Industrieländer zu zusätzlichen Finanz- oder patentneutralen Technologietransfers in Entwicklungsländer eher gesunken. Projekte wie eine neue weltweite Klimapolitik kommen nicht recht vom Fleck und verzetteln sich in technischen Details. Generell gilt außerdem, dass rein liberale Wirtschaftskonzepte auch in den Metropolen vieler Entwicklungsländer Einzug gehalten und die Bereitschaft gefördert haben, sich auf die Positionen der führenden Industrieländer und der Welthandelsorganisation in der Hoffnung einzulassen, von der Liberalisierung des Welthandels und der Ausdehnung der Investitionstätigkeit transnationaler Firmen zu profitieren. Die Globalisierung beendet zwar die Konfrontation des Kalten Krieges, ersetzt sie jedoch durch eine Rivalität, die sich auch in den Vereinten Nationen und im Verhältnis der Staaten zu den Nichtregierungsorganisationen niederschlägt. Sowohl beim Erdgipfel in Rio de Janeiro als auch auf der Weltfrauenkonferenz in Peking drei Jahre später versuchten einige Staaten, besonders aus dem Süden, eine Begrenzung der um sich greifenden Präsenz von Nichtregierungsorganisationen durchzusetzen.

Dies entspricht der Tendenz, stärker als in Stockholm 1972 die Rolle der staatlichen Souveränität gerade im viel beschworenen Zeitalter der Globalisierung zu unterstreichen. In der Abschlusserklärung von Stockholm fanden die Rechte der Staaten nur beiläufig Erwähnung und der Schutz der globalen Gemeingüter (Ozeane, Erdatmosphäre, biologische Vielfalt usw.) wurde als eine Aufgabe des „Menschen" bestimmt, während die „Erklärung von Rio" das souveräne Verfügungsrecht der Staaten über natürliche Ressourcen bekräftigt. In Peking ist es den Regierungen von Ländern wie zum Beispiel Argentinien, Guatemala, Honduras, Iran oder Mauretanien gelungen, das Konzept einer kulturellen und religiösen Souveränität gegenüber Nichtregierungsorganisationen und anderen Staaten teilweise in den verabschiedeten Dokumenten unterzubringen (United Nations 1996, S. 723-735). Auf der Menschenrechtskonferenz in Wien 1993 konnte zwar der Angriff, den Vertreter asiatischer Aufsteigernationen unter dem Titel der „asiatischen Werte" gegen die Universalität der Menschenrechte geführt haben, abgewehrt werden, gleichwohl wurde die Anerkennung der Rolle von NGOs auf diesem Gebiet unter den Vorbehalt der nationalen Gesetzgebung gestellt (Clark et al. 1998).

Das Gesamtbild, das auf diese Weise entsteht, ist gemischt und widerspricht der Vermutung eines geradlinigen Aufstiegs einer zunehmend geschlossenen Phalanx von Nichtregierungsorganisationen innerhalb der Vereinten Nationen. Die Entwicklung des Einflusses von Nichtregierungsorganisationen verläuft vielmehr uneinheitlich und variiert je nach Thematik und politischem Umfeld. Eine Reform aus dem Jahr 1996 zur Neudefinition des Konsultativstatus von NGOs beschränkt die Aktivitäten der nichtstaatlichen Akteure weiterhin auf den Wirtschafts- und So-

---

[29] So der Bundestagsabgeordnete und außenpolitische Experte Karsten Voigt nach den Anschlägen auf die USA im Sender N24 am 11. September 2001.

zialrat und schließt sie von der Generalversammlung aus. Es wird ausdrücklich festgeschrieben, dass sie nicht „verhandeln" können, sondern lediglich im Hintergrund auf Verhandlungsdelegationen einwirken dürfen. Besonders einige Entwicklungsländer beobachten eine weitere Stärkung internationaler NGOs als potenzielle Gefährdung ihrer Souveränität. Auf der anderen Seite haben die USA und die Europäische Union auf allen Konferenzen dafür gesorgt, dass Formulierungen von NGOs, die die Militärhoheit oder wirtschaftspolitische Grundentscheidungen in Frage stellen, nicht in offizielle Dokumente einfließen. Vertreter aller Staaten machen sich je nach Situation immer wieder Hoffnung, ihre Position durch bestimmte NGOs gestärkt zu sehen. Die Uneinheitlichkeit der Nichtregierungsorganisationen und die Vielfalt der Foren, in denen sie wirken, lassen es jedoch für keine Staatengruppe vorteilhaft erscheinen, die neuen Akteure pauschal und dauerhaft mit immer größeren Befugnissen oder gar einer eigenen Völkerrechtssubjektivität auszustatten, wie dies von Juristen neuerdings erwogen wird (Hobe 1999).

Der Auffächerung der Beziehungen von Nichtregierungsorganisationen zu einzelnen Arbeitsbereichen, Organen und Untergliederungen der Vereinten Nationen entspricht eine zunehmende Auffächerung innerhalb des NGO-Sektors selbst. Schätzungen besagen, dass 70 Prozent der NGOs auf der Menschenrechtskonferenz in Wien 1993 kleine lokale Gruppen aus dem Süden waren, die zum ersten Mal an überstaatlichen Willensbildungsprozessen teilnahmen. Eine norwegische Umfrage unter 500 NGOs, die an den Konferenzen der 90er Jahre teilnehmen wollten, hat ergeben, dass sich wiederum über 70 Prozent in ihrem Wirken durch große, internationale, englischsprachige NGOs eingeschränkt fühlten (Benchmark Environmental Consulting 1996, S. 26ff.). Auf der Anti-Rassismus-Konferenz der Vereinten Nationen in Durban im September 2001 haben sich allerdings diverse afrikanische und islamische NGOs und GONGOs mit Dokumenten durchgesetzt, in denen Israel als „rassistischer Apartheitsstaat" diffamiert wurde, – eine Formel, die zum Rückzug der großen westlichen Menschenrechtsorganisationen führte. Mehr Partizipation führte in diesem Fall zu mehr Dissens. In jedem Fall gilt, dass Nichtregierungsorganisationen unabhängig von staatlichen Ausschlussmechanismen eifersüchtig ihre Einflusskanäle bewachen und vor unliebsamer Konkurrenz schützen. Die genannten Zahlen erklären möglicherweise auch das durchaus nicht eindeutige Verhalten vieler Entwicklungsländer, die einerseits das Vordringen der Nichtregierungsorganisationen und ihrer Einflussmethoden begrenzen möchten, andererseits aber immer wieder die Teilnahme von Nichtregierungsorganisationen anregen, sofern diese der *eigenen* Region oder Nation entspringen.

Auffächerung des NGO-Sektors

Land und Meer

Wer die Frage nach dem „Wo" der Aktivität von Nichtregierungsorganisationen von institutionellen *Arenen* auf inhaltliche *Themenfelder* verschiebt, dem bietet sich der alte Gegensatz von Land und Meer als Richtschnur an. „Land" und „Meer" sind nützliche Analogien, die eine Grobsortierung der Felder ermöglichen, denen sich NGOs zuwenden. Zwar ist es falsch, moderne Nichtregierungsorganisationen auf ökologische Politik und diese wiederum auf die vier Elemente von Wasser, Erde, Luft und Energie zu reduzieren. Denn genau genommen orientieren sich die neuen Akteure nicht an der Bewahrung und Förderung dieser Elemente selbst, sondern an der *gelebten Welt* lokalisierbarer Menschen, die sich in ihrer Umgebung einrichten und sie mit Sinn ausstatten. Gleichwohl hilft die Unterscheidung von Land und Meer, die Entwicklung von Nichtregierungsorganisationen nach dem Zweiten Weltkrieg besser zu verstehen.

Das Land als Handlungsraum

Die Linie, die von den frühen Anti-Sklaverei-Vereinen bis hin zu den heutigen Menschenrechtsorganisationen führt, verweist auf ein Geschehen auf dem *Festland* der modernen Staaten, das Zug um Zug mit einem Kontrollnetz behördlicher Einrichtungen überzogen wurde. Bis zur Durchsetzung eines universalen Seerechts endete allerdings die Macht dieser Staaten entweder an der Macht ihrer Nachbarstaaten oder an den Küsten, jenseits derer die Freiheit der Meere begann, die seit jeher das Gegenbild zu den territorial gebundenen Gemeinwesen versinnbildlichte. Die Staatsbildung war daher im übertragenen und oft auch im wörtlichen Sinne ein „faustisches" Unterfangen der Eindämmung unkontrollierter Fluten: „Es ist die Menge, die mir frönet/Die Erde mit sich selbst versöhnet/Den Wellen ihre Grenze setzt/Das Meer mit strengem Band umzieht."[30] Nicht umsonst waren für die politischen Führer auch der jungen postkolonialen Staaten nach dem Zweiten Weltkrieg große Staudammprojekte ein bevorzugtes Symbol des „nation-building". Daneben ist es die weit verbreitete, auch von Staatsrechtlern gebrauchte Metapher des Gärtners, die das Konzept des modernen Staates an Erde und Festland bindet und ihm das Recht zu geben scheint, wertvolle „Pflanzen" vom sozialen „Unkraut" zu trennen und dieses gegebenenfalls auszurotten. Schon die Vorläufer moderner NGOs stellten allerdings diese Unterscheidung in Frage und trugen damit zur Zivilisierung staatlicher Machtausübung bei. So verwiesen die Kampagnen gegen die Sklaverei im 19. Jahrhundert auf eine Essenz des Menschlichen, die es unabhängig von physischen Merkmalen, sozialer Zugehörigkeit und geografischer Herkunft zu schützen galt.

Naturschutzorganisationen wie der WWF waren zunächst ebenfalls an „Ländern" und landorientiert, wenngleich sie sich kaum für das Naturgeschehen in staatlich eingefriedeten Territorien und erst recht nicht für das Zusammenleben von menschlichen und nichtmenschlichen Lebewesen interessierten, sondern für die vermeintlich *unberührten* Lebensräume wilder Tiere in den Tropen und Subtropen, die gewissermaßen als „Raum ohne Volk" idealisiert wurden. Noch heute werden die fernen Tropenwälder ohne Anführungszeichen oder relativierende Einschränkungen in Publikationen des WWF als „bedrohte Paradiese" bezeichnet, so als sei der Mensch tatsächlich jemals und zu Recht aus dem Paradies vertrieben worden.

Wasser und Meer

Greenpeace und viele andere Organisationen haben dagegen vor allem das Element des *Wassers* – besonders in Gestalt der Meere – zu ihrem privilegierten Bezugspunkt gemacht. Bereits in ihrem Gründungsjahr 1980 schaffte die Umweltorganisation mit einer Kampagne gegen die Entsorgung von Dünnsäure – ein Sammelbegriff für größtenteils anorganische Abwässer der chemischen Industrie – in der Nordsee den Durchbruch zur bundesweiten Prominenz. Anders als zum Beispiel das Großwild in den Savannen Afrikas ist Wasser, das seit den Vorsokratikern als Ursprung alles Lebens gilt, in seiner Gleichförmigkeit das globale Element schlechthin, das zudem aus der Astronautenperspektive dem Erdball seine charakteristische Farbe verleiht.

Im Lichte späterer Kontroversen zwischen nordatlantischen und südlichen NGOs ist interessant, dass sich Gruppen wie Greenpeace das *Meer* als Problem und

---

[30] Goethe, Faust II, 5. Akt.

Aktionsfeld ausgesucht haben und dabei andere wasserführende Lebensräume vernachlässigt haben. Diese Vernachlässigung erschwerte den Dialog mit außereuropäischen Gruppen, die bei „Wasser" eher an Trinkwasser oder an die Bewässerung von Feldern dachten. Hätte man Süßwasserreservoirs mit einbezogen, wäre man viel früher auf die unmittelbare Abhängigkeit großer Teile der Weltbevölkerung von Regenfällen und Flussläufen gestoßen sowie auf den Reichtum an Traditionen und Techniken der Beherrschung von Wasserkreisläufen, auf denen viele Hochkulturen errichtet wurden. Erst asiatische NGOs haben sich in jüngerer Zeit wieder der Bergung und Revitalisierung solcher Traditionen gewidmet (vgl. z.B. Agarwal/ Narain 1997). Flüsse und Meere haben den Menschen seit jeher auf drei Arten gedient, als Medium für *Transporte,* als Quelle lebenswichtiger *Ressourcen* sowie als *Deponie* für Schadstoffe aller Art. Greenpeace beleuchtete lange Zeit vor allem den letztgenannten Aspekt der Vergiftung der Ozeane durch Schwermetalle, Mineralöl, radioaktiven Abfall und langlebige Umweltgifte. Zum Skandal der Verletzung elementarer Menschenrechte auf dem Festland moderner Staaten trat damit der Skandal der Gefährdung der Meere, denen in einem ganz anderen Sinne ebenfalls die Attribute des Elementaren, Globalen und Vorstaatlichen zugesprochen werden.

Eines der wichtigsten Vertragswerke, das die Arena meerespolitischer NGOs bildete, war das Übereinkommen gegen die Verbringung von Abfällen auf hoher See, die London Dumping Convention (LDC) von 1972, die auf einen Beschluss der UN-Umweltkonferenz in Stockholm zurückgeht. Greenpeace International gelang in der Folge eine Reihe von bemerkenswerten Coups gegen umfangreiche Müllentsorgungspläne, insbesondere gegen das ab 1976 erwogene Projekt der USA und der Europäischen Kommission, radioaktiven Abfall in spezielle Kanister einzuschweißen und in 5.000 bis 6.000 Meter Tiefe in den Sedimenten des Meeresbodens zu versenken. Greenpeace half damals, eine Koalition von Staaten zu schmieden, zu denen die skandinavischen Länder, Spanien und einige Pazifikinseln gehörten, die nach einer Erkundungsphase von über zehn Jahren letztlich das Projekt zum Scheitern brachten. Im Verlauf der Debatte versteiften sich die Nichtregierungsorganisationen auf eine kategorische Ablehnung jeglicher Abfallbeseitigung auf den Weltmeeren. Die Situation des Nordatlantiks, der den industrialisierten Anrainerstaaten als Endlager für teilweise hochtoxischen Müll diente, wurde damit ohne nähere Prüfung auf *alle* Meere und Staaten übertragen. Diese Grundhaltung ist später von Greenpeace-Beratern als „ethnozentrisch" kritisiert worden, da die besonderen Bedingungen, die in anderen Erdteilen möglicherweise eine andere Politik rechtfertigen würden, keinen Augenblick reflektiert wurden. Wo der Klärschlamm kaum Industriegifte enthält und die Müllverbrennung auf dem Land die Bevölkerung gefährden könnte – zum Beispiel an den dichtbesiedelten Küsten Asiens oder auf kleinen Inseln – mag das offene Meer eine vergleichsweise gut geeignete Deponie sein (Stairs/Taylor 1992).

Hier zeigte sich ein weiteres Mal, dass man von der „Natur" nicht sprechen kann, wenn man sich über die „Kultur" unterschiedlicher Regionen ausschweigt. Für viele wasserorientierte NGOs nach Stockholm galt, dass sie das Meer zu einem „Riesigen Blauen Ding" verzauberten, das die Menschen zu Erdenwürmern schrumpfen ließ, deren gelebte Welt keine besondere Aufmerksamkeit mehr verdiente. Entsprechendes galt für viele landorientierte NGOs, die besonders die Tropenwälder Amazoniens zu einem menschenleeren „Großen Grünen Ding" verklärten, das man am liebsten der Souveränität der dortigen Staaten entzogen hätte. In beiden Fällen wird der Mensch nur als Eindringling, Ruhestörer und Wilderer wahrgenommen,

Die London Dumping Convention 1972

als ein Wesen, das schmutzt und von dem es auf jeden Fall viel zu viele Exemplare gibt. Diese menschenfeindliche, malthusianische Sichtweise äußert sich bis heute bei einigen Nichtregierungsorganisationen in einer modifizierten „Indira-Gandhi-These", die besagt, dass die geburtenstarken Länder des Südens mehr globale Umweltprobleme verursachen als sie jemals lösen können.

Die Bedeutung der erwähnten Neptune Group während der UN-Seerechtskonferenz lag darin, dass sie die Meere nicht nur als schützenswerte Deponie, sondern auch als eine immer wichtigere Ressourcenquelle sah, die allen Ländern offenstehen sollte. Dadurch wurden nicht zuletzt Anknüpfungspunkte für politische Gruppen geschaffen, die Wasser selbst als gefährdete Ressource thematisierten und die neben dem Meer andere Gewässer aufwerteten, etwa die großen zivilisationsprägenden Flüsse der Erde. So entwickelten sich in den 80er Jahren nach den Erfolgen der westlichen meerespolitischen NGOs die ersten großen Kampagnen gegen einzelne Staudammprojekte in Entwicklungsländern.

Übergänge zwischen Land und Meer

Andere Nichtregierungsorganisationen nutzten Konzepte, die im Zusammenhang der meerespolitischen Konflikte der 70er Jahre entstanden waren, gleichsam als semantische „Fähren", mit denen man wieder das Festland einzelner Nationen und landbezogene Themenfelder erreichen konnte. So begann Ende der 70er Jahre eine Handvoll von Aktivisten in Kanada und den USA, das Thema des Saatguts, der „genetischen Erosion" landwirtschaftlicher Nutzpflanzen und der Kontrolle über das „erste Glied" der weltweiten menschlichen Nahrungskette in Analogie zu den Diskussionen auf der Seerechtskonferenz zu behandeln. Das Konzept des „Gemeinsamen Erbes der Menschheit" schien einen normativen Ansatzpunkt für Mobilisierungen zu bieten, die sich an bestimmten negativen Aspekten der globalen Agrarmodernisierung entzündeten: an den Konzentrationsbewegungen in der internationalen Saatgutbranche, der einseitigen Festlegung neuer Zuchtziele (Ertrag, Gleichförmigkeit, Eignung zur Weiterverarbeitung usw.), der Kopplung mit der Agrochemie und nicht zuletzt der immer weiter gehenden Ausdehnung des geistigen Eigentumsschutzes auf Pflanzensorten. Pat Mooney, Mitbegründer der *Rural Advancement Foundation International* (RAFI), verglich ausdrücklich das entstehende universalistische Seerecht, wie es der Neptune Group und anderen vorschwebte, mit der noch zu schaffenden Rechtsgrundlage, die eines Tages den entschädigungslosen „Abfluss" von pflanzenzüchterischem Material aus südlichen Ländern, seine Speicherung in Genbanken und die bedenklichen Tendenzen einer Privatisierung von Keimplasma durch die Agroindustrie verbindlich regeln und einschränken sollte (Mooney 1983). Ebenfalls in Analogie zum Freibeutertum auf hoher See wurde die private Aneig-nung und industrielle Monopolisierung von Keimplasma als „Biopiraterie" kritisiert, – ein Begriff, der es inzwischen bis auf die Titelseite der *Frankfurter Allgemeinen Zeitung* gebracht hat (FAZ, 11.5.2000).

RAFI Emblem
Quelle: Jahresbericht 1998

Für das bessere Verständnis der durch die Meerespolitik geprägten neueren Land-
wirtschafts-NGOs ist es hilfreich, sich das Bild zu vergegenwärtigen, mit dem eine
insgesamt bilderarme Organisation wie RAFI im Briefkopf und auf ihren Publikationen wirbt. Es handelt sich um die Ikone einer stilisierten, vermutlich nichteuropäischen Bäuerin bei der Aussaat. Ihr Blick ist seitlich nach unten auf ein Feld
gerichtet, das sich so krümmt, als solle der Erdball als ganzer gezeigt werden. Die
Ikone der Säerin, die das Feld der Erde bestellt, verdeutlicht, dass sich die Organisation nicht dem Schutz der Natur allein verschrieben hat, sondern dem Schutz
eines grundlegenden sozialen Naturverhältnisses, wie es sich über sehr lange Zeiträume zwischen bäuerlichen Gemeinschaften, der umgebenden Vielfalt der Lebewesen sowie den Elementen entwickelt hat, die seit jeher die Kultivierung von
Pflanzen gleichermaßen ermöglichen wie auch begrenzen. Versinnbildlicht wird das
„erste Glied" der Nahrungskette und damit das zentrale Handlungsmotiv der neu-
en landorientierten NGOs. Betriebsmittel zur Optimierung des Pflanzenbaus sind
aus dem Bild verbannt. Dies könnte auf eine gewisse Technikfeindlichkeit der Organisation schließen lassen. Plausibler ist die Deutung, dass in der Bestimmtheit
von Blick und Bewegung der Bäuerin ihre besondere Kenntnis der Dinge zum Ausdruck kommt, die gegenüber äußeren Techniken und Geräten privilegiert werden
soll. Anders auch als in der sozialistischen Ikonographie lächelnder Kolchosbauern
fehlt dem Bild jede triumphale Gestik. Die Faust der Säerin ist weder gereckt noch
geballt, sondern öffnet sich Finger für Finger in der Jahrtausende alten, kontrol-
lierten und elementaren Streubewegung des Aussäens (Heins 2001, S. 227f.).

Auch bei Greenpeace und verwandten NGOs konnte man in den vergangenen
Jahren beobachten, wie die in den meerespolitischen Kontroversen entwickelten
Schlüsselkonzepte als „Fähren" zu anderen thematischen Ufern genutzt wurden. So
bietet der Begriff des Gemeinsamen Erbes Ansatzpunkte sowohl für die Klimapolitik als auch für Kampagnen gegen Patente auf „Leben", wie sie von der „Life
Sciences"-Branche im Interesse des technischen Fortschritts gefordert werden. Umgekehrt haben landorientierte NGOs wie etwa das Pestizid-Aktions-Netzwerk (PAN),
das sich zuerst allein für den Schutz von Bauern vor den Nebenwirkungen giftiger
Agrarchemikalien einsetzte, den Weg zu wasserpolitischen Fragen gefunden, da
Pestizide auch ins Grundwasser, ins Fischfutter und damit schließlich in die weltweite Nahrungskette gelangen. Als ein Resultat der Diskussionen seit der Umweltkonferenz in Stockholm 1972 kann heute zusammenfassend festgestellt werden,
dass die Kluft zwischen land- und meeresorientierten NGOs viel schmaler geworden ist. Giftstoffe werden durch alle Umweltmedien hindurch verfolgt, die Meere
werden als Teil eines großen Zusammenhangs betrachtet, zu dem auch die in Land-
schaften eingebettete Süßwasserressourcen und ihre regional sehr unterschiedlichen
Nutzungsweisen gehören, und agrarreformerische NGOs beziehen ihre Konzepte
teilweise aus der Meerespolitik. Prominente Organisationen haben zudem beschlossen, ihre Expertise und Interventionstätigkeit über Agrar- und Biotechnikfragen
hinaus auf Felder wie die Nanotechnologien, die Humangenomforschung, neue
Instrumente der Eigentumskontrolle und globale Regierungsformen auszudehnen.[31] Große Dachverbände wie der Deutsche Naturschutzring (DNR) haben in

**Jenseits der
Umweltpolitik**

---

[31] So hat sich z.B. die Organisation RAFI im September 2001 in „ETC Group" (ausgesprochen: Etcetera)
umbenannt. Der vollständige offizielle Name lautet jetzt „Action Group on Erosion, Technology and
Concentration".

dem Maße, wie sie ihr Engagement internationalisierten, eine Erweiterung ihres Themenspektrums betrieben, das nicht länger auf den Schutz bedrohter Tier- und Pflanzenarten beschränkt ist, sondern auch Verkehr, Freizeit, Stadtökologie, Energie- und Wirtschaftspolitik mit einschließt. „As definitions themselves break up", heißt es im Jahresbericht 1998 von Greenpeace International, „the idea of the environment can no longer be separated from development, health and human rights." Im Bereich der thematischen Orientierung von Nichtregierungsorganisationen beobachten wir somit tatsächlich das ansonsten oft zu Unrecht beschworene Zusammenwachsen früher getrennter Strömungen und Organisationsnetze.

Ähnlich wie dem Gegensatz von Land und Meer ist es auch den Gegensätzen von Naturschutz und Gesellschaftsentwicklung, Ökologie und Gerechtigkeit, Ressourcenschonung und Armutsbekämpfung ergangen, die heute von den meisten Nichtregierungsorganisationen heruntergespielt werden. Noch in den 80er Jahren gab es immer wieder Fälle massiver staatlicher Gewaltanwendung gegen Dorfbewohner in Afrika oder Asien, die ihr Vieh in benachbarten Nationalparks weiden ließen. Diese Praxis der Staaten wurde damals von großen internationalen Naturschutzorganisationen gedeckt und teilweise sogar offen unterstützt. Hier hat inzwischen ein Umdenken stattgefunden, und selbst der WWF ist um eine Humanisierung seiner am Ideal des Ersatzparadieses orientierten Strategie bemüht. Dafür sprechen verschiedene Indizien. So unterhalten die europäischen Sektionen der Organisation seit einiger Zeit Abteilungen für nachhaltige Regionalentwicklung im ländlichen Raum. Offensichtlich sorgt man sich nicht mehr nur um bedrohte Sumpfantilopen in Zentralafrika, sondern auch um das Fehlen des Regenwurms auf den überdüngten Äckern Europas. Auch gegenüber der Fauna der Wale und Robben hat sich die Haltung geändert. Waren in früheren Zeiten die kanadischen Inuit (Eskimos) noch Ziel internationaler Anklagen, weil sie Pelztiere und Wale verspeisten, so sind sie heute eher Gegenstand der Fürsprache. Neuerdings scheint nämlich auch die Gesundheit dieser ahnungslosen Völker gefährdet zu werden, und zwar durch langlebige Umweltgifte (POPs), die sich im Fett der Meerestiere konzentrieren und auf diese Weise selbst Menschen in entlegenen Gebieten der Erde wie etwa der Baffininsel westlich von Grönland schädigen.

Menschenrechte als Zentralbegriff
Dieser Aufwertung der gelebten Welt gegenüber den „unantastbaren" Naturräumen der Weltmeere oder der Tropenwälder entspricht die Tendenz, das Motiv der Menschenrechte wieder stärker ins Spiel zu bringen. Sowohl wasser- als auch landorientierte Nichtregierungsorganisationen verleihen seit einiger Zeit ihrer öffentlichen Anklage dadurch Nachdruck, dass sie den Vorwurf von Menschenrechtsverletzungen gegen die Finanziers von Staudämmen, einzelne Unternehmen oder die Welthandelsorganisation erheben. So haben Menschenrechtsgruppen im Zusammenhang mit dem Sardar-Sarovar-Staudammprojekt im Westen Indiens zu Beginn der 90er Jahre zahllose willkürliche Verhaftungen, Vertreibungen, die Verletzung der Rechte indigener Völker sowie einige tödliche Polizeiübergriffe auf Dorfbewohner im Projektgebiet dokumentiert. Auch große Bergbau- oder Mineralölfirmen, die in armen, politisch desintegrierten Ländern operieren, sind immer wieder ins Visier von Menschenrechtsgruppen geraten. Die *Erklärung von Bern* hat sich erfolgreich für die Einrichtung einer Ombudsstelle in der Schweiz eingesetzt, die sich mit Menschenrechtsverletzungen oder anderen Regelverstößen von Schweizer Firmen im Ausland befasst. Zudem ist in den letzten Jahren mit Erfolg versucht worden, die UN-Menschenrechtskommission mit den möglichen Folgen der Ausdehnung des

Patentschutzes auf das erste Glied der globalen Nahrungskette im Rahmen der Welthandelsorganisation zu befassen. NGOs sind bestrebt, das „Recht auf Nahrung" als erzwingbares Menschenrecht anerkennen zu lassen, um damit nicht nur den Einsatz von Hunger als politischer Waffe zu kriminalisieren, sondern auch den Vorrang von Menschenrechten gegenüber Handelsvereinbarungen und globalen Patentgesetzen zu verankern. Ein Unterausschuss der Menschenrechtskommission hat im August 2000 einer internationalen Koalition von NGOs bestätigt, dass es einen „Vorrang von Menschenrechtsverpflichtungen gegenüber wirtschaftspolitischen Programmen und Vereinbarungen" gibt und dass die Politik der Welthandelsorganisation Gefahr laufen könnte, dieses Verhältnis umzukehren.[32] Diese Tendenz der Rechtsauslegung hat inzwischen auch einflussreiche Organisationsgründer wie den Kanadier Pat Mooney veranlasst, die Allgemeine Erklärung der Menschenrechte zum Angelpunkt einer Vielzahl von Themen zu machen, die früher niemals mit Menschenrechten in Zusammenhang gebracht worden wären. Dazu gehören sowohl Fragen der kulturellen Autonomie als auch das Problem der Zerstörung von Ökosystemen, sobald sich diese Zerstörung unmittelbar auf die Lebenschancen und Freiheiten ganzer Bevölkerungsgruppen auswirkt (Mooney 2001, S. 116).

Damit schließt sich der Zyklus, der mit der mühevollen Menschenrechtspolitik nach der Gründung der Vereinten Nationen begann, um auf dem Umweg über einige Zwischenstationen zur Schlüsselrolle von Menschenrechtsfragen bei der politischen Gestaltung der Weltgesellschaft zurückzuführen. Zwischenstationen waren die Entdeckung des Themas der globalen Umweltgüter, die Politisierung dieses Themas durch neue NGOs, das Gewicht des Nord-Süd-Konflikts und schließlich die Verknüpfung von Umwelt- und Ressourcenproblemen mit umfassenderen Fragen nach der Kontrolle der Menschen über ihre gelebte Welt.

Handlungsfelder jenseits der Vereinten Nationen

Viele NGOs unterhalten enge Beziehungen zu den jeweils thematisch verwandten Teilorganisationen im System der Vereinten Nationen, das sie als das natürliche Forum ihrer globalen Anliegen betrachten. Allerdings lassen sich auch Ablösungsprozesse beobachten. Manche NGOs sind heute in der Lage, je nach Situation in unterschiedlichen Foren beispielsweise der Landwirtschafts- und Ernährungsorganisation (FAO), des Umweltprogramms (UNEP) oder auch – jenseits der UNO – in den Versammlungen der Welthandelsorganisation (WTO) Präsenz zu zeigen, um auf diese Weise die Ressortgrenzen der normalen Politik zu überspringen. Dies könnte für eine Zunahme der Robustheit und Selbstständigkeit von Nichtregierungsorganisationen sprechen. In anderen Fällen sind es jedoch überhaupt nicht die Vereinten Nationen, die als Partner oder Forum zur Verwirklichung der eigenen Werte und Ziele gewählt werden. Viele NGOs würden heute wohl dem einstigen schwedischen Generalsekretär Dag Hammerskjöld zustimmen, der immer wieder betonte, dass die Vereinten Nationen nicht einfach dazu da sein, „Mandate" von Regierungen zu erfüllen, sondern die umfassenderen Anliegen der Weltgemein-

Robust und selbstständig

---

[32] Sub-Commission on the Promotion and Protection of Human Rights: Resolution 2000/7 on Intellectual Property Rights and Human Rights (E/CN. 4/Sub.2/2000/7) vom 17.8.2000. Vgl. auch die Bekräftigung in der Resolution 2001/21 vom 16.8.2001 (http://www.unhchr.ch).

schaft zum Ausdruck zu bringen, – eine Aufgabe, der sie kaum gerecht werden. So sind es drei Phänomene, die in diesem Abschnitt kurz behandelt werden sollen: erstens die Kritik von Nichtregierungsorganisationen an den Vereinten Nationen, zweitens Beispiele für weltweite Kampagnen, die am UN-System vorbei lanciert wurden sowie drittens die Aktivität von NGOs im Umfeld von multilateralen Institutionen außerhalb des UN-Systems (Weltbank, Welthandelsorganisation, Europäische Union usw.). Dieser letzte Punkt verdient besondere Aufmerksamkeit, weil die Gipfeltreffen von WTO, EU und den G-8-Staaten der führenden Industrieländer (plus Russland) von Seattle im Dezember 1999 bis Genua im Juli 2001 zu einer Serie von teilweise gewalttätigen Protesten führten, die in der Öffentlichkeit dem Fußvolk transnationaler Nichtregierungsorganisationen zugeschrieben wurden.

NGOs als Kritiker der UNO

Zunächst jedoch lohnt es darauf hinzuweisen, dass die Vereinten Nationen keineswegs nur Bühne und Partner von Nichtregierungsorganisationen sind, sondern besonders in den 90er Jahren auch zum Ziel öffentlicher oder halböffentlicher Anklagen geworden sind. Vor allem die halbherzige Menschenrechtspolitik der Weltorganisation, in der die Supermächte fast jedesmal ihre Klientelstaaten in Schutz genommen hatten, ist wiederholt von unabhängigen Persönlichkeiten kritisiert worden (z.B. Neier 1998, Kap. 3). Die labyrinthische und ineffektive Machtstruktur der Vereinten Nationen, die Politikwissenschaftler als „byzantinisch" (Pitt 1986) beschrieben haben, gerät immer wieder in Konflikt insbesondere mit modernen, überzeugungsstarken und straff organisierten NGOs wie Oxfam oder Human Rights Watch. Ein markantes Beispiel ist der sensible Bereich des Umgangs mit Frauen innerhalb von UN-Programmen, auf dessen Schwachstellen jüngst Roberta Cohen, Mitglied der UN-Menschenrechtskommission, hingewiesen hat. Im Rückblick auf die Zeit nach 1993, als sie für das Flüchtlingshilfswerk der Vereinten Nationen arbeitete, schildert Cohen das Bild einer Organisationswelt, in der die Zeit stehen geblieben war: „Wer wissen möchte, wie man vor einem Vierteljahrhundert über Frauen dachte, fängt am besten einen Job als Berater bei den Vereinten Nationen an. Es ist, als gehe man fünfundzwanzig Jahre zurück." Mitarbeiter, die Vergewaltigungen in UN-Flüchtlingscamps „nicht so schlimm" finden und eine Schulbildung für Mädchen in islamischen Ländern für „nicht so wichtig" halten, scheinen demnach bis vor kurzem den Ton angegeben zu haben. Erst unter dem Druck von NGOs, die sich zum Beispiel speziell für weibliche und minderjährige Flüchtlinge einsetzen und Menschenrechtsstandards *innerhalb* der Vereinten Nationen einklagen, habe sich in den letzten Jahren die Situation langsam verbessert (Cohen 2000).

Die UNO als politische Sackgasse

Anders gelagert ist der Fall von Politikfeldern wie der Klimapolitik, für die die Vereinten Nationen und die von ihr ausgerichteten Vertragsstaatenkonferenzen der Klimarahmenkonvention ein zentrales Forum bilden. Hier hat sich das UN-System unter dem Einfluss mächtiger Mitgliedsstaaten, die aus der Sicht vieler NGOs die Rolle der Bremser, Aussteiger oder Schönredner spielen, in eine Sackgasse verwandelt. Da die großen, außerordentlich aufwendigen Konferenzen nur unzureichende Ergebnisse produzieren, findet in Deutschland eine Rückbesinnung von NGOs auf nationale und europäische Handlungsspielräume statt (Walk/Brunnengräber 2000, S. 133). Ähnliches ließe sich für Schwellenländer wie Indien oder Brasilien und vermutlich auch für klimapolitisch engagierte Organisationen in den USA nachweisen. Zu diesem Befund passt, dass sich manche deutsche Nichtregierungsorganisationen wenig von Plänen versprechen, das Umweltprogramm der UNO in eine eigenständige Sonderorganisation nach dem Vorbild der WHO oder der FAO umzugestalten. Einem „zersplitterten Verhandlungssystem", das den widersprüchlichen Interessen und der Vielzahl der beteiligten Akteure Rechnung trägt, wird der Vorzug gegeben vor einer allzu starken Umweltorganisation, die das Politikfeld Umwelt aus dem Zusammenhang anderer Themenfelder herauslösen könnte, deren innerer Zusammenhang von NGOs immer wieder betont wird.[33]

Auf einem ganz anderen Gebiet haben die Vereinten Nationen Schaden genommen durch die Art und Weise, wie sie ihr Mandat zur Friedenssicherung in Bosnien während des Bürgerkriegs wahrgenommen haben. Besonders das Schicksal der Stadt Srebrenica, die wie einige andere Städte von der UNO zur „Schutzzone" erklärt worden war, veränderte das Verhältnis von Menschenrechtsgruppen zu den Vereinten Nationen. Die Stadt wurde bekanntlich im Juli 1995 von serbischen Truppen und irregulären Marodeuren unter dem Kommando des Generals Ratko Mladic überrannt und anschließend zum Schauplatz des größten Kriegsverbrechens in Europa nach dem Zweiten Weltkrieg, bei dem etwa 8.000 vorwiegend muslimische Zivilisten massakriert wurden. Dies geschah nicht nur gleichsam unter der Aufsicht der UN-Blauhelme und ihres hilflosen niederländischen Kommandeurs, sondern mit der von Mladic ausdrücklich formulierten Absicht, der niederländischen Regierung, die seit langem ein härteres Vorgehen gegen die Praxis ethnischer Säuberungen gefordert hatte, eine demütigende Lektion zu erteilen.

**Srebrenica
1995 und
die Folgen**

Das Ereignis führte zu einer Flut von Analysen und Polemiken gegen die hierarchische, für Feldoperationen offensichtlich völlig ungeeignete bürokratische Struktur der Vereinten Nationen, auf die verschiedentlich auch Max Webers Bild vom „stahlharten Gehäuse der Hörigkeit" angewendet wurde. Eine prominente Rolle spielte dabei die Menschenrechtsorganisation *Human Rights Watch* (HRW), deren Gründer, Aryeh Neier, lange Zeit aus seiner Geringschätzung der Vereinten Nationen keinen Hehl machte und sich daher bis 1991 auch nicht um einen Konsultativstatus beim Wirtschafts- und Sozialrat bemühte. Human Rights Watch war aus der 1978 gegründeten Gruppe *Helsinki Watch* hervorgegangen, die sich die Verwirklichung des Geistes der gleichnamigen Schlussakte der KSZE aus dem Jahr 1975 zum Ziel gesetzt hatte. Anders als Amnesty International, die mit der öffentlichen Anklage von Menschenrechtsverletzungen in den südamerikanischen Militärdikaturen der 70er Jahre berühmt wurde, konzentrierte sich Human Rights Watch frühzeitig auf Menschenrechtsverbrechen in Bürgerkriegszonen, die von staatlichen oder parastaatlichen Verbänden verübt werden. Zudem formulierte die Organisation die Aufgabe, von der öffentlichen Anprangerung und Beschämung („shaming") autoritärer Staaten durch die Enthüllung von Menschenrechtsverstößen zur Etablierung wirksamerer Sanktionsmechanismen zu gelangen.

Zu diesem Zweck verfolgte die Organisation seit 1992 nicht nur das Ziel, ein völkerrechtlich verankertes internationales Tribunal zu Menschenrechtsverbrechen im ehemaligen Jugoslawien und anderen Teilen der Welt einzurichten, sondern mutmaßliche Täter auch tatsächlich dingfest zu machen und vorzuführen. Wenige Tage nachdem die Nachrichten aus Srebrenica eingetroffen waren, rief HRW zu einer Sondersitzung von Menschenrechtsorganisationen in New York auf. Das Ergebnis war eine Presseerklärung von 27 Organisationen, in der die westlichen Mächte un-ter Führung der USA aufgerufen wurden, mit militärischen Mitteln die Zivilisten in den UN-Schutzzonen tatsächlich zu schützen, die Zufuhr humanitärer Hilfsleistungen sicher-

---

[33] So etwa eine Einschätzung von Barbara Unmüßig, Vorsitzende von WEED, im Frühjahr 2001.

zustellen, die Namen von Kriegsverbrechern zu veröffentlichen sowie die Kooperation der jugoslawischen Regierung mit dem Kriegsverbrechertribunal in Den Haag zu erzwingen. Ähnliche Aufrufe ergingen später direkt an Präsident George Bush und an UN-Generalsekretär Boutros-Ghali. Zu den Organisationen, die das Dokument nicht unterzeichneten, gehörte die Konkurrenzorganisation Amnesty International, die aus prinzipiellen Gründen niemals öffentlich Kriegseinsätze befürwortet. Im August 1994 kam es tatsächlich zu einer Serie von Bombenangriffen der Nato auf serbische Stellungen in Bosnien, für die eine weltweite Koalition von Nichtregierungsorganisationen zumindest die öffentliche Legitimation mit beschafft hatte.

Mit der unerwarteten Rückkehr massiver Kriegsverbrechen und Völkermorde nach dem Ende des Kalten Krieges (vgl. Falk 1999) gewann die Forderung nach einer weltweiten Strafgewalt, die erstmals von Sprechern des Roten Kreuzes im späten 19. Jahrhundert aufgebracht worden war, an Aktualität. Unter den veränderten internationalen Bedingungen schien sie zudem leichter als früher durchsetzbar zu sein. Bei dieser Forderung, die im Anschluss an die Gräuel der ethnischen Vertreibungen auf dem Territorium des ehemaligen Jugoslawien lauter wurde, standen zwei Gedanken im Vordergrund: zum einen sollten die *Verantwortlichen* für schwere Menschenrechtsverletzungen namhaft gemacht und rechtswirksam verurteilt werden können, zum anderen sollte eine Rechtsicherheit für die *Opfer* hergestellt werden, von der wir wissen, dass sie einen wichtigen Beitrag für die Wiedergewinnung des fundamental erschütterten Weltvertrauen von traumatisierten Opfern politischer Verbrechen leistet (Görg 2001). Die Beschlüsse des UN-Sicherheitsrates vom Mai 1993 bzw. November 1994 zur Einrichtung von Ad-hoc-Kriegsverbrechertribunalen zu den Ereignissen im ehemaligen Jugoslawien wie zum Genozid am Volk der Tutsi in Ruanda sind als wichtige Vorboten eines ständigen Strafgerichtshofes aufgefasst worden.

Die Idee eines ständigen internationalen Strafgerichtshofes

Die weiter gehende Idee eines nicht mehr an einzelne Orte und Ereignisse gebundenen, ständigen internationalen Strafgerichtshofes wurde gleichfalls außerhalb des UN-Systems geboren und von Nichtregierungsorganisationen getragen, die zwar bei den Vereinten Nationen und ihrem Generalsekretär für ihre Idee warben, sich jedoch nicht von den Verfahren und diplomatischen Zwängen der Weltorganisation abhängig machten. Für den begrenzten Erfolg dieser Kampagne – ein internationaler Strafgerichtshof wird frühestens im Jahr 2003 seine Arbeit aufnehmen – war neben den beiden großen Menschenrechtsorganisationen Amnesty International und Human Rights Watch die Bewegung für eine Welt-Föderation (WFM) Ausschlag gebend. Die normativen Leitideen dieser überaus rührigen Gruppierung hatten bereits die engagierten Befürworter eines neuen Seerechts und eines internationalen Seegerichtshofes in den 70er Jahren beflügelt. Gleichsam unter Vorwegnahme ihres politischen Ziels haben sich die Welt-Föderalisten immer wieder als Meister der erdumspannenden Vernetzung von Gleichgesinnten erwiesen. Mitte der 90er Jahre wurden sie zum Koordinationszentrum und Durchlauferhitzer für etwa 300 NGOs sowie einer Reihe amerikanischer Anwälte und Völkerrechtler, aber auch europäischer Jurastudenten, die das Konzept eines internationalen Strafgerichtshofes ausarbeiteten und in ihren jeweiligen Teilöffentlichkeiten auf seine Konsensfähigkeit hin testeten.

Im Juli 1998 fand schließlich in Rom die diplomatische Konferenz zur Verabschiedung des Statuts des Internationalen Strafgerichtshofes statt. Niemals war die zahlenmäßige Präsenz von NGOs wie auch die inhaltliche Prägung des Normbildungsprozesses bei einer vertragsschließenden diplomatischen Konferenz deutlicher. Bei aller Zurückhaltung im Detail fand zumindest das *Prinzip* der Strafwürdigkeit von Verbrechen gegen die Menschlichkeit und Kriegsverbrechen beachtliche Zustimmung in der Staatengemeinschaft. Als Verbrechen gegen die Menschlichkeit gelten im Sinne des Römischen Statuts des Internationalen Strafgerichtshofes „umfassende oder systematische Angriffe gegen Zivilbevölkerungen", die mit dem Wissen der Beteiligten unternommen werden und einen oder mehrere der folgenden Tatbestände einschließen: Mord, Ausrottung, Versklavung, Deportation oder Verschleppung, Gefangennahme, Folter, Vergewaltigung, sexuelle Sklaverei, Zwangsprostitution, gewaltsame Schwängerung und andere Formen sexueller Gewalt, Verfolgung, das gewaltsame Verschwindenlassen von Personen, Apartheid und andere Formen der unmenschlichen Handelns. Als Verbrechen gegen die Menschlichkeit gelten nach Ansicht von Rechtsexperten auch Mega-Attentate von der Art, wie wir sie im September 2001 in New York City erlebt haben.[34] Ferner wird der Gerichtshof zuständig sein für Kriegsverbrechen, vor allem für solche, die als Teil eines systematischen Plans oder eines Auftrags begangen werden.

Freilich wurde auch deutlich, dass sowohl die im Globalisierungsprozess gestärkten Staaten wie auch viele kleine antiwestlich gestimmte Regierungen keineswegs bereit sind, Hoheitsrechte einer internationalen Institution zu übertragen, die sie nicht kontrollieren. In diesem Kernbereich staatlicher Souveränitätsausübung stößt der Trend der Entnationalisierung offenkundig an Grenzen. So richteten sich die USA stellvertretend für andere gegen die Idee, einen Chefankläger einzusetzen, der selbstständig (proprio motu), d.h. ohne Auftrag des UN-Sicherheitsrates auf der Basis von Informationen aus staatlichen oder nichtstaatlichen Quellen eine Ermittlung gegen Bürger des eigenes Landes einleiten kann. Vertreter der USA mussten feststellen, dass sie sich in dieser Frage ausnahmsweise in einer Front mit vielen historischen oder aktuellen Widersachern befanden, von Afghanistan und Kuba über Iran und Irak bis hin zu Libyen, China, Russland oder Vietnam. Die Kampagne illustriert somit auch die Schranke, die ein strikter moralischer Universalismus in der Tatsache findet, dass insbesondere viele kleine Nationen ihr Heil darin sehen, sich gegen die Erwartungen größerer Nationen und der gesamten internationalen Gemeinschaft als Staaten zu behaupten.[35]

Resistente Nationen

Gleichwohl markiert die Kampagne, die ihre Ziele noch nicht vollständig erreicht hat, für die Geschichte der „neuen Selbstständigen" in der Politik einen Höhepunkt, weil hier Menschenrechtsgruppen von einem breiten Saum von Organisationen mit anderen thematischen Schwerpunkten flankiert werden. Dazu zählen auch Frauen- und Umweltgruppen. Die britische Organisation *Indict*, die von der Labour-Abgeordneten Ann Clwyd geführt wird, kooperiert weltweit mit Justizbehörden, um die Mitglieder von Regierungen, denen massive Menschenrechtsverletzungen vorgeworfen werden, z. B. bei privaten Auslandsreisen zu enttarnen und möglichst festnehmen zu lassen. Hinzu kommt, dass man zumindest einen Teil der Entwicklungsländer, vor allem in Afrika, für das Projekt eines ständigen internationalen Strafgerichtshofes gewinnen konnte.

Das Beispiel der 1992 gegründeten internationalen Kampagne zum Verbot von Landminen (genauer: Antipersonenminen) (ICBL), an der neben anderen wiede-

---

[34] So Kai Ambos vom Max-Planck-Institut für internationales Strafrecht in Freiburg (SZ, 22./23.9.2001, S. 1).

[35] Zu Details vgl. das Symposium des Cornell International Law Journal, Jg. 32, Nr. 3, 1998 sowie die Homepage der NGO-Koalition für einen Internationalen Strafgerichtshof: http://www.iccnow.org

rum Human Rights Watch sowie die deutsche Organisation Medico International beteiligt waren, zeigt noch deutlicher das Ausmaß, in dem die UNO durch NGO-Kampagnen überspielt werden kann. Die Anti-Minen-Koalition, die 1997 mit dem Friedensnobelpreis geehrt wurde, ist exemplarisch für den Versuch, die Wahrnehmung von militärischen Sicherheitsangelegenheiten von Staaten zu beeinflussen und damit die Bindung von NGOs an so genannte „weiche" Themen zu überwinden. Dies geschah zunächst dadurch, dass man die Frage der Minen nicht als ein Abrüstungsthema, sondern als ein Thema des Menschenrechtsschutzes deutete und damit politisch entschärfte. Die Opfer von Landminen sind zu 80 Prozent Zivilisten, die in zahlreichen Ländern immer wieder *nach* der Einstellung von Kampfhandlungen – auf dem Weg zur Arbeit, beim Spielen oder Beerensammeln – verstümmelt werden. Wer nicht verstümmelt wird, dem wird in diesen Ländern die Freiheit genommen, ohne Angst in offener Landschaft zu Fuß zu gehen. Der Kampagne kam zugute, dass anders als in den 50er und 60er Jahren die Verwendung von humanitären und Menschenrechtsargumenten bei den Regierungen der meisten Entwicklungsländern keine Abwehrreflexe mehr auslöst, teils, weil sich die politischen Systeme gewandelt haben, teils, weil der Menschenrechtsdiskurs heute eine soziale und entwicklungspolitische Komponente umfasst. Auf diese Weise gelang es der Kampagne, sowohl eine bei militärischen Fragen sonst untypische Nord-Süd-Allianz herzustellen als auch eine Reihe ranghoher amerikanischer Militärs einzubinden, die sich gleichfalls von der Sinnlosigkeit des Instruments der Landminen überzeugen ließen. Dazu gehörte etwa der Golfkriegsveteran General Norman Schwarzkopf.

Für den Erfolg der Kampagne, die in das Übereinkommen von Ottawa mündete, war zudem die Unterstützung von zwei großen Staaten zentral, die jeweils einer Seite des Nord-Süd-Gegensatzes zugerechnet werden konnten: Kanada und die Republik Südafrika, die beide zum Magnet für weitere kompromissbereite Staaten wurden. Inzwischen haben 139 Staaten die Konvention unterzeichnet, so dass sie im März 1999 in Kraft treten konnte.[36] Die Besonderheit dieses Beispiels liegt darin, dass auch einflussreiche Staaten, die bis vor kurzem selbst Landminen produzierten, unmittelbar als Verbündete von NGOs auftraten, wenngleich sich andere Staaten wie die USA, Russland, China oder Indien mit unterschiedlichen Argumenten verweigerten. Anders als in UN-typischen Aushandlungsprozessen lag die Initiative zunächst ganz bei einzelnen hochmotivierten NGOs, die in Verbindung mit Opferverbänden und ohne den Zwang zu Konsenslösungen ein Thema für die Öffentlichkeit und ausgewählte Adressaten „maßschneidern" konnten, um danach Zug um Zug eine möglichst große Zahl von Staaten zu einer verbindlichen Selbstverpflichtung zu bewegen – und den Rest zu „beschämen". Auch bei der Umsetzung der Ottawa-Konvention sind NGOs durch kreative Ansätze aufgefallen. So hat die amerikanische Vereinigung für die Vereinten Nationen (UNA-USA) ein Patenschaftsprogramm gestartet, das in den Gemeinden Geld für die Räumung einzelner verminter Gebiete irgendwo auf der Welt sammelt und damit zugleich das Bewusstsein für das Leben in diesen Gebieten erhöht – ein sinnfälliges Beispiel für die „lokalpatriotische" Aufwertung eines jeweils bestimmten Fleckens Erde im Lichte eines kosmopolitischen Programms.[37]

---

[36] Vgl. die Homepage der internationalen Kampagne für das Verbot von Landminen: http://www.icbl.org.

[37] Vgl. das „Adopt-A-Minefield"-Programm der UNA-USA, http://www.unausa.org/ programs/aam/adoptamine.htm (20.6.2001).

Gemeinsam ist den beiden Themen der Anti-Landminen-Kampagne und der Einrichtung eines ständigen Internationalen Strafgerichtshofes, dass sie sich *weder* auf die Regierung der USA oder eine andere Großmacht *noch* auf die Vereinten Nationen stützten, wenngleich sie sich auf mächtige Initiativen im Inneren der amerikanischen *Gesellschaft* und auf die Sympathie von so genannten gleichgesinnten („like-minded") Mitgliedstaaten der Vereinten Nationen verlassen konnten.

Das Verhältnis der USA zu den Vereinten Nationen ist bekanntlich spannungsgeladen und der rhetorische Antiamerikanismus vieler NGOs ergibt sich zu einem guten Teil aus den Konflikten zwischen den Interessen der Supermacht und den in zahlreichen internationalen Übereinkommen niedergelegten Idealen der Weltorganisation. Neben dem globalen Mandat der Vereinten Nationen bot der idealistische Anspruch vielen Nichtregierungsorganisationen stets eine wichtige Berufungsgrundlage des eigenen Engagements. Andere überregionale Institutionen haben ebenfalls Konfliktfelder geschaffen, in denen NGOs eine wichtige Rolle bei der Wissensbeschaffung, der moralischen Fürsprache und der weltöffentlichen Anklage spielen. NGOs treten immer da vermehrt auf, wo sich internationale Institutionen materiell und symbolisch etablieren. Neben der UNO galt dies beispielsweise auch für die Organisation für Sicherheit und Zusammenarbeit in Europa (KSZE) und die Helsinki-Schlussakte, die einen maßgeblichen Einfluss auf die Bildung von Bürgerrechtsgruppen in Osteuropa ausübte.

Aber auch solche internationalen Institutionen, denen man bestimmte idealistische Motive (vielleicht zu Unrecht) gar nicht erst zubilligen möchte, bilden ein wichtiges Vorfeld der Selbstorganisation von NGOs. Zu nennen sind vor allem die Weltbank (IBRD) und der Internationale Währungsfonds (IWF), die 1944 in der amerikanischen Stadt Bretton Woods konzipiert wurden, sowie neuerdings die Welthandelsorganisation (WTO). Diese großen multilateralen Institutionen sind Akteure der politischen Globalisierung, die heute die Macht haben, extraterritoriale Regeln und Standards gegenüber Drittstaaten bzw. innerhalb ihrer völkerrechtlich an sich ja souveränen Mitgliedstaaten durchzusetzen (vgl. Kapitel 2, Tab. 1). Damit verkörpern sie die Zwiespältigkeit des globalen politischen Prozesses, der eine Harmonisierung von Regeln und eine enge Abstimmung von Entscheidungsverfahren nur durch den sanften Zwang von Institutionen bewirken kann, deren Legitimation von vielen angezweifelt wird. Zu sehen ist freilich auch, dass derlei Vorgaben durchaus auch gegen pseudofeudale oder anderweitig verschwenderische Verhaltensweisen von Staaten wirken können. Die Legitimationszweifel haben dazu geführt, dass die internationalen Finanz- und Handelsinstitutionen, die über Jahrzehnte ein öffentlich völlig unbeachtetes Dasein führen konnten, in kürzester Zeit zum Gegenstand heftiger politischer Konflikte geworden sind. Auf den folgenden Seiten werde ich nacheinander die Beziehungen zwischen den neuen transnationalen Verbänden und der Weltbank, dem IWF und der WTO skizzieren, bevor ich mit wenigen Beobachtungen zur Rolle von NGOs in der Europäischen Union schließe.

Anders als die Teilorganisationen der Vereinten Nationen ist die Weltbank mehr als eine internationale Organisation zur Wahrnehmung von Funktionen in einem begrenzten Politikfeld wie Gesundheit, Bildung oder Arbeit. Vielmehr haben wir es mit einer globalen Institution zu tun, deren selbst gestecktes Ziel nichts Geringeres als die umfassende „Entwicklung" der Welt ist. Neben „Freiheit" und „Demokratie" war wirtschaftliche und soziale „Entwicklung" eine der modernen Leitformeln für

Weltbank, IWF und WTO

Die Weltbank

den Wiederaufbau der nichtkommunistischen Welt nach dem Krieg, die besonders der amerikanische Präsident Harry S. Truman mit großem Pathos verkündigte. Die Weltbank ist bis heute der wichtigste strategische Mechanismus, um dieses Ziel der Entwicklung durch die weltwirtschaftliche Integration derjenigen Staaten zu erreichen, die seit 1945 als „Entwicklungs"-Länder bezeichnet werden (zu denen sich inzwischen die Länder des ehemaligen Ostblocks gesellt haben). Der Präsident dieser mächtigen Institution ist nach einer informellen Übereinkunft seit der Gründungskonferenz ein US-Amerikaner, der das persönliche Vertrauen des Präsidenten der USA genießt. Die historische Eigentümlichkeit der Weltbank besteht darin, dass sie klassische Bankgeschäfte der Kreditvergabe und Investitionshilfe mit einem philantropisch untermalten entwicklungspolitischen Programm verknüpft, das im Laufe der Jahrzehnte immer anspruchsvoller und idealistischer geworden ist. Nicht erst heute behauptet die Weltbank von sich, die Rhetorik von Armutsbekämpfung, Minderheitenrechten und Umweltverträglichkeit, die durch die großen UN-Konferenzen in den weltbürgerlichen Jargon eingegangen ist, ernst zu nehmen und in lokale Praktiken der Kreditvergabe und der Bewertung von Infrastrukturprojekten umzusetzen. Die Entscheidung der UN-Konferenz über Umwelt und Entwicklung 1992, die Weltbank in Gestalt einer neu geschaffenen globalen Umweltfinanzierungseinrichtung (GEF) zum zentralen Finanzierungsmechanismus für das beschlossene Programm einer nachhaltigen Entwicklung zu machen, fügt sich reibungslos in das ohnehin menschenfreundliche „grüne" Selbstverständnis der Bank.

Ins Visier von Nichtregierungsorganisationen ist die Bank dadurch geraten, dass sie die anspruchsvollen Maßstäbe, die sie seit jeher an die eigene Finanzierungstätigkeit legt, in der Praxis immer wieder mehr oder weniger eklatant verletzte. Ungefähr 1983 traten zum erstenmal US-amerikanische Umweltverbände mit Sitz in Washington auf, die die Weltbank ganz im Sinne des Idealtyps westlicher NGOs als Ausdruck einer verfehlten Politik des *eigenen* Landes angriffen und dabei die *Opfer* dieser Politik in weit entfernten Regionen verteidigten. Die frühen Konflikte entzündeten sich hauptsächlich an großen Staudammprojekten und der Frage nach den wirklichen Nutznießern und den Folgekosten solcher Projekte. Die Eigenart dieser Konflikte und die Rolle von NGOs in ihnen lässt sich gut am Beispiel des bis heute anhaltenden Streits um den Sardar-Sarovar-Staudamm im Westen Indiens erläutern.

Ein Staudammsystem, das die Süßwasserressourcen des mächtigen Narmada-Flusses für die Trinkwasser- und Stromversorgung sowie die Bewässerung von Feldern nutzbar machen sollte, wurde bereits kurz nach der Proklamation der Unabhängigkeit Indiens von der damaligen Staatsführung erträumt. Weder die Regierung Indiens noch die Weltbank ahnten allerdings etwas von den horrenden Folgen des Projekts für Landschaft und Leute in den drei betroffenen Bundesstaaten. Die ursprünglichen Pläne hätten – um nur einen Punkt zu nennen – eine Zwangsumsiedlung von bis zu 200.000 Menschen zur Folge gehabt, viele von ihnen Ureinwohner, die über keine formellen Besitztitel für das Land verfügen, auf dem sie siedeln.[38] Bereits bei den ersten Vor-Ort-Erkundungen im Vorfeld der Projektplanung dämmerte es einigen Beratern, dass die Weltbank dabei war, in ein Wespennest unübersehbarer Folgeprobleme zu treten, sollte sie das Projekt ohne Rücksicht auf Verluste

Der Sardar-Sarovar-Staudamm in Indien

---

[38] Nach Angaben von Patrick McCully vom International Rivers Network sind bis heute insgesamt zwischen 30 und 60 Millionen Menschen Opfer von (oft gewaltsamen) Umsiedlungsmaßnahmen im Rahmen von Staudammprojekten geworden.

durchsetzen. Besonders heikel erschien die Umsetzung der notwendigen Umsiedlungs- und Rehabilitationspläne für große, ohnehin benachteiligte Bevölkerungsgruppen. Einzelne Berater der Weltbank warnten ihre Vorgesetzten, dass die Umsiedlungen dem Schreckbild staatlich organisierter Deportationen im Dienste des Fortschritts ähneln könnten. Die Bank selbst ignorierte solche Warnungen, die dafür umso mehr Gehör fanden im Umkreis von NGOs, die seit Mitte der 80er Jahre das Gesamtprojekt im Rahmen einer internationalen Narmada-Kampagne öffentlich in Frage stellten. Im Sinne der von mir eingeführten Unterscheidung zwischen land- und wasserorientierten NGOs kann die Rolle dieser Kampagne darin gesehen werden, dass neben dem Meer als Deponie für Gifte nun auch das Süßwasser als umkämpfte Ressource und Lebensgrundlage von Menschen ins Blickfeld westlicher Verbände geriet. Damit wurde sowohl eine Verbindung hergestellt zwischen land- und wasserbezogenen Problemen als vor allem auch eine Verbindung zwischen den Menschenrechts- und Naturschutzanliegen klassischer westlicher Organisationen und den Überlebensinteressen der Bevölkerung im Umland des geplanten Großprojekts, einer Bevölkerung, die übrigens keineswegs geschlossen und prinzipiell gegen Staudämme eingestellt ist. Erwähnenswert ist ferner, dass in diesem Konflikt erstmals auch japanische NGOs, etwa die japanische Sektion von Friends of the Earth, eine international beachtete Rolle spielten.

Zusammenfassend kann die weit verzweigte Kampagne, in der aufgerüttelte amerikanische Kongressabgeordnete, japanische Umweltaktivisten, unabhängige Experten, eine kleine deutsche NGO mit dem schönen Namen *Urgewald* und eine starke einheimische Bewegung in Indien zusammenwirkten, als erfolgreich gelten. Erfolg heißt in diesem Fall, dass sich die Weltbank zum Rückzug aus der Finanzierung des Projekts entschlossen hat und sich zugleich ein Gesinnungswandel bei indischen Richtern feststellen lässt, die heute geneigt sind, die Dammhöhen der Staudämme zu reduzieren, um den Erfordernissen der Bewässerung und der Stromerzeugung ebenso Rechnung zu tragen wie den Nöten der Bevölkerung im Umland, die eine Verringerung der zu überflutenden Fläche anstrebt. Die Verringerung der Dammhöhen ist direktes Resultat „einer ernst zu nehmenden Gegenbewegung, die es bereits geschafft hat", so die unabhängige Welt-Staudammkommission, „das Ansehen des Staudammbaus in der Öffentlichkeit zu schmälern" (zit. in Usher 1997, S. 5). Der „Narmada-Effekt" ist heute bei Mitarbeitern der Weltbank ein geflügeltes Wort für die unkalkulierbaren politischen Folgen unterschätzter sozialer und ökologischer Nebenwirkungen von technischen Großprojekten. Zu den Erfolgsbedingungen der Gegenbewegung gehören die hohen und inzwischen noch weiter gestiegenen offiziellen sozial- und umweltpolitischen Ansprüche der Weltbank an die eigene Operationsweise, die das Aufbrechen interner Differenzen begünstigen und damit die Chance für NGOs und andere gesellschaftliche Gruppen im In- und Ausland erhöhen, Einfluss auf die bankinternen Entscheidungsprozesse zu gewinnen. Der Aktivitätspegel der bankinternen Abteilung für Qualitätskontrolle (Operations Evaluations Department) ist seit dem Narmada-Debakel erheblich gestiegen, wie etwa auch die jüngste Einladung an die Repräsentanten indigener Völker zeigt, Briefe, Flugblätter, Pressemitteilungen, Versammlungsprotokolle, Berichte und Studien zu möglichen negativen Wirkungen von Weltbankprojekten an eine spezielle Stabsstelle der Bank zu senden.

Ferner hängen die Erfolgsaussichten von NGO-Kampagnen von der Verfassungslage und dem Demokratisierungsgrad derjenigen Regionen ab, in denen In-

Der „Narmada-Effekt"

111

frastrukturprojekte geplant werden. Dies macht das Beispiel eines Staudammprojekts in der Volksrepublik Laos deutlich, einem Land, in dem anders als in Indien
die politische Macht hochgradig zentralisiert ist und die Möglichkeiten zum öffentlichen Protest beschränkt sind. Am Beispiel dieses Staudammprojekts zeigt der
amerikanische Soziologe Michael Goldman in einem noch unveröffentlichten
Buchmanuskript sowohl die neue Qualität des Engagements der Weltbank, die sich

Ein Großprojekt im Mekong-Delta

seit ihrem „World Development Report 1998-99" als *die* maßgebliche „Wissens-
bank" der Erde bezeichnet, als auch das breite Spektrum von Rollen, die unterschiedliche NGOs in diesem Zusammenhang übernehmen.[39] Ziel des Staudammprojekts Nam Theun 2 in Laos, ist die nachhaltige Umwandlung des Mekong-Del-
tas in eine integrierte transnationale Nutzungszone, in der ohne allzu große Naturzerstörung gleichzeitig Strom für Thailand, touristische Ersatzparadiese für Westler
und Einkommenschancen für die laotische Bevölkerung geschaffen werden sollen.
Zu einem konkurrenzlosen Wissensproduzenten, dessen Berater und Datensamm-
ler bis in die entlegensten Winkel der Erde vorstoßen, ist die Weltbank durch den
politisch erzeugten Druck von NGOs und anderen Kräften geworden, umfangreiche Sozial- und Umweltverträglichkeitsprüfungen durchzuführen. Das Missverhält-
nis zwischen der Armut der Länder, in denen Großprojekte geplant werden, und
den gigantischen intellektuellen Ressourcen der Bank führt dazu, dass heute die
entsprechenden Abteilungen in Washington viel mehr über das Mekong-Delta und
seine Bewohner wissen als irgendeine offizielle Stelle in Laos. In den vergangenen
Jahren wurde im Rahmen der Technikfolgenabschätzungen von Weltbank-Ethno-
logen eine ganze Reihe entlegener Bergstämme entdeckt, die bisher unbekannte
Sprachen sprechen. Ebenso wurden neue Fischarten entdeckt und zahllose Daten
über die Bewegung dieser Fische im gigantischen Flusssystem des Mekong gesammelt. Hunderte von westlichen Wissenschaftlern aus den unterschiedlichsten Disziplinen, die oft nur auf der Basis von kurzfristigen Honorarverträgen arbeiten, fliegen mit Hubschraubern in Siedlungsgebiete, in die kein Regierungsbeamter aus der
Hauptstadt Vientiane jemals vordringt.

Wissen und Macht

Mit Blick auf die dabei entstehende Verbindung von Wissen und Macht sind drei
Aspekte von Interesse. Erstens zeigt das Beispiel eine Entmonopolisierung des inge-
nieurwissenschaftlichen Wissens z.B. von Staudammkonstrukteuren. Statt dessen
kommt eine Vielzahl von Disziplinen bei der Planung zum Zuge, um die gewalti-
gen politischen Risiken von Großprojekten zu minimieren. Zweitens jedoch wird
das gesammelte Expertenwissen von der Weltbank gelegentlich „frisiert". Befunde
werden isoliert und selektiv in eine Deutungskultur eingepasst, die letztlich den Bedürfnissen der Außendarstellung der Weltbank, der Motivierung von Investoren
und der Beschwichtigung von Kritikern dienen muss. In einzelnen Fällen wurden
missliebige Befunde, etwa über den Zusammenhang zwischen dem Volumen ge-
stauten Flusswassers und dem Niedergang des Fischreichtums flussabwärts, einfach
unterdrückt. Wir beobachten folglich eine Enteignung von Expertenwissen über
bestimmte sozialräumliche Settings in Entwicklungsländern. Diese Enteignung begünstigt allerdings zugleich die Bildung von transnationalen Koalitionen zwischen
Experten und Laien über große Entfernungen hinweg. Drittens schließlich wird das
Wissen der lokalen Bevölkerung einerseits erhoben, andererseits abgewertet zugun-

---

[39] Die folgenden Informationen verdanke ich Michael Goldman von der University of Illinois in Urbana-
Champaign. Vgl. auch Goldman (2001).

sten einer institutionalisierten Außenperspektive, für die von vornherein feststeht, dass auch Dorfbewohner in Laos Strom aus riesigen Staudämmen „brauchen", um sich zu „entwickeln". Zusammengefasst bietet die Weltbank ein Beispiel für die Produktion eines komplexen interdisziplinären Wissens, das in enormer sozial-räumlicher Distanz zu den Orten seiner Erhebung monopolisiert und zum Leit-faden von Infrastrukturprojekten gemacht wird, die tief in gesellschaftliche Zusam-menhänge eingreifen.

Westliche NGOs verfügen in diesem Feld keineswegs über eine einheitliche Ge-genperspektive zu den Problemdeutungen und Lösungsansätzen der Weltbank. Ei-nige große Umweltverbände beteiligen sich sogar an der Neudefinition und Zonie-rung von Naturräumen, die vor ihren traditionellen Bewohnern geschützt werden sollen. Andere Organisationen, die von neuen Mekong-Forschungszentren in Aus-tralien und Thailand unterstützt werden, versuchen dagegen, die Legitimität des Wissens und der Rezepte der Weltbank in Zweifel zu ziehen, indem sie die Sicht-weisen der betroffenen einheimischen Bevölkerung zu Gehör bringen. Diese zwei-te Gruppe von NGOs stellt die Frage danach, welches Wissen als *wahres* Wissen gel-ten kann und wie die angemessene Balance zwischen dem globalen Expertenwissen internationaler Organisationen und den lokalen Kenntnissen von Fischern, Bauern und anderen in Südostasien beschaffen sein sollte.

Vielfalt und Erfolgsaussichten der NGOs

Zusammenfassend ist festzustellen, dass es weltweiten Netzwerken von NGOs gelungen ist, sowohl die internen Anforderungen an die Planung von Infrastruk-turprojekten innerhalb der Bank zu erhöhen als auch immer wieder die Diskrepanz zwischen diesen Anforderungen und den häufig ungenügenden Ergebnissen offen zu legen und für Kampagnenzwecke auszubeuten. Solche Diskrepanzen zwischen Anspruch und Wirklichkeit werden auch in der Weltbank selbst empfunden. Im Sommer 2000 verließ zum Beispiel Ravi Kanbur, Autor des „World Development Report 2000", unter Protest die Bank, deren Leitung er vorwarf, massiven Druck auf die Redaktion und damit auf den Tenor der Aussagen dieses wichtigen Berichts aus-geübt zu haben. Die Bank produziert auf diese Weise ihre eigenen Organisations-dissidenten, die häufig im Umfeld von NGOs wieder auftauchen.

In anderen Handlungsfeldern der Bank, besonders den Bemühungen, die Volks-wirtschaften der Entwicklungsländer möglichst vollständig dem Spiel der Welt-marktkräfte auszusetzen („structural adjustment"), haben NGOs vergleichsweise wenig direkten Einfluss ausüben können. Für das Gesamtspektrum aktiver NGOs gilt, dass wir seit dem Beginn der Narmada-Kampagne eine Auffächerung von Po-sitionen und Strategien beobachten können, die sich kaum mehr auf einen einzi-gen politischen Nenner bringen lassen. Radikalen Organisationen, die das Ideal der „Entwicklung" ohnehin nur für ein Feigenblatt westlichen Hegemoniestrebens hal-ten, stehen andere Gruppen gegenüber, die an modifizierten, regional angepassten Modernisierungsstrategien festhalten. In Übereinstimmung mit einem allgemeinen Trend haben im Umfeld der Weltbank die amerikanischen, in Washington ansäs-sigen NGOs ihre Monopolstellung eingebüßt zugunsten von Organisationen aus der Schweiz, Deutschland, England, Mexiko oder Uruguay, die heute direkt auf die Entscheidungen der Bank Einfluss zu nehmen versuchen. Zudem ist auffallend, dass in den vergangenen Jahren auch im Bereich der Auseinandersetzung mit der Weltbank eine gewisse Rückbesinnung auf nationale Handlungskontexte sowohl in den Vereinigten Staaten wie auch in einer Reihe von Entwicklungsländern stattge-funden hat (Nelson 1997). Der wohl größte Fortschritt aus der Sicht von NGOs liegt darin, dass in Zukunft auch viele bankinterne Vorgänge veröffentlicht werden dürften, insbesondere Dokumente zu großen Einzelprojekten sowie die Evaluationsberichte zum Fortgang dieser Projekte. Interessanterweise wird dieser Vorstoß in Richtung Transparenz, der einige bereits von einer „neuen" Weltbank sprechen lässt, von der Geschäftsführung der Bank und den großen Industrieländern unterstützt, während Russland, China und einige Schwellenländer hierin ein zu großes Entgegenkommen gegenüber den Anliegen von NGOs sehen.[40]

Der Internationale Währungsfond (IWF)

Ähnlich wie die Weltbank hat auch der Internationale Währungsfond (IWF) seit den 70er Jahren ein Wachstum an Kompetenzen, Ressourcen und Autorität erlebt, in dem sich wachsende Ungleichgewichte zwischen einigen finanzstarken Staaten und einem Kreis von Klientelstaaten ausdrücken, deren Souveränität ausgehöhlt wird. Als Zwillingsinstitution der Weltbank hat der IWF im ersten Vierteljahrhundert seiner Existenz ein ziemlich unauffälliges Dasein als Manager eines internationales Regimes fester Wechselkurse geführt, der nur selten in Konflikt mit seinen Mitgliedsstaaten geriet und die Politik der Entwicklungsländer nur am Rande berührte. Erst gegen Ende der 70er Jahre ging der Fond dazu über, die Wirtschafts- und Finanzpolitik der Mitgliedsstaaten ebenso wie die Weltwirtschaft insgesamt sorgfältig zu beobachten und insbesondere wirtschaftlich schwache Staaten zu strukturellen Anpassungen im Sinne einer möglichst reinen Marktwirtschaft zu bewegen. Der IWF verfügt heute über quasi-diplomatische Vertretungen in ungefähr 70 Ländern. Zahlreiche nationale Industrieverbände und Handelskammern stehen in engem Austausch mit seinen Experten. Sonderziehungsrechte und andere Geldquellen erlauben es dem Fond, ganze Länder wie zuletzt in Ostasien aus Bankenkrisen „freizukaufen". Diese Entwicklungen und massive nationale Proteste in einzelnen Entwicklungsländern gegen die Interventionen des IWF haben dazu geführt, dass der Fond seit den späten Achtzigerjahren verstärkt die Aufmerksamkeit nicht nur von Kirchen, Gewerkschaften und akademischen Einrichtungen, sondern auch von Nichtregierungsorganisationen auf sich gezogen hat. Der IWF hat darauf in den 80er Jahren mit der Einrichtung und Ausweitung einer Abteilung für Außenbeziehungen (External Relations Department) sowie nach 1989 mit einer eigenen PR-Abteilung reagiert. Die Stadtverwaltung von Washington hat den IWF 1986 gezwungen, ein Besucherzentrum am Sitz des Hauptquartiers einzurichten, das bis dahin eher wie eine Festung angelegt war. Heute tun die Vorstände des IWF, insbesondere auch der amtierende deutsche IWF-Direktor Horst Köhler, Einiges dafür, in der Öffentlichkeit als NGO-freundlich zu gelten. Hunderte von leitenden Angestellten haben Trainingskurse zur Selbstpräsentation in den Medien absolviert. Zu den gemeinsamen Jahrestagungen von Weltbank und IWF werden regelmäßig NGO-Vertreter eingeladen. Auch die großen UN-Konferenzen der 90er Jahre hat der IWF genutzt, um den Dialog mit Nichtregierungsorganisationen zu suchen.

Gegenüber der marktwirtschaftlichen Integrations- und Stabilisierungspolitik des IWF haben NGOs in den vergangenen fünfzehn Jahren eine Reihe unterschiedlicher Ziele verfolgt. Einige Organisationen haben versucht, sich gleichsam der Macht des IWF über schwächere Klientelstaaten zu bedienen und Forderungen nach effektivem Menschenrechtsschutz, strengeren Umweltauflagen und sozialpo-

---

[40] Vgl. „World Bank set to allow some public access", in: Financial Times, 31.8.2001, S. 4. Zur Kontroverse um die „neue" Weltbank vgl. auch den Leserbrief von Prof. Joseph Stiglitz in derselben Ausgabe.

litischen Rücksichtnahmen in der Zielformulierung des Fonds zu verankern. Andere haben hauptsächlich eine größere Transparenz der Entscheidungsverfahren und klare Verantwortlichkeiten gefordert. In diesem Feld billigen heute viele NGOs dem Fond zu, einige Fortschritte erzielt zu haben, wenngleich einige Verbandssprecher dem IWF noch gerne eine Geheimhaltungskultur im Stile des Vatikans vorwerfen – und dies sind nicht immer nur protestantische Amerikaner. Wenig können NGOs bisher ausrichten, wenn es um deziediert liberale Strukturreformen geht, deren langfristig wohlfahrtssteigernde Wirkung zum Credo der Institution gehört. Zur Deregulierung und Privatisierung der Volkswirtschaften in Osteuropa und vielen Entwicklungsländern können die Nichtregierungsorganisationen der Gegenwart keine konsistente und umfassende Alternative bieten. So müssen sie sich zufrieden geben mit gelegentlichen Signalen von IWF-Direktoren, dass man etwa in der Frage eines Schuldenerlasses für die verzweifelten Globalisierungsverlierer – die 41 so genannten Hochverschuldeten Armen Länder (HIPC) – zu Zugeständnissen bereit sei (Larsen 2000).

Im Vergleich zur Weltbank mit ihrer Unzahl kurzfristig angeheuerter Consultants, die häufig Informationen über Projektmängel und Verfahrensfehler nach außen durchsickern lassen – und in Einzelfällen selbst namhafte NGOs gegründet haben[41] –, ist der IWF bis heute eine in sich fest gefügte Institution. In diesem Ruf steht auch die 1994 errichtete Welthandelsorganisation (WTO), die das Regelwerk des Allgemeinen Zoll- und Handelsabkommens (GATT) in anderer Form fortsetzt und das Ziel verfolgt, durch die Liberalisierung des Welthandels den Wohlstand der Weltbevölkerung zu erhöhen. Das GATT hat durch die Senkung der Zölle und die Regel der Meistbegünstigung, die jede Diskriminierung zwischen Handelspartnern verbietet, dazu geführt, dass der Export stärker wuchs als Weltproduktion und damit die Globalisierung der Wirtschaft zunahm. Die Mitgliedschaft in der WTO umfasst inzwischen nahezu alle funktionstüchtigen Staaten der Welt. Das langjährige Nichtmitglied China hat nach zähen Verhandlungen Ende 2001 eine Mitgliedschaft unter erleichterten Bedienungen durchgesetzt. Wie keine andere internationale Institution verkörpert die WTO den Anspruch, die Regierungen auf eine gemeinsame wirtschaftsliberale Politik zu verpflichten und dadurch das viel beschworene friedliche Zusammenwachsen der Staatenwelt zu beschleunigen. Der beschwichtigenden Selbstdarstellung der Welthandelsorganisation, sie sei kein Lehrmeister, sondern umgekehrt ein Werkzeug ihrer Mitgliedsstaaten ("member-driven") wird von vielen Politik- und Rechtswissenschaftlern widersprochen. Anders als das GATT ist die WTO kein bloßes Übereinkommen, sondern eine internationale Organisation mit eigener Rechtspersönlichkeit und Kompetenz, die über genügend Gewicht verfügt, um ihre relative Selbstständigkeit insbesondere gegenüber den schwächeren Staaten zur Geltung zu bringen. Dazu trägt allein schon die Ersetzung des Konsensprinzips des GATT durch das Mehrheitsprinzip bei, das die Entscheidungen der WTO be-stimmt. Zudem ist die Organisation der Motor einer stärkeren horizontalen Integration und wechselseitigen Abstimmung der internationalen Finanz- und Handelsinstitutionen, die im Gründungsdokument, der Erklärung von Marrakesch vom 15. April 1994, ausdrücklich gefordert wurde. Zum institutionellen Skelett der WTO zählen zudem zwölf internationale Sonderab-

Die Welthandels-organisation (WTO)

---

[41] So wurde die einflussreiche, in Berlin ansässige Organisation Transparency International von ehemaligen Weltbank-Mitarbeitern geschaffen.

kommen, die für alle Mitgliedsstaaten verbindlich sind. Dazu gehören insbesondere Vereinbarungen über den internationalen Handel mit Dienstleistungen und die Ausdehnung des Geltungsbereichs geistiger Eigentumsrechte.

Ähnlich wie bei den Vereinten Nationen und den großen internationalen Finanzinstitutionen beobachten wir auch bei der Welthandelsorganisation, dass das Wachstum ihrer Regelungskompetenzen begleitet wird von einer Neuausrichtung von NGOs, die der neuen Organisation von Anfang an sehr viel Aufmerksamkeit widmeten. Sogar der WWF, der seine Karriere als ein sentimentaler Naturschutzverband begann, unterhält heute eine professionelle „Trade and Investment Unit", die sich mit den Umweltwirkungen von Liberalisierungsmaßnahmen befasst. Entgegen einem allgemeinen Vorurteil richtet sich die Kritik von NGOs keineswegs immer gegen den marktliberalen Wirtschaftswunderglauben der WTO, sondern gelegentlich auch gegen den unterstellten Protektionismus der Industrieländer. Der vermutlich weltweit stärkste Mobilisierungsanlass ging weniger von der Gründung der WTO selbst aus, als von dem Sonderabkommen über handelsbezogene geistige Eigentumsrechte (TRIPS), das vorsieht, das technologische Expertenwissen einiger exportorientierter Zukunftsbranchen der OECD-Staaten mit einem hohen Schutzwall zu umgeben, um auf dem Weltmarkt Zusatzrenten zu erwirtschaften. Von der einheimischen Pharmaindustrie und vielen Bauernverbänden in den großen Schwellenländern des Südens ist dieses Abkommen als wirtschaftliche Existenzbedrohung wahrgenommen und mit Argumenten bekämpft worden, wie sie bis in die siebziger Jahre des 19. Jahrhunderts von Anhängern des Freihandels in Europa und den USA angeführt wurden. Koalitionen von NGOs haben sich diese Argumente zu eigen gemacht und lautstark auf einer Fortschreibung des Schutzgefälles zwischen unterschiedlich entwickelten Weltregionen insbesondere für Saatgut, Medikamente und biotechnische Innovationen bestanden. In diesem Konflikt standen viele NGOs zuerst an der Seite schwächerer Staaten, um sich dann, nach dem Beitritt dieser Staaten zur WTO, auf der Seite der innerstaatlichen Opposition dieser Länder wiederzufinden (Brasilien, Indien oder Südafrika sind prominente Beispiele).

Während sich hier – anders als beim bisher erfolgreichen Widerstand gegen ein allzu wirtschaftsfreundliches Multilaterales Investitionsabkommen (MAI) – eine Niederlage abzeichnet, finden die neuen Verbände auf der Ebene der Organisationsstruktur der WTO ungleich mehr Berücksichtigung als innerhalb des GATT. Art. V (2) der Erklärung von Marrakesch schreibt ausdrücklich die Einrichtung angemessener Formen der „Konsultation und Kooperation mit Nichtregierungsorganisati-onen" vor. So wurden zur 4. Ministerkonferenz der Welthandelsorganisation im Scheichtum Katar, im November 2001, über 600 NGOs offiziell eingeladen. Aus der Sicht der WTO bietet die damit angestrebte Zusammenarbeit mehrere Vorteile. NGOs wie die Abteilung „Global Trade Watch" der amerikanischen Bürgerorganisation Public Citizen oder die indische Mini-NGO Gene Campaign gelten als bestens informierte und vernetzte Einrichtungen, deren Anhörung die interne Diskussion um Ziele, Bewertungsmaßstäbe und zu erwartende Widerstände stimulieren kann. Außerdem verspricht der Kontakt zu NGOs einen Beitrag zur nachträglichen Legitimation der Organisation in den Augen der Weltöffentlichkeit.

Wenn man die Perspektive wechselt und nach den Zielen der NGOs fragt sowie nach den Erfolgschancen, die sie sich im Austausch mit der WTO ausrechnen, entsteht ein sehr viel gemischterer Gesamteindruck. Manche Gruppen sehen reale Aussichten z.B. auf die Einführung globaler Mindeststandards in der Umweltpolitik oder

Das TRIPS-Abkommen

Unklare Erfolgschancen der NGOs

im Arbeitsschutz, die als Anti-Dumping-Regelungen im Einklang mit dem liberalen Programm der WTO gegen widerstrebende Mitgliedsstaaten durchgesetzt werden könnten. Organisationen aus dem Landwirtschaftssektor sind demgegenüber eher pessimistisch. „Wir durften da ein bisschen Feigenblatt spielen", so der ernüchterte Kommentar eines deutschen Aktivisten nach der WTO-Ministerkonferenz in Seattle im Dezember 1999.[42] Solche Eindrücke nähren bei einigen NGOs eine grundsätzlich ablehnende Haltung gegenüber dem gesamten neuen Welthandelsregime. Auch Greenpeace – eine Organisation, die ansonsten eher zu den integrativen und beweglichen „Delfinen" des NGO-Spektrums zählt (vgl. Kapitel 5, Tabelle 6) – hat anfangs jeden Dialog mit Repräsentanten der Welthandelsorganisation abgelehnt.

Eine Vielzahl von Aktivitäten richtet sich gegenwärtig auf die Verbesserung der Transparenz von Entscheidungen und die Sicherung von formellen Teilnahmerechten für Gewerkschaften, Umweltverbände, Menschenrechtsorganisationen, Verbraucherschutzgruppen und andere. Auch feministische Organisationen, die auf die besonderen Arbeitsbedingungen von Frauen z.B. in den exportorientierten Wirtschaftszonen der Entwicklungsländer verweisen, haben ihre Stimme erhoben. Auf dieses turbulente Umfeld reagierte die WTO bisher mit einer Reihe vorsichtiger Annäherungen, um nach Wegen der gefahrlosen Einbeziehung von Nichtregierungsorganisationen in die eigene Politikformulierung zu suchen. So wurden eine Vielzahl von Symposien mit eingeladenen NGO-Vertretern organisiert. Während der Ministerkonferenzen erhielten NGOs Zugang zu eigens bereit gestellten Büroräumen und Medieneinrichtungen. Positionspapiere von NGOs und anderen gesellschaftlichen Anspruchsgruppen werden auf der Homepage der WTO publiziert. Am Sitz der Organisation in der Rue de Lausanne in Genf finden zudem regelmäßige Informationsveranstaltungen statt. Wichtiger jedoch ist, dass die WTO eine Informationspolitik eingeführt hat, die auch beinhaltet, das zum Beispiel Berichte über zwischenstaatliche Streitschlichtungsverfahren, deren Zahl in den letzten Jahren enorm gestiegen ist, nach ihrem Abschluss sofort ins Internet gestellt werden. Zudem veröffentlicht die WTO die Sitzungsprotokolle des Ausschusses für Handel und Umwelt sowie eine Vielzahl von Berichten, aus denen manchmal hervorgeht, in welchem Maße sich einzelne Länder den Regelungsvorgaben der neuen Behörde gebeugt oder widersetzt haben.

Trotz dieser Lichtblicke wird der WTO im Vergleich zur Weltbank eine nur oberflächliche Kommunikationspflege nachgesagt, die keine erkennbaren Spuren in der alltäglichen Praxis hinterlässt. Wenig ist geschehen, um über die Bereitstellung von Informationen und die Rhetorik der notwendigen Einbeziehung der „Zivilgesellschaft" hinaus robuste Mitwirkungsrechte für NGOs in der Weise zu institutionalisieren, wie dies der Wirtschafts- und Sozialrat der Vereinten Nationen seit den 50er Jahren unternommen hat. Tatsächlich besteht das gemeinsame Ziel einer Mehrzahl handelspolitisch aktiver Nichtregierungsorganisationen in der Institutionalisierung derartiger Rechte für offiziell akkreditierte NGOs einschließlich der Erlaubnis, Beobachter in die Ausschüsse der WTO entsenden zu dürfen. Auch wenn man zugibt, dass die WTO ein Forum für wirtschaftspolitische Verhandlungen ist, die wie jede andere Verhandlung auf einen gewissen Ausschluss unbeteiligter Dritter angewiesen sind, spricht nichts gegen eine Zulassung von NGO-Beobachtern zu solchen Sitz-

Transparenz und Teilnahmerechte

Verhandeln und Argumentieren

---

[42] Interview des Verfassers mit einem Mitarbeiter der BUKO Agrarkoordination in Hamburg, Dezember 1999.

ungen, in denen unterschiedliche Problembeschreibungen und Lösungsansätze aufeinander treffen, kurz: in denen nicht nur *verhandelt,* sondern auch *argumentiert* wird.

„Was alle angeht, soll von allen beschlossen werden."

Für die Gegenwart kann abschließend festgestellt werden, dass die Welthandelsorganisation von NGOs und einem breiteren Publikum nicht als Glied einer formellen Legitimationskette wahrgenommen wird, die sich von ihren Entscheidungsgremien ausgehend bis zu den nationalen Gesetzgebungsorganen und Öffentlichkeiten der einzelnen Mitgliedsstaaten zurückverfolgen lässt. Dieser an sich schon bedenkliche Umstand ist umso gravierender, als die Politik der WTO die Interessen und die Lebenssituation einer Vielzahl von Bürgern insbesondere in wirtschaftlich schwachen Staaten unmittelbar berührt. Nichtregierungsorganisationen haben sich aus diesem Grund in den vergangenen Jahren zum Anwalt einer Forderung gemacht, die sich seit dem 14. Jahrhundert im alten Europa erst in kirchlichen und dann in politischen Institutionen durchgesetzt hat: „Was alle angeht, soll von allen besprochen und beschlossen werden" (Quod omnes tangit, ab omnibus tractari et approbari debet). Freilich wäre auch bei einer angemessenen Beteiligung von Nichtregierungsorganisationen und anderen Verbänden die Frage nach der Legitimation der WTO keineswegs erledigt. Auch NGOs müssen sich nämlich Fragen danach gefallen lassen, inwiefern sie überhaupt geeignet sind, die von den Entscheidungen der WTO mitbetrofffenen Drittinteressen angemessen zu repräsentieren. Die mutmaßliche „Tugendhaftigkeit" ihrer Sprecher ist auf die Dauer kein Ersatz für institutionelle Formen, deren Krisenfestigkeit sich aus ihrer Legitimität ergeben würde (vgl. Kapitel 6).

Die Europäische Union

Zum Schluss verdient ein weiteres gesondertes Aktionsfeld von NGOs Erwähnung: die Europäische Union. Wie alle grenzüberschreitenden Institutionen und teilweise aus denselben Gründen (Legitimationsbeschaffung, Kontaktpflege zur Außenwelt der Normalbürger usw.) haben auch die Organe der Europäischen Union in den vergangenen Jahren die Aktivitäten von NGOs finanziell und symbolisch stark aufgewertet (vgl. z.B. Europäische Kommission 2001). Das europäische Institutionensystem gilt auch als Beispiel für eine neue Form des Regierens in Netzwerken, dass auf die Beteiligung unterschiedlicher, thematisch oder territorial definierter Handlungseinheiten mit überlappenden Mitgliedschaften angewiesen ist. NGOs haben sich gelegentlich als besonders fähig erwiesen, in diesen Netzwerken Orientierung zu finden und Erfolge zu erzielen. Die geringe Verankerung in traditionsbeladenen nationalen Strukturen verschafft ihnen einen Mobilitätsvorteil im Verhältnis zu klassischen Interessenverbänden. Dies hat in der jüngeren Vergangenheit die Fähigkeit von NGOs begünstigt, einige Gesetzgebungsprozesse auf europäischer Ebene, die wiederum in nationales Recht umgesetzt werden müssen, zu ihren Gunsten zu beeinflussen. Dies gilt besonders für neuere EU-Richtlinien im Bereich des Umwelt- und Verbraucherschutzes (Warleigh 2000).

In Übereinstimmung mit den Befunden zur Rolle von NGOs in anderen internationalen Institutionen hat der britische Europaspezialist Alex Warleigh herausgefunden, dass auch im europäischen System NGOs häufig als Informanten sowie – interessanterweise – als *Kuriere* geschätzt werden, die über gute Kontakte sowohl zu supranationalen Institutionen wie etwa der WTO als auch zum Publikum der unterschiedlichen nationalen Gesellschaften verfügen. Gelegentlich werden NGOs von Politikern und Beamten nicht als Lobbyisten, sondern geradezu als Kollegen wahrgenommen. Erfolge konnten NGOs vor allem aufgrund ihres strategischen Opportunismus erreichen, der es ihnen erlaubte, ohne Rücksicht auf tiefere Wertüberzeugungen in kurzlebige Koalitionen einzutreten, um ein jeweils begrenztes Reformziel durchzusetzen (ebd.).

Am Beispiel einer Gentechnik-Kampagne, deren Adressat zwischenzeitlich die Europäische Kommission war, kann man zudem die *indirekten* Strategien studieren, die NGOs dadurch entwickeln, dass sie je nach Kräfteverhältnis und Erfolgschance von einer institutionellen Arena in eine andere überwechseln, um ein gewünschtes Ergebnis zu erzielen.

Hintergrund der Kampagne war der jahrelange Streit um ein Abkommen zur Regelung des grenzüberschreitenden Umgangs mit gentechnisch veränderten Organismen, das als völkerrechtlich verbindliches Protokoll der 1992 beschlossenen UN-Konvention über biologische Vielfalt angehängt werden sollte. Besonders das Öko-Institut Freiburg und Friends of the Earth (Europe) haben sich hartnäckig für solches Protokoll zur biologischen Sicherheit (kurz: Biosafety-Protokoll) eingesetzt, das es den Mitgliedsstaaten der Welthandelsorganisation erlauben sollte, die Einfuhr von gentechnisch veränderten Organismen aller Art auch ohne den schwer zu erbringenden abschließenden Beweis ihrer Gefährlichkeit zu verbieten. Gegner des Protokolls wie die Welthandelsorganisation, die USA und einige Agrarexporteure unter den Entwicklungsländern sahen in einer solchen Regelung ein WTO-widriges Handelshemmnis. Befürworter zeichneten dagegen ein Szenario internationaler Agrarkonzerne, die riskante Freilandversuche mit gentechnisch veränderten Pflanzenarten in wehrlosen Drittweltregionen durchführen, und machten legitime Sicherheitsinteressen von potenziellen Opfern geltend. Adressat der jahrelangen Lobbyarbeit war das Regierungssystem der Europäischen Union, wo man auf einen Teilsieg hoffte. Eine Allianz von Nichtregierungsorganisationen, die sich zudem der Sympathie einer Reihe von Entwicklungsländern sicher sein konnte, stieß schließlich im Laufe des Jahres 1999 bei der Umweltkommissarin Margot Wallström aus Schweden auf offene Ohren, so dass es im Januar 2000 gegen den Widerstand der USA und einiger lateinamerikanischer Länder zu einem unerwarteten Verhandlungsdurchbruch kam. Dieser Erfolg der Umweltgruppen verdankte sich nicht zuletzt der Robustheit gut gepflegter persönlicher Beziehungen zwischen offiziellen Entscheidungsträgern und Vertretern der neuen Verbände, die längst den Status informeller Kollegen erreicht hatten.

Das Protokoll zur biologischen Sicherheit

Das inzwischen verabschiedete so genannte Cartagena-Protokoll ist Indiz für die Komplexität der „neuen" Welthandelsagenda, in der sich der wachsende Einfluss gesellschaftlicher Werte und Emotionen gegenüber dem Eigensinn rein wirtschaftlicher Kalküle bemerkbar macht (Falkner 2000). Das Abkommen regelt die transnationale Vermarktung von gentechnisch veränderten Produkten einschließlich Saatgut, das naturgemäß jede einmal herbeigeführte Modifikation fortpflanzt. Die Bestimmungen des Protokolls zwingen Exportländer zur Kennzeichnung von gentechnisch veränderten Produkten und erlauben potenziellen Importländern die Beschränkung von Einfuhren, sofern diese gesundheits- oder umweltpolitisch zu begründen sind. Die Präambel sieht außerdem vor, das Protokoll den Bestimmungen der WTO gleichberechtigt gegenüber zu stellen.

Drei Lehren können aus dieser Geschichte gezogen werden. Erstens nehmen NGOs nicht nur Einfluss auf internationale Regelwerke und damit auf die politische Gestalt der Globalisierung, sondern auch auf die *Hierarchie* von Regelwerken und Übereinkommen, die sich zunehmend in ihren Geltungsbereichen überschneiden.[43]

Drei Lehren

---

[43] Diese Hierarchie ist nur in Grundzügen durch das Wiener Übereinkommen über das Recht der Verträge von 1969 geregelt, das den Vorrang des jeweils später verabschiedeten und sachlich spezifischeren Abkommens vorsieht.

Zweitens suchen sie nach institutionellen Foren ihres Engagements in derselben Weise, wie große Firmen Produktionsstandorte suchen und dabei verschiedene Faktoren abwägen. Durch die geschickte Wahl eines Aktionsfeldes können *indirekt* wirksame Einflusskaskaden entstehen, die im günstigsten Fall – wie das genannte Beispiel illustriert – den umfassenden Regelungsanspruch übergeordneter Behörden relativieren. Drittens sind formelle Teilnahmerechte in inter- oder supranationalen Institutionen nicht alles. Vielmehr legt die Beobachtung der europäischen Institutionen den Schluss nahe, dass ein Defizit an formeller bürgerschaftlicher Beteiligung durch *informelle* Praktiken der Kommunikationspflege und der geschickten Allianzbildung zumindest zu einem Teil ausgeglichen werden können.

Wandlungen des Humanitarismus

Die Frage nach dem „Wo" des Engagements von Nichtregierungsorganisationen wäre unzureichend beantwortet, würden wir nicht noch abschließend bei denjenigen Organisationen verweilen, für die physische Präsenz „vor Ort" den Kern ihres Selbstverständnisses ausmacht: die humanitären Hilfsorganisationen. Zwar sind auch diese Organisationen eingebunden in die Arbeit nationaler, regionaler und internationaler Koordinierungsstellen, die Adressaten von Lobbyarbeit werden **Präsenz** können, zum Beispiel die Abteilung für Vereinte Nationen, Menschenrechte und **vor Ort** Humanitäre Hilfe im Auswärtigen Amt, das Büro für Humanitäre Angelegenheiten der Europäischen Union (ECHO) in Brüssel oder das Büro für ausländische Katastrophenhilfe (OFDA) der US-Entwicklungshilfeagentur USAID. Anders jedoch als die bisher vorgestellten Typen von NGOs können freiwillige humanitäre Organisationen weder ihre beabsichtigte Wirkung aus der Ferne entfalten noch sind sie primär an der Erkundung einer hypothetischen Zukunft der Ressourcenknappheit, des Artensterbens oder des Rüstungswettlaufs interessiert, von der aus die Gegenwart mit Sorge betrachtet würde. Vielmehr ist für sie die unmittelbare *Anwesenheit* in Krisenregionen und Katastrophengebieten sowie das Interesse an der *Gegenwart* des Leidens anderer und der Mittel zu seiner Linderung sinnstiftend.

Trotz der relativen Abwertung von utopischen oder düsteren Zukunftsszenarien, die ansonsten bei NGOs hoch im Kurs stehen, sowie dem geringen Interesse an der Entfaltung politischer Fernwirkungen mittels Internet und Konferenzdebatten haben humanitäre Initiativen zentrale Elemente der politischen Form „Nichtregierungsorganisation" ausgebildet. Auch humanitäre Organisationen sind dauerhafte Zusammenschlüsse, die sich ohne staatlichen Auftrag, im öffentlichen Raum und über nationalstaatliche Grenzen hinweg für die Belange von Nichtmitgliedern einsetzen, die sich im Unterschied zu den Mitarbeitern der Organisation und dem unterstützenden Publikum in einer existenziellen Notlage befinden. Der Unterschied zwischen den Schweizer Bürgern, die das Internationale Komitee vom Roten Kreuz (IKRK) ins Leben riefen, und den verwundeten Soldaten und Kriegsgefangenen, zu deren Schutz später die Genfer Konventionen verabschiedet wurden, konnte größer nicht sein. Zudem bestanden die Gründer des Roten Kreuzes auf der Gleichbehandlung aller kampfunfähigen Soldaten ungeachtet ihrer Nationalität, – anders als die sendungsbewusste britische Krankenschwester Florence Nightingale, die der Ansicht war, jedes Land solle Sanitätstruppen nur für die jeweils eigenen Soldaten aufbauen.

Die Gründung des Roten Kreuzes war eine radikale organisatorische Neuerung, mit der man hellsichtig auf die Bedrohungspotenziale der kriegerischen Fortsetzung moderner Politik für die Würde des Einzelnen reagierte, ohne daraus den Fehlschluss zu ziehen, man könne aus der politischen Moderne einfach aussteigen. In den zunehmend totalen Kriegen der Moderne schien der Einzelne Gefahr zu laufen, selbst im Augenblick völliger Hilflosigkeit und Agonie nicht Fürsorge zu erhalten, sondern auf ein beliebiges Abziehbild von Freund/Feind-Klischees reduziert und entsprechend schonungslos behandelt zu werden. Das Internationale Rote Kreuz und mit ihm alle künftigen humanitären Organisationen plädierten demgegenüber für das Wiedererlernen eines gründlich *apolitischen* Blicks auf Menschen, die aufgrund von Gefangenschaft oder Verletzung aufgehört hatten, Freund oder Feind zu sein. Eine alles andere als selbstverständliche Zivilisationsleistung wurde denjenigen Armeen und Staaten zugesprochen, deren Soldaten und Bürger einer doppelten Anstrengung fähig waren: einerseits genau *hinzusehen* und den Einzelnen in seiner Not auch im Ausnahmezustand des Krieges wahrzunehmen, andererseits vom Feindcharakter des Einzelnen und anderen Attributen *abzusehen*, sobald er kampfunfähig ist. Humanität hat da eine Chance, wo diese Anstrengung gelingt, den Einzelnen wie in einer grellen Momentaufnahme in seiner Kreatürlichkeit zu sehen, ohne seine Einbindung in ein nationales Kollektiv zu beachten.

Der apolitische Blick

Um die Wandlungen moderner humanitärer NGOs zu verstehen, lohnt sich die Erinnerung daran, dass sich das Rote Kreuz in seinen Anfängen an die hohen und niedrigen Ränge der europäischen Armeen wendete, die Teil des Publikums und Adressat der Forderung nach einer völkerrechtlichen Hegung des Krieges waren. Opfer und Täter waren im Grunde identisch, und das Ziel bestand darin, die Würde von Soldaten, die aktiv Leib und Leben aufs Spiel setzten, zu schützen. So gelten drei der vier Genfer Konventionen der Verbesserung der Lage aktiver Kriegsteilnehmer, nämlich den Verwundeten und Kranken der Streitkräfte im Feld und zur See sowie den Kriegsgefangenen. Ein viertes Abkommen dient dem Schutz von Zivilpersonen in Kriegszeiten.

An dieser Stelle muss die doppelte Bedeutung des Wortes „Opfer" erwähnt werden, die im Englischen und Französischen in der Unterscheidung von *„sacrifice"* und *„victim/e"* zum Ausdruck kommt. Das Opfer im aktiven Sinne wird für etwas Überindividuelles dargebracht, sei es, dass ein Tier geopfert wird oder dass man im äußersten Fall sein eigenes Leben opfert. Opfer im passiven Sinn sind dagegen solche, die von außen durch Unglück oder Willkür geschädigt werden. Ungefähr seit dem Ende des Zweiten Weltkriegs hat diese zweite Bedeutung der versicherungsfähigen Unglücksfälle und sozialpolitischen Ungerechtigkeiten, denen die Bürger des Wohlfahrtsstaates zum Opfer fallen können, die erste Bedeutung aktiver Opferung fast vollständig verdrängt.[44] Dem entspricht eine Verlagerung des Engagements humanitärer Organisationen auf nicht-militärische Notlagen in der gesamten Welt, unter denen Zivilbevölkerungen zu leiden haben (Überschwemmungen, Erdbeben, Hungersnöte usw.). Heute beteiligen sich auch die nationalen Rotkreuzgesellschaften an solchen Katastropheneinsätzen, wenngleich der identitätsstiftende Kern der Mission des Roten Kreuzes die Sorge um eine minimale rechtliche und moralische Zivilisierung von bewaffneten Konflikten und damit die Schonung *aktiver* Opfer

Zwei Arten des Opfers

---

[44] Hier folge ich den klugen Beobachtungen von Münkler/Fischer (2000). Zur Aktualität des Selbstopfers vgl. allerdings auch die kulturpessimistischen Einlassungen von Enzensberger (2001).

bleibt. Spezialisiert auf zivile Katastrophenfälle sind eher die Deutsche Welthungerhilfe, der Caritasverband oder die Johanniter-Unfallhilfe. Diese wiederum beteiligen sich neben den Feldeinsätzen in unterschiedlichem Maße an der öffentlichen Fürsprache zugunsten von Opfern. Während es sich in den Sozial- staaten lohnt, aktiv um die offizielle Anerkennung als *passives* Opfer von schicksalhaften Beeinträchtigungen der eigenen Lebensführung und damit um Ansprüche auf Kompensation zu kämpfen, setzen sich humanitäre NGOs *advokatorisch* für solche Opfer ein, die außerhalb des Geltungsbereichs jeglicher Entschädigungsregelung leben und ohnehin allergrößte Mühe haben, überhaupt wahrgenommen zu werden.

CARE und Caritas

Der Wechsel von der aktiven zur passiven Bedeutung des Opfers vollzog sich bereits in der Wahrnehmung moralisch sensibler Repräsentanten der westlichen Siegermächte, als sie mit Entsetzen die zerstörten deutschen Städte und das Leid der Menschen nach dem Krieg sahen. Man lese zum Beispiel die Tagebuchnotizen des späteren amerikanischen Botschafters in der Sowjetunion, George Kennan, über einen Besuch im ausgebombten Hamburg (Kennan 1967, S. 436f.). Besonders im strengen Winter 1946/47, als in Deutschland tatsächlich gehungert wurde, erschien die deutsche Bevölkerung nicht mehr nur als ehemaliger Feind, sondern auch als Opfer im passiven Sinn. Darüber, dass die Deutschen heute als ein spendenfreundliches Volk gelten, wird oft das enorme Ausmaß der humanitären Hilfe vergessen, die der Bevölkerung des besiegten Landes nach dem Krieg durch ausländische Organisationen zuteil wurde. Bevor nach 1948 der Marshallplan positive Wirkungen zeigte, waren es vor allem private Hilfswerke in insgesamt 27 Ländern der Welt, die regelmäßige Sammlungen für Deutschland durchführten. Allein die US-Organisation CARE schickte rund 100.000 Tonnen Lebensmittelspenden. Humanitäre Notstandsgebiete im Bayerischen Wald und im Fichtelgebirge erhielten zudem zentnerweise Käse aus Amerika. Zu Weihnachten gab es Fett- und Fleischspenden aus Irland, zu anderen Zeiten Fisch aus Norwegen, Schuhe aus Südafrika oder Orangen aus Spanien (Eder 1997, S. 517ff.).

Einige Organisationen wie etwa der Deutsche Caritasverband bemühen sich bis heute, die Erinnerung an die freiwillige Auslandshilfe für die Deutschen nach dem Krieg aufrecht zu erhaten und gelegentlich bei der Organisation von Hilfsmaßnahmen zugunsten ferner Länder wach zu rufen. Dramatische Höhepunkte solcher Hilfsmaßnahmen gab es vor allem nach 1968, als es weltweit zu einer Reihe massiver humanitärer Krisen kam. Dazu zählen die Dürreperioden und Hungersnöte in Äthiopien 1972-74, die Hungersnot in Bangladesch 1974 nach einer Flutkatastrophe sowie insbesondere die Biafrakrise,

Angehörige der amerikanischen Streitkräfte mit Care-Paketen für die Kinder des ehemaligen Feindes.
Quelle: Süddeutscher Verlag, Bilderdienst.

122

benannt nach einer Provinz im Osten Nigerias, die sich im Mai 1967 für unabhängig erklärte hatte und bald darauf zum Opfer einer verheerenden Hungersnot wurde. Im selben Sommer 1968, als in den westeuropäischen Universitätsstädten ein kurzer Sommer der Anarchie gefeiert wurde, starben in Biafra täglich zwischen 8.000 und 10.000 Menschen.

Angesichts der humanitären Krisen in Südasien und Afrika vermittelten die Medien wie nie zuvor das Bild einer unübersehbar großen Masse unschuldiger Opfer im denkbar passivsten Sinne des Wortes. Während sich dieses Bild passiver Opfer, die sinnlos dem Tod ausgeliefert waren, in das Gedächtnis des Publikums eingrub, mehrten sich jedoch zugleich Fragen nach der *Verantwortung* für die humanitären Notlagen. Der spätere Nobelpreisträger für Wirtschaftswissenschaften, Amartya Sen, zeigte am Beispiel der Hungersnot in Bangladesch, wie die einseitige Orientierung der Regierung an den Ziffern der Gesamtproduktion von Lebensmitteln blind machte für Fragen des lokalen Zugangs und der Erschwinglichkeit von Nahrung für bestimmte Bevölkerungsgruppen. Die Unfähigkeit, die Hungersnot vorherzusehen, wurde als schuldhaftes Versagen der Regierung und internationaler Institutionen gewertet. Wer in Äthiopien im Jahr 1973 den Blick von den Hungernden auf die Regierung verschob, entdeckte zudem einen Autokraten namens Haile Selassie, der seine Hunde vor laufenden Kameras mit Rinderfilets fütterte und die Not in seinem Land wie folgt erklärte: „Wir haben gesagt, dass Wohlstand durch harte Arbeit verdient werden muss. Wir haben gesagt, dass diejenigen, die nicht arbeiten, verhungern" (zit. in Sen 1981, S. 164, Fn. 23). Hier entsprach der internationalen Anteilnahme an den Ereignissen am Horn von Afrika die vollkommene Gleichgültigkeit der einheimischen Regierung. Für Biafra schließlich galt, dass die Krise von der Zentralregierung in der Hauptstadt Lagos bewusst herbeigeführt worden war, um das in der Ostregion zusammengedrängte Volk der Ibos auszuhungern. Erst die Biafrakrise führte auch zur Verabschiedung von Zusatzprotokollen der Genfer Konventionen zum Schutz der Zivilbevölkerung bei innerstaatlichen Konflikten.

Bei den humanitären NGOs wurde „Biafra" zum symbolischen Brennpunkt einer Orientierungskrise, die in eine neue Welle von Organisationsgründungen mündete, von denen *Médicins Sans Frontières* (Ärzte ohne Grenzen) die berühmteste ist. Einerseits orientierte sich Ärzte ohne Grenzen an den passiven Opfern unter der Zivilbevölkerung überall auf der Welt, andererseits bestand die Organisation von Anfang an auf der Wahrnehmung einer öffentlichen Zeugenfunktion. Physische Nähe zu den Opfern sollte nicht länger erkauft werden durch bedingungslose Kooperation mit einheimischen Regierungen, denen oftmals vorgeworfen wurde, für die Not zumindest mitverantwortlich zu sein. Während sich Bernard Kouchner, der vor dreißig Jahren Médicins Sans Frontières gründete, ausdrücklich auf das Vorbild von Amnesty International berief und eine Brücke schlagen wollte zwischen bedingungslosen humanitären Einsätzen vor Ort und aktiver Menschenrechtspolitik, wird heute wieder stärker das Unverwechselbare des Humanitarismus betont, der sich nicht an verbrieften *Rechten*, sondern an elementaren *Bedürfnissen* existenziell gefährdeter Bevölkerungsgruppen orientiert (Bouchet-Saulnier 2001). Trotz dieser Kontinuität zwischen dem alten Humanitarismus des Roten Kreuzes und den Neugründungen nach 1968 besteht ein Unterschied weiterhin in der Verbindung des Humanitären mit politischen Gesichtspunkten. Während man lange Zeit das Humanitäre in direkten Gegensatz brachte zum Politischen (vgl. Schmitt 1963, S. 57), zeichnet sich der neue Humanitarismus dadurch aus, dass in bestimmten

Das Symbol "Biafra"

Fällen die Hilfe für Opfer ausdrücklich mit der öffentlichen Anklage von Tätern verknüpft wird. Vielleicht kann man das Credo des neuen Humanitarismus auf jene kleinen Gruppen von Widerständlern zurückführen, die während der NS-Zeit Juden aus Deportationszügen nach Auschwitz befreiten. Die Devise einer Gruppe um den jungen jüdischen Arzt Youra Livchitz lautete damals, sich „über alle ideologischen Schranken hinweg gegen all jene zu verbünden, die den Gedanken der Humanität zum Schweigen bringen" wollen (zit. in Schreiber 2000, S. 36).

Die Besonderheit humanitärer Organisationen

Im Verhältnis zu Menschenrechtsorganisationen ist neben der Orientierung an unterschiedlichen Rechtsgrundlagen (Allgemeine Erklärung der Menschenrechte bzw. die Genfer Konventionen) ein weiterer Unterschied hervorzuheben. Menschenrechtsorganisationen wie Amnesty International setzen sich nämlich für zivile Aktivisten ein, die ihrerseits für eine Sache oder Meinung eintreten und als Folge davon Unterdrückungsmaßnahmen auf sich ziehen. Politische Gefangene sind in der Regel Menschen, die aktiv Risiken eingegangen sind und bewusst auf die Bequemlichkeiten eines angepassten Lebens *verzichtet* haben. In diesem Sinne tragen sie Züge jener unzeitgemäß *aktiven* Opferrolle, an deren besondere Würde Menschenrechtsorganisationen gelegentlich erinnern.

Tabelle 5 illustriert die dreifache Richtung, in der sich humanitäre NGOs vom Basismodell des Internationalen Roten Kreuzes entfernt haben. Humanitäre NGOs können demnach die zeitgeschichtliche Gewichtsverlagerung von aktiven zu passiven Opfern nachvollziehen und sich Not leidenden Zivilbevölkerungen anstatt verwundeten oder gefangenen Soldaten zuwenden. Oder sie können bei der Sorge um opferbereite Menschen bleiben, sich aber wiederum Zivilpersonen zuwenden, die durch die Missachtung von Menschenrechten in Gefahr geraten sind. Schließlich können sie einer humanitären Agenda treu bleiben und versuchen, das unparteiische Engagement zugunsten passiver Opfer mit der Kritik an Ungerechtigkeiten zu verbinden.

Tabelle 5: Humanitäre und Menschenrechtsorganisationen: Handlungsleitende Opfer- und Täterbezüge

		OPFERBEZUG	
		Hilfe für aktive Opfer	Hilfe für passive Opfer
TÄTER-BEZUG	Keine öffentliche Anklage von Tätern	IKRK	Johanniter-Unfallhilfe
	Öffentliche Anklage von Tätern	Amnesty International	Médicins Sans Frontières

Alle humanitären NGOs ringen heute damit, der Komplexität von humanitären Notlagen gerecht zu werden, die sich weder dem symmetrischen Modell eines europäischen *Schlachtfeldes* fügen, auf dem sich zwei kämpfende Armeen Auge in Auge gegenüber treten, noch dem Modell einer *Naturkatastrophe*, die aus heiterem Himmel über die nichts ahnenden Menschen hereinbricht. Naturkatastrophen sind komplexer geworden. Echte Naturkatastrophen sind im Zeitalter menschlich verursachter Klimaveränderungen und vergleichbarer Fernwirkungen sozialen Handelns die Ausnahme. Statt dessen werden die früher einer unbeherrschten Natur zugerechneten Notlagen in Zukunft mehr und mehr unter Gesichtspunkten politischer

Verantwortlichkeit und globaler Gerechtigkeit wahrgenommen. Gleichzeitig haben sich die Schlachtfelder mit der Zunahme von Bürgerkriegen und der Entstaatlichung militärischer Konflikte in den vergangenen Jahrzehnten geändert und damit die Hilfsorganisationen auf schwere Proben gestellt. In Pakistan gaben beispielsweise radikale Mullahs unlängst den Befehl, im Gebiet von Malakand an der Grenze zu Afghanistan Mitarbeiter von NGOs kurzerhand umzubringen.[45] Was kriegerischer Terrorismus größten Stils, wie die Angriffe gegen die Vereinigten Staaten vom 11. September 2001, hier an weiteren Herausforderungen mit sich bringen wird, kann man heute noch nicht übersehen.

---

[45] Vgl. „Pakistani mullahs target foreign agency workers", in: Irish Independent, 29.8.2000, S. 14; ferner „Hilfsorganisationen unter Beschuss", in: SZ, 11.5.2001, S. 7.

Kapitel 5

Wie arbeiten Nichtregierungsorganisationen?

Nichtregierungsorganisationen sind nicht an der Ausübung staatlicher Souveränität und der Bildung von Regierungen interessiert, vielmehr gilt ihr Interesse der Mehrung von Einfluss durch den Aufbau und die geschickte Nutzung engmaschiger Kommunikationsnetzwerke, die über nationalstaatliche Grenzen hinausreichen. Damit fallen die neuen Organisationen aus dem normalen Politikbetrieb und dem Spiel zwischen Regierung und Opposition größtenteils heraus. Zugleich sind NGOs trotz einiger Demonstrationsaufrufe aus Anlass von Tagungen internationaler Finanzinstitutionen weit entfernt von einer Politik der Straße, wie sie klassische Protestbewegungen auszeichnet. Beliebte Parolen der 70er Jahre, die mit „Hoch die...!", „Nieder mit ...!", „Auf zum ...!" anfingen, sind ganz und gar untypisch für die NGOs der Gegenwart.[46] Diese Organisationen können nicht zuletzt als das Ergebnis eines Lernprozesses gesehen werden, an dessen Ende die Einsicht stand, dass kein Weg von der Legitimität noch so hehrer selbstgesteckter Ziele zur Berechtigung des Einsatzes immer radikalerer *Mittel* führt. Man könnte sogar sagen, dass den „neuen Selbstständigen" in der Politik gerade ihre Mittel heilig sind und die Güte der Mittel – Vernetzung, internationaler Austausch, Pflege von Kommunikationskanälen usw. – auf das Image der Ziele abfärben soll.

Im Mittelpunkt dieses Kapitels steht daher die Frage nach dem Handlungsrepertoire und den Vorgehensweisen der neuen politischen Akteure, die in höchst unterschiedlichen institutionellen Kontexten und Politikfeldern zum Tragen kommen. Diese Frage stellen sich auch diejenigen, die ins Visier von NGO-Kampagnen und Lobbyaktivitäten geraten. In einem internen Diskussionspapier „Nichtregierungsorganisationen – Herausforderung für die Wirtschaftsverbände" haben etwa die im Bundesverband der Deutschen Industrie (BDI) zusammengeschlossenen Firmen angekündigt, sich verstärkt mit dem neuen politischen Phänomen und besonders dem Rätsel zu befassen, wie NGOs es schaffen, in der Öffentlichkeit gut anzukommen und Vertrauen zu gewinnen. Die Industrie fragt sich auch, welche der Organisations- und Kommunkationstechniken man eventuell kopieren könnte, um den neuen Verbände mit ihren eigenen Mitteln zu begegnen. In Politik und Wirtschaft gelten NGOs als Enthüller wohlgehüteter, oft skandalträchtiger Geheimnisse, und zugleich als Organisationen, von denen behauptet wird, dass sie selbst etwas zu verbergen haben. Im Wirtschaftsmagazin *Capital* (2001) wurden sie gar als eine „heimliche Macht" apostrofiert, wobei wir wissen, das im Deutschen die Bedeutung von *heimlich* zwischen „vertraut" und „verborgen" schwankt und damit auch sein Gegenteil einschließt, das Unheimliche. Solche vagen Andeutungen sollen im Folgenden aufgearbeitet und in genauere Bestimmungen umgewandelt werden, indem nacheinander die Techniken der Gegnerbestimmung, die Teilnahme an Prozessen der Normbildung und Normverwirklichung, die Rolle elektronischer Kommunikationsmedien sowie einige Besonderheiten des Handelns außereuropäischer NGOs skizziert werden.

NGOs als „heimliche Macht"

---

[46] Zu den Irrungen und Wirrungen radikaler Gruppen und Kleinstparteien im westdeutschen „roten Jahrzehnt" nach 1967 vgl. Koenen (2001).

Öffentliche Anklage und die Kunst der Unterscheidung

Die Frage nach der Vorgehensweise von NGOs ist zunächst die Frage nach der Art und Weise, in der sie in ihrem jeweiligen Handlungsfeld die Unterscheidungen zwischen Opfern, denen ihre Fürsprache gilt, den Verantwortlichen, die öffentlich kritisiert werden, und dem Publikum, dessen Sympathie und Spendenbereitschaft geweckt werden sollen, vollziehen. Je komplexer moderne Gesellschaften, desto schwerer fällt häufig die Übertragung dieser Unterscheidungen auf eindeutig getrennte Personengruppen. Auch die Kritiker des Ausbaus von Flughäfen kommen oft kaum umhin, ins Flugzeug zu steigen, und mancher Gegner der Aufstellung von Mobilfunkmasten benutzt selbst ein Handy. Hinzu kommt die Tendenz moderner Gesellschaften, den öffentlichen Auftritt immer neuer Kategorien von Opfern aller möglichen Missstände zu ermutigen, denen in vielen Fällen überhaupt keine benennbaren Verantwortlichen entsprechen.[47] Angesichts solcher Opfer-Inflationen wird die öffentliche Durchsetzung plausibler und politisch wirksamer Unterscheidungen zwischen Opfern und Tätern zu einer Kunst, die jede politische Organisation beherrschen muss.

Transnational orientierte Nichtregierungsorganisationen umgehen die Gefahr der unübersichtlichen Rollenvermischung meistens durch die Suggestion einer räumlichen Entzerrung von Opfern und Tätern und den Hinweis auf die beabsichtigten oder in Kauf genommenen schädlichen Fernwirkungen des Handelns von Staaten oder Firmen. Die dadurch geschaffenen Gegensätze lassen sich leicht in mehr oder weniger drastische Bilder übersetzen nach dem Muster „Im Ölteppich verendende Seemöwen gegen untätige Politiker" oder „Barfüßige Aids-Opfer in Afrika gegen Pharmamanager in rahmengenähten Schuhen, die auf dem Patentschutz ihrer teuren Medikamente bestehen". Es sind solche und ähnliche Opfer/Täter-Gegensätze, die von den neuen politischen Organisationen publikumswirksam in Szene gesetzt werden. Bei der Bearbeitung dieser Gegensätze lassen sich im Einzelnen verschiedene Ansätze identifizieren. **Opfer und Täter**

So ist es lehrreich, nach der Hauptrichtung der Aufmerksamkeit zu fragen, die von den engagierten Organisationen auf die eine oder andere Seite eines Opfer/Täter-Gegensatzes gelenkt wird. Seit der Veröffentlichung von *Onkel Toms Hütte* haben moralisch motivierte Verbände und Netzwerke vor allem die Situation der *Opfer* von Missständen ausgeleuchtet. Das Ziel dieser Praxis war entweder moralisch, wenn es darum ging, das Publikum aus seinem Zustand der Gleichgültigkeit wachzurütteln, oder administrativ, wenn etwa die frühen Wohlfahrtsverbände versuchten, durch statistische Erhebungen und das minutiöse Studium von Einzelschicksalen die Grundlagen der Armutsbekämpfung zu verbessern (Maurer 1999, S. 41). Seit dem späten 19. Jahrhundert ist der Fokus auf Opfer das wichtigste Unterscheidungsmerkmal zwischen regierungsunabhängigen Verbänden und ideologisch motivierten Parteien, die sich nicht in Beziehung auf Opfer, sondern auf Gegner und Hauptfeinde definierten. Der Preis der philantropischen Hinwendung zu den Opfern von Diskriminierung und Missachtung war häufig eine „sentimental humanitäre Sprache", von der Hannah Arendt sagte, dass sie unangenehm an die „Broschüren der Tierschutzvereine" erinnere (Arendt 1986, S. 453). **Sentimentalität als Stilmittel**

---

[47] Das jüngste Beispiel aus der Presse sind „Brummton-Opfer" im Stuttgarter Raum, die von Störgeräuschen in extrem niedrigen Frequenzbereichen aus nicht-identifizierbaren Quellen geplagt werden und inzwischen die Gewerbeaufsichtsämter beschäftigen.

Wenngleich man heute gerne auf die Stilmittel der Sentimentalität verzichtet – nicht zuletzt deshalb, weil öffentlich gezeigte Sentimentalität unecht, motiviert und daher suspekt wirkt[48] – konzentrieren die meisten Gruppen ihre Aufmerksamkeit und ihre Recherchen weiterhin auf Opfer. Die Verantwortlichen für kritisierte Missstände werden demgegenüber nur indirekt identifiziert, gleichsam anhand der Wunden der Opfer. Dieses Bild ist übrigens durchaus wörtlich zu nehmen. So hat sich, wie ich ausführen werde, im Zuge der Aufklärungsarbeit von Menschenrechtsgruppen seit dem Militärputsch in Argentinien im Jahr 1976 eine stabile Kooperation mit Gerichtsmedizinern ergeben, die an exhumierten Leichen die Spuren von Folter und anderen Formen äußerer Gewalteinwirkung dokumentiert haben (Keck/ Sikkink 1998, S. 110).

Ein Opfermotiv aus der Wandkampagne des WWF 1998/99: „Mein Wald wird vernichtet". Quelle: WWF Deutschland, Frankfurt/M.

Ein Element von Sentimentalität finden wir noch bei Naturschutzorganisationen, die allerdings heute auch nicht mehr umhin können, neben bedrohten Tierarten und Lebensräumen *Menschen* in ihre Opferbilanz einzubeziehen. So hat der WWF-Deutschland im Rahmen einer „Waldkampagne" 1998/99 Werbepostkarten und Plakate drucken lassen, die einen Ranger aus Kamerun zeigten, der um „seinen" Wald weint. Das Bild, das im Frankfurter Palmengarten aufgenommen wurde, zeigt

---

[48] Zur Geistesgeschichte der Kritik an jeder öffentlich bekundeten Sentimentalität vgl. Boltanski (1999, Kap. 6).

die Nahaufnahme des Gesichts eines Schwarzen, der tatsächlich eine Träne vergießt und sich damit als Opfer einer Entwicklung zu erkennen gibt, die der WWF aufzuhalten versucht.[49]

Am schwersten fällt die Dramatisierung der Lage von Opfern, wenn wir noch gar nicht wissen, wer zu den Opfern zählen und wie im Einzelnen ihre Situation beschaffen sein wird. So können klimapolitische NGOs im Unterschied zu sentimental gestimmten Naturschutzorganisationen das Publikum nicht mit Opfermotiven rühren, sondern müssen mit Eintrittswahrscheinlichkeiten und Negativ-Szenarien argumentieren, die auf äußerst komplexen Modellrechnungen beruhen. Die Kausalkette zwischen der Summenwirkung einzelner klimaschädlicher Verursachertätigkeiten und den möglichen Fernwirkungen auf Fischbestände, Regenfälle und Weizenernten in zwanzig oder dreißig Jahren ist zu lang und undurchschaubar, um eine gelebte Solidarität zu fördern.

Eine charakteristische Ausnahme von der Anstrengung, Opfer überhaupt sichtbar machen zu wollen, um das Publikum emotional anzusprechen, bildet das Internationale Komitee vom Roten Kreuz (IKRK). Effektvoll schilderte der Gründer Jean-Henri Dunant in dem Buch *Eine Erinnerung an Solferino* seine Eindrücke vom Tag nach der Schlacht, die im Juni 1859 an diesem Ort in der Lombardei zwischen französischen und österreichischen Truppen geschlagen worden war: Die Bilder der toten, schwer verwundeten und hilflos umherkriechenden Soldaten sollten sein Leben verändern und den entscheidenden Impuls zur Gründung des Roten Kreuzes geben. Und doch ist das Rote Kreuz eine vergleichsweise bilderarme und wortkarge Organisation, deren Helfer der Regel gehorchen, dass sie von den *eigenen* guten Taten berichten, nicht jedoch davon, was sie in ihren Einsatzgebieten *gesehen* haben. Das IKRK weigert sich sogar, Informationen über die Opfer von Massakern, die in hauseigenen Datenbanken gesammelt werden, an das Kriegsverbrechertribunal in Den Haag weiter zu geben (Ignatieff 2000, S. 175). Der Verschwiegenheit über die Opfer, denen man einzig unter Ausschluss der Öffentlichkeit dienen möchte, entspricht die Anonymisierung der Täter, die selbst dann nicht aufgegeben wird, wenn Mitarbeiter des Roten Kreuzes selbst zu Opfern von Anschlägen werden. So wurde eine Meldung über die Ermordung von zehn Freiwilligen in einem kleinen Ort östlich der Hauptstadt des Kongo im Mai 1997 in die eigentümlich gedämpfte Formulierung gekleidet, dass „der Tod" keine Unterschiede mache und „die Gewalt" traurigerweise auch jene treffe, die Hilfe bringen.[50]

Das Rote Kreuz

Im Zuge der Politisierung von NGOs seit den 80er Jahren und des Übergangs von einer dreipoligen zu einer vierpoligen Sinnstruktur (vgl. Kapitel 3) gewannen Gruppierungen an Gewicht, die ihre Aufmerksamkeit und die Aufmerksamkeit Dritter von den *Opfern* auf die mutmaßlichen *Verantwortlichen* von Ungerechtigkeiten und Fehlentwicklungen umzulenken versuchten. Organisationen, die aus den Saatgutkampagnen der Siebziger und der Kritik an bestimmten Folgen der Grünen Revolution hervorgegangen sind, führen zwar noch das stilisierte Bild fleißiger Bäuerinnen als Erkennungszeichen, befassen sich jedoch zumeist mit der Identifizierung von Firmen und öffentlichen Institutionen, die umstrittene Techniken ein-

Von den Opfern zu den Tätern

---

[49] Zu einer ausführlichen Bildanalyse vgl. Flitner (1999).

[50] „Ten Zairian Red Cross volunteers killed in Kenge, Zaire", in: International Review of the Red Cross, 30.6.1997 (http://www.cicr.org).

führen oder Patente zum Nachteil südlicher Länder und lokaler bäuerlicher Gemeinschaften anmelden. Andere Organisationen beschäftigen sich ausschließlich mit der Aufdeckung von verborgenen Verwicklungen zwischen Universitäten, öffentlichen Verwaltungen und einzelnen Firmen oder der Beobachtung von Unternehmen in kontroversen Investitionsfeldern wie der Ölförderung. Gelegentlich werden auch Methoden und Nachrichtenkanäle zur „Do-it-yourself"-Analyse solcher Unternehmen verbreitet.[51] Die europäische Sektion von *Friends of the Earth* beschäftigt Experten, die die industrielle Entwicklung im Bereich der modernen Biotechnologien sowie die schwer überschaubare Praxis der Zulassung und Kontrolle dieser Technologien im Auge behält. Auch Entwicklungshilfe-Organisationen (z.B. ActionAid) haben sich auf diesem Gebiet versucht, seitdem agroindustrielle Firmen dazu übergegangen sind, sich ein philantropisches Image als Welternährer zuzulegen und damit die echten Philantropen zu provozieren. Das englische *Cornerhouse* hat Material für Trainingskurse von NGO-Mitarbeitern entwickelt, die lernen sollen, die Machart großindustrieller PR-Kampagnen zu verstehen, um sich nicht ohne Not in öffentlichkeitswirksame Dialogsstrategien einbinden zu lassen. Wiederum andere Gruppen (z.B. Project Underground Mission in Berkeley) haben sich darauf spezialisiert, einzelne Unternehmen im Bereich der extraktiven Ressourcengewinnung in Entwicklungsländern zu beobachten, von denen behauptet wird, dass sie vielfach die Bedürfnisse und gelegentlich sogar die Menschenrechte lokaler Bevölkerungsgruppen missachten.

Mit einem Ausdruck des britischen Unternehmensberaters John Elkington lassen

**Unterschiedliche
Strategien**

sich diese Organisationen als „Polarisierer" beschreiben, die jedoch die Kunst der Unterscheidung beherrschen und jeweils einzelne Institutionen, Industriezweige oder Firmen ins Visier nehmen, ohne dabei sämtliche Staaten oder Unternehmen über einen Kamm zu scheren. Ihnen stehen Polarisierer gegenüber, die ohne die Gabe der Differenzierung auskommen und sich pauschal dem Kampf gegen die „Globalisierung" verschrieben haben. Unter „Globalisierung" wird dabei jener vorgeblich monströse, anonyme und doch politisch beschlossene Prozess einer alles verschlingenden Ausdehnung der Finanzwelt verstanden, wie er beispielsweise von Viviane Forrester in ihrem Bestseller *Der Terror der Ökonomie* gezeichnet worden ist. Ein Beispiel für umfassende Polarisierung ist die Forderung eines Sprechers der philippinischen Sektion des Pestizid-Aktions-Netzwerks (PAN), sämtliche ausländische Konzerne aus Asien hinauszuwerfen.[52] Ein anderes Beispiel bot eine international renommierte indische Öko-Aktivistin, die auf einer internationalen Konferenz im Februar 1998 die europäischen Hexenverfolgungen kurzerhand in die Zeit der Industrialisierung und damit an den Anfang der verhassten Epoche des globalen Kapitalismus verlegte.

Neben den mehr oder weniger differenzierungsfähigen Polarisierern treten auch solche NGOs in Erscheinung, die sich gegenüber den Verantwortlichen von Fehlentwicklungen als kooperative „Integratoren" bewähren möchten. Damit sind Gruppen gemeint, die die Konfrontation scheuen und nach so genannten „win-win"-Strategien Ausschau halten, aus denen alle Beteiligten Profit ziehen können. Der WWF ist viel-

---

[51] Dies gilt z.B. für CorporateWatch in Oxford (http://www.corporatewatch.org.uk) und eine gleichnamige Organisation in den USA (http://www.corpwatch.org).

[52] Vgl. den Beitrag von Romy Quijano in der Dokumentation der Tagung „Forum on Land, Food Security and Agriculture", 11.-12.11.1998, Kuala Lumpur, Malaysia.

leicht das beste Beispiel einer solchen Organisation, die stets um Ausgleich bemüht ist und daher aggressivere NGOs etwa im Bereich der Tropenwaldpolitik als „fundamentalistisch" kritisiert. Der WWF unterhält z.B. eine enge Allianz mit der Weltbank, die seine Waldschutzziele teilt, und legt Wert darauf, auch die Kommunikation mit den „Schlimmsten der Schlimmen", etwa bestimmten internationalen Holzkonzernen, nicht abbrechen zu lassen.[53] Auch bei den Integratoren gibt es solche, die genau hinschauen und Regierungen und Firmen differenziert beurteilen – hierzu gehört ohne Zweifel der WWF – und solche, die ohne Einzelfallprüfung ihrer tiefsitzenden Vorliebe für einen „Schmusekurs" mit politischen Gegnern nachgeben.

Auf diese Weise ergibt sich eine Vierfelder-Tabelle von NGOs, die entweder Integratoren oder Polarisierer sind, wobei jede dieser Gruppen wiederum in Differenzierer und Pauschalierer zerfällt. Tabelle 6 veranschaulicht die entsprechenden Verhaltensmustern in Analogie zu mehr oder minder bedrohten (oder auch bedrohlichen) Meerestieren. Besonders die „Killerwale" und „Haie" unter den NGOs sind vorwiegend gegnerorientiert, d.h. sie richten ihre Hauptaufmerksamkeit auf ihre Kontrahenten in Regierungen, internationalen Institutionen oder der Geschäftswelt, während das Bild der Opfer, in deren Namen das Wort ergriffen wird, bei einigen Organisationen ziemlich blass bleibt.

Tabelle 6: Verhaltensmuster von NGOs gegenüber ihren Gegnern (nach Elkington 1997, S. 229)

	POLARISIERER	INTEGRATOREN
DIFFERENZIERER	„KILLERWALE" hochintelligent, kontextsensibel, strategisch, bevorzugen tiefe Gewässer, fressen Seelöwen (und manchmal Delfine)	„DELFINE" intelligent und kreativ, kontextsensibel, können Haie abwehren, bewegen sich in flachen und auch in tiefen Gewässern, mögen andere Lebewesen
PAUSCHALIERER	„HAIE" geringe Intelligenz, kurzsichtig, reizbar, taktisch, schwimmen und attackieren im Rudel	„SEELÖWEN" geringe Intelligenz, populäre Schautiere, freundlich, bevorzugen die Sicherheit der großen Zahl, lieben flache Gewässer

Solche und ähnliche Klassifizierungen werden inzwischen auch von den Betrieben und Behörden vorgenommen, die zum Ziel öffentlicher Anklagen von Nichtregierungsorganisationen werden. Sie dienen der Ausbildung von angemessenen, differenzierten Reaktionsmustern auf das Verhalten von NGOs. Insbesondere in der Industrie reicht das Spektrum der Verhaltensweisen gegenüber NGOs von der

---

[53] Interview des Verfassers mit einem Vertreter des WWF-Deutschland, Dezember 1999. Greenpeace nähert sich ebenfalls einer solchen Position des differenzierenden Dialogs, seit sich der Verband als „strategischen Opportunisten" beschreibt (so der ehemalige Geschäftsführer Thilo Bode im Spiegel, Nr. 38/1995, S. 54).

Nichtbeachtung über mehr oder weniger ernst gemeinte Dialoge bis hin zur offenen Konfrontation. Mit Nichtbeachtung werden besonders die „Seelöwen" unter den NGOs wie gewisse Tropenwaldvereine und Tierschützer gestraft, während die kenntnisreichen „Killerwale" und „Delfine" am ehesten angehört werden und manchmal auch als Angstgegner gewisse Erfolge erzielen können.

Normieren, Recherchieren, Vernetzen

Winzige Anfänge

Zu den Paradoxien im Feld der Nichtregierungsorganisationen gehört, dass sie in der Öffentlichkeit ein hohes Vertrauen genießen, ohne sich in ihrer Mehrzahl, wenn man von Ausnahmen wie Greenpeace einmal absieht, von Mehrheitsmeinungen und großen Zahlen beeindrucken zu lassen. Wer die Anfänge erfolgreicher NGOs studiert, wird feststellen, dass es zumeist winzige Gruppen waren, die im Licht von starken Wertüberzeugungen ein bestimmtes Problemgebiet entdeckten und aufwerteten. Bernard Kouchner, der Gründer von Médicines Sans Frontières, berichtet, wie er nach 1968 mit seiner Idee einer neuen Ethik der humanitären Einmischung bei den Intellektuellen aller Lager „abblitzte". „Am Anfang", so der heutige UN-Sonderbeauftragte für das Kosovo, „waren wir nur fünf" (Kouchner 1991, S. 109). Bis heute sind es immer wieder *kleine* Gruppen, etwa die in Kapitel 4 erwähnte Neptune Group, die zum Herd der Entstehung von neuen Werten und Wertinterpretationen werden, die für das Selbstverständnis und die Außenwahrnehmung dieser Gruppen maßgeblich sind. Später beginnen Themen und Werte zwischen verschiedenen Gruppen hin und her zu „wandern".

Enthusiasmus und Wissen

Die folgende Interviewäußerung macht allerdings deutlich, dass neben dem moralischen *Enthusiasmus* des Propheten in der Wüste es meist auch der Horizont eines neuen *Wissens* ist, der in der Regel den Gründungsprozess von NGOs beflügelt. Die Gründer einer bekannten nordamerikanischen Landwirtschafts-NGO, so eine Interviewpartnerin, „interessierten sich für das ‚Saatgut-Thema' viel früher als andere. Sie guckten, was mit der genetischen Erosion passiert, mit der Verbindung zu Unternehmen, ich denke lange bevor sich *irgend jemand sonst* dafür interessiert hat. Es gab dieses unglaublich mächtige Nord-Süd-Thema wegen der Frage, wo die Vielfalt unserer Kulturpflanzen eigentlich herkommt, und dass es überhaupt keine Anerkennung dafür gab und kein Interesse daran, wer eigentlich den Nutzen hat, *null Anerkennung* für die kreative Rolle von Bauern in der Landwirtschaft! Es gab ein echtes Problem, weil sich niemand für diese Dinge interessierte, ein totales Loch, ein Vakuum von Information über das, was passierte. Was mich interessiert, ist, dass wir da waren und wussten, dass sich hier die Tore zu einer ganz neuen Welt öffneten – naja, und das ist wohl wahr, schau nur, wo wir inzwischen stehen."[54]

Diese Aussage illustriert die zweifache Orientierung moderner Nichtregierungsorganisationen sowohl an moralischen *Werten* als auch an einer präzisen Vorstellung vom *Wissenswerten*. Alle bedeutenden NGOs sind große Sammler von Informationen auf schwierigem Terrain. Die Bulletin *Neptune* aus der Zeit der Dritten UN-Seerechtskonferenz wurde bereits genannt. Heute viel gelesene Informationsquellen sind – um nur einige wenige zu nennen – die jährlichen *Global Corruption*

---

[54] Interview des Verfassers mit der Forschungsdirektorin von RAFI-USA, Februar 1999.

Reports der in Deutschland ansässigen Organisation Transparency International mit ihren länderspezifischen Korruptionswahrnehmungs-Indices, der *International Criminal Court Monitor,* die *Jahresberichte* von Amnesty International, die indische Online-Ressource *What's New at CSE* oder das Weltbank-kritische *BankCheck Quarterly,* das gemeinsam vom International Rivers Network und Development GAP veröffentlicht wird. Mit Blick auf kommende Konferenzen der Welthandels-organisation erarbeiten agrarpolitische Netzwerke zusammen mit akademischen Forschern und Bauernverbänden lokale Fallstudien, die den Zusammenhang von landwirtschaftlichen Produktionsmodellen, Ressourcenrechten, internationalen Handelsregimes und neuen Gefährdungen der Ernährungssicherheit beleuchten sollen. In der Klimapolitik haben in jüngster Zeit Berichte über „Globale Erwär-mung und den Niedergang biologischer Vielfalt", „Klimawandel und extreme Wet-terereignisse" oder „Gefahren für den Pazifik" starke Beachtung sowohl bei Politi-kern wie auch bei Medienvertretern gefunden.[55]

Die enge Verknüpfung von Ethik und Recherche, Tatendrang und Wissensdurst unterscheidet die neuen Akteure von klassischen Volksparteien oder Verbänden, die sich ihr Wissen über bestimmte Politikfelder über Consultants beschaffen müssen, aber auch von Expertengemeinschaften („epistemic communities"), die keinen di-rekten Einfluss nehmen auf die Verwendungsweisen des von ihnen produzierten Wissens. Moderne NGOs stehen häufig mit einem Bein in solchen Expertenge-meinschaften, zu denen sie enge Kontakte pflegen, und mit dem anderen in der Laienwelt der Alltagspolitik, in der verlässliches Wissen zu einem maßgeblichen Lobbyinstrument geworden ist. Diese Verknüpfung dient dem Ziel, den univer-salistischen Wertekanon von Freiheit, Gleichheit und Solidarität in die Sprache einer Gegenwart zu übersetzen, die gekennzeichnet ist durch die rapide nachho-lende Modernisierung außereuropäischer Regionen, den Zerfall moderner Staat-lichkeit in anderen Teilen der Welt und das Ende vieler klassischer Emanzipations-hoffnungen. Im Lichte unausgesprochener letzter Werte arbeiten NGOs darauf hin, das Verhalten von Staaten und Firmen in bislang rechtsfreien Räumen der Weltge-sellschaft zu normieren. Dabei müssen zwei Normbildungsprozesse unterschieden werden, erstens die Entstehung solcher Normen und Werte, die gleichsam den hei-ßen Kern des *Gründungsimpulses* und der Identität neuer politischer Organisationen ausmachen, und zweitens Normen, die das *Verhältnis* unterschiedlicher wirtschaft-licher und politischer Einheiten zueinander regulieren sollen.

Zwei Normbil-dungsprozesse

Der normative Gründungsimpuls lässt sich oftmals bis hinein in die Biografie von Einzelnen zurückverfolgen, wie viele Beispiele zeigen. Anil Agarwal, Gründer einer weltweit einflussreichen indischen Umweltorganisation, wurde zutiefst ge-prägt durch den hohlen Modernismus der Zeit Indira Gandhis, als die Staudämme nicht groß genug sein konnten und die Zahl der jungen Ingenieure, die Indien in Richtung USA verließen, Rekordniveau erreichte. Bernard Kouchner kehrte nach seinen bestürzenden Erfahrungen im Biafra-Konflikt dem Roten Kreuz den Rücken und gründete *Ärzte ohne Grenzen.* Jonathan Fine arbeitete viele Jahre in einem Kran-kenhaus im Norden Bostons, bis er im Juni 1981 einen Anruf erhielt und nach Santiago de Chile flog, wo er mit dem Schicksal gefolterter Kollegen an der medi-zinischen Hochschule der Stadt konfrontiert wurde: er wurde zum Gründer einer

[55] Die Studien wurden erstellt oder in Auftrag gegeben vom WWF-Schweiz bzw. von Greenpeace-Australia Pacific, alle im Jahr 2000.

überaus wirkungsvollen Organisation von Ärzten und Gerichtsmedizinern zur Aufdeckung von Menschenrechtsverbrechen (Physicians for Human Rights). In all diesen Fällen lösten konkrete Erlebnisse die Entstehung eines starken Wertbewusstseins und die Entschlossenheit aus, viel Energie, Geld und Zeit in den Aufbau von freiwilligen Organisationen zu investieren. Und jedesmal wirkte diese Entschlossenheit ansteckend auf eine zunächst kleine Gruppe von ähnlich gestimmten Mitstreitern. Es sei allerdings hinzugefügt, dass auch der identitätsstiftende Kern von NGOs keineswegs gegen Spaltungen und Zerfall gefeit ist.[56]

Beispiele für die im engeren Sinne rechtsschöpferische Normbildungsaktivität, die das Verhalten von Staaten und Firmen betrifft, habe ich bereits genannt. NGOs haben sich z.B. maßgeblich für die Ausformulierung von Menschenrechtsstandards oder das weltweite Verbot bestimmter langlebiger Giftstoffe und ihrer Verbringung ins Meer eingesetzt. Sie haben massiv Einfluss genommen auf den Wortlaut rechtsverbindlicher internationaler Übereinkommen. Verhaltenskodizes („codes of conduct") mit globaler Reichweite sind unter Beteiligung von NGOs seit den 90er Jahren auch im Bereich des grenzüberschreitenden Verbraucher- und Arbeitsschutzes entwickelt worden (Scherrer/Greven 2001). Ein Beispiel dafür sind Kampagnen gegen Sportartikelhersteller oder Bekleidungshäuser. Diese wollen hinter dem schönen Schein moderner Markenartikel die Arbeitsbedingungen sichtbar machen, die in den häufig erdumspannenden Produktions- und Zuliefererketten vorherrschen.

Die Beeinflussung von verbindlichen Normbildungsprozessen setzt die Entdeckung von Problemfeldern voraus, die bisher unbeachtet und folglich auch ungeregelt geblieben sind. Die Neptune Group erkannte frühzeitig die Folgen für die Weltordnung und die Umwelt, die ein ungeregelter Abbau von Bodenschätzen auf dem Meeresgrund haben könnte. Unterschiedliche Netzwerke haben auf die Gesundheitsschäden verwiesen, die westliche Produkte wie Agrarchemikalien oder Muttermilchsubstitute in Entwicklungsländern angerichtet können. Human Rights Watch entdeckte das Thema der Proliferation leichter Waffen und ihre Rolle bei Menschenrechtsverletzungen in Bürgerkriegszonen. Andere Gruppen haben vor den weitreichenden destabilisierenden Konsequenzen einer Übertragung westlicher Patent- und Sortenschutzrechte auf die Entwicklungsländer gewarnt. In der internationalen Klimapolitik haben Nichtregierungsorganisationen gemeinsam mit unabhängigen Experten überhaupt erst das Problem definiert, über das bis heute in Verhandlungen debattiert wird. Die Auswirkungen von Nanotechnologien und die Steuerflucht von Eliten in Entwicklungsländern sind noch unvertraute Problemzonen, in denen NGOs neuerdings ermitteln.

BDI: „Expertisen abschöpfen"

Das Wissen über die Natur von Problemen, für die sich noch kein Ministerium zuständig fühlt, sowie über denkbare Wege zur Problemlösung, die später von Staaten einem Realitätstest unterworfen werden, begünstigt die Einbindung von NGOs in zwischenstaatliche Verhandlungen und gesellschaftliche Dialoge. Dies gilt für das UN-System (Brühl 2001) ebenso wie für nationale Politikfelder, wie das Beispiel vieler spezialisierter NGOs zeigt, die sich nicht mehr zu den jeweils entscheidungsbefugten Beamten vordrängeln müssen, sondern selbst zu Gesprächen einge-

---

[56] So kam es z.B. im Jahr 2000 in der ohnehin kleinen deutschen Sektion des Pestizid-Aktions-Netzwerks (PAN) zu einem Zerwürfnis zwischen Toxikologen und Agronomen um die Frage des wichtigsten Aktionsfeldes der Zukunft.

laden werden. Auch der Bundesverband der Deutschen Industrie (BDI) empfiehlt heute seinen Mitgliedern Dialogrunden mit NGOs, um „Expertisen abzuschöpfen" (zit. in Mimkes 2001).

Ebenso wie es zwei Arten der Normbildungsaktivität gibt, je nachdem, ob wir die Wertbildung innerhalb bestimmter Gruppen untersuchen oder die Normierung des Verhaltens von Staaten und Firmen, gibt es auch zwei Arten der Recherche. In der Klimapolitik oder den Kampagnen gegen die Verbreitung von Landminen haben NGOs Informationen gesammelt, um die Notwendigkeit der Neuregelung oder der Ausweitung bestehender Regeln auf bisher unbeachtete Problemgebiete zu begründen. In anderen Fällen wird die Einhaltung bereits institutionalisierter Normen überwacht. Die Häufigkeit der Silbe „watch" im Namen vieler Organisationen (Germanwatch, CorporateWatch, Global Trade Watch usw.) verweist auf diesen Aspekt der sorgfältigen Beobachtung. Wie immer bei NGOs wird dieser Tätigkeit gleichermaßen im Weltmaßstab als auch auf lokaler Ebene nachgegangen. So hat vor ein paar Monaten eine große Umweltorganisation vor den Toren eines Elektromarkts in der Münchner Bahnhofsgegend Stellung bezogen, um gegen den Verkauf von Kühlschrank-Billigmodellen zu protestieren, die das klimaschädliche Treibhausgas R134a ausstoßen. Dieser Aktion gingen offensichtlich einige Recherchen voraus.

Zwei Arten der Recherche

Ein anderes Beispiel bietet die südafrikanische Organisation *Biowatch*, die jüngst die englische Firma Phytopharm der „Biopiraterie" angeklagt hat. Die Firma hatte den Appetit zügelnden Wirkstoff einer lokalen Kaktuspflanze isoliert und sogleich für 21 Millionen US-Dollar an das amerikanische Unternehmen Pfizer verkauft. Der Wirkstoff wird allerdings bereits seit Urzeiten von den Kung-Buschmännern der Kalahariwüste genutzt, weil er ihnen erlaubt, ohne Nahrung lange Jagdausflüge durchzustehen. Inzwischen sind NGOs gemeinsam mit Anwälten auf den Plan getreten, die den beteiligten Pharmaunternehmen die Missachtung traditioneller Ressourcenrechte vorwerfen und Entschädigungen verlangen.

Beispiele

Das letztgenannte Beispiel zeigt bereits, dass sich die beiden Tätigkeiten der Normierung ungeregelter Handlungsfelder und der Überwachung der Einhaltung bestehender Normen nicht immer eindeutig unterscheiden lassen. Der Institutionalisierungsgrad von Normen ist schwankungsanfällig und kann umstritten sein. Das Verbot der Sklavenhaltung zum Beispiel wurde nicht nur bereits in einer internationalen Konvention im Jahr 1926 verankert, sondern ist auch ein so selbstverständlicher Teil unseres Moralbewusstseins, dass wir an die Existenz von Sklaverei gar nicht mehr recht glauben können. Umso größer ist der Schock, wenn heute Forscher aus dem Umkreis von Menschenrechtsorganisationen die Existenz neuer Formen der Sklaverei überall auf der Welt eindrucksvoll belegen. Konservativen Schätzungen zufolge sind es mindestens 27 Millionen Menschen, die – teilweise für den Weltmarkt und damit „für uns" – in Sklavenarbeit Teppiche knüpfen, Schuhe produzieren oder Kakao ernten (Bales 2001). In solchen Fällen wird von Organisationen wie *Anti-Slavery International* nicht einfach nur auf die Einhaltung bestehender Normen gepocht, sondern über die Weiterentwicklung und Durchsetzung dieser Normen unter Bedingungen nachgedacht, in der ein eindeutiger „Täter", der als Adressat für Ermahnungen und Drohungen in Frage käme, nicht aufzufinden ist.

Im Fall der Aufdeckung organisierter Sklaverei wird einem entsetzten Medienpublikum eine Realität vor Augen geführt, von der bis dahin kaum jemand etwas ahnte. Dies ist jedoch ein extremes Beispiel. In den meisten Fällen ermitteln NGOs

Tatbestände, um vorliegende offizielle Darstellungen zu widerlegen. In einem Zug soll die Wahrheit gesagt und der politische Gegner der Lüge überführt werden. *Americas Watch*, eine Vorgängerorganisation von Human Rights Watch (HRW), hat in den frühen 80er Jahren einen Großteil seiner Energie in die Korrektur der „geschönten" Länderberichte gesteckt, die das amerikanische Außenminsterium jedes Jahr über die Menschenrechtslage in bestimmten Diktaturen in Lateinamerika herausgab. Weitaus spektakulärer war allerdings die eigenständige Ermittlungstätigkeit, die verschiedene Organisationen in den betreffenden Ländern selbst sowie später in anderen Teilen der Welt unternahmen.

Laura Carlotto

Berühmt ist der Fall einer schwangeren Frau namens Laura Carlotto, die 1977 in Argentinien „verschwand". Der von Projektilen durchbohrte Leichnam der Frau wurde später der Mutter, Estela Carlotto, übergeben, die nicht glauben wollte, was man ihr erzählte: dass ihre Tochter absichtlich eine Straßensperre durchbrochen und damit die Gewehrschüsse der Wachposten provoziert hätte. Zusammen mit anderen Müttern von „Verschwundenen" fuhr Estela nach Europa, Kanada und in die Vereinigten Staaten auf der Suche nach wissenschaftlicher Unterstützung für die eigenen privaten Recherchen. Im Umkreis der *Physicians for Human Rights* des bereits erwähnten Arztes Jonathan Fine aus Boston wurde sie schließlich fündig. 1984 exhumierte eine Gruppe von amerikanischen Anthropologen und Gerichtsmedizinern die Leiche Laura Carlottos und konnte am toten Körper Spuren der Gefangenschaft sowie der tödlichen Verletzungen nachweisen, die den Verdacht der Mutter bestätigten und die Darstellung der Militärbehörden widerlegten.

NGOs als Ermittler

Damit war der Grundstein für die Einbeziehung von wissenschaftlichen Spezialisten in die Tätigkeit von Menschenrechtsorganisationen gelegt, die von nun an

Der amerikanische Gerichtsmediziner William Haglund (Physicians for Human Rights) bei der Ermittlungsarbeit an einem der Massengräber nach dem Massaker von Srebrenica im Juli 1995.
Quelle: Aryeh Neier, War crimes, New York 1998.

daran arbeiteten, über die öffentliche *Anklage* von schweren Menschenrechtsverstößen hinaus positive *Beweise* für solche Verstöße zu erbringen. Zwischen 1986 und 1996 unternahm die Gerichtsmediziner-NGO 70 einschlägige Ermittlungsreisen in 40 verschiedene Länder (Korey 1998, S. 427). Internationales Aufsehen erregten besonders die Untersuchungsbefunde zu Bodenproben und Leichen in kurdischen Flüchtlingslagern im Irak, die Ende der 80er Jahre den Einsatz von Giftgas und damit einen massiven Bruch internationaler Abkommen durch die irakische Regierung belegten. Folgenreich war außerdem die Untersuchung von Massengräbern in Bosnien nach 1992. Diese Erkundungen begründeten die besondere Beziehung, die bis heute zwischen der amerikanischen Medizinerorganisation und dem Kriegsverbrechertribunal für das ehemalige Jugoslawien in Den Haag besteht. 1996 führte die Ermittlungstätigkeit der Organisation erstmals zur Anklage von drei serbischen Offizieren.

Andere Fälle zeigen, dass NGOs keineswegs nur den Bruch von Rechtsnormen belegen wollen, sondern auch Praktiken angreifen, die legal, aber umstritten oder moralisch anrüchig sind. Ein Beispiel: Die unabhängige Landwirtschaftsorganisation RAFI entdeckte 1996 im Zuge von Routinerecherchen, dass die Universität von Colorado ein Patent auf Quinoa, eine in Chile, Bolivien, Peru und Ecuador weit verbreitete essbare Körnerfrucht, erworben hatte. Die Aufrechterhaltung des Patents auf ein Verfahren zur Hybridisierung der Pflanze hätte eine Gefährdung der wachsenden Exportmärkte für Quinoa in OECD-Ländern bedeuten können. Die Art und Weise, wie die Organisation diese Information politisch einsetzte, bietet ein kleines Lehrstück zu der Frage, wie NGOs arbeiten. Im März und April 1997 wurden sowohl die Nationale Vereinigung der Quinoa-Produzenten in Bolivien als auch die Regierungen in Bolivien und Peru informiert. In Zusammenarbeit mit einer US-amerikanischen und einer dänischen NGO flog RAFI mit Vertretern der Quinoa-Produzenten zu einer Sitzung der Vereinten Nationen nach New York, um öffentlich die Zurücknahme des Patents zu fordern. Ein parallel tagendes Internationales Tribunal über Menschenrechte und Umwelt in New York verlieh der Forderung zusätzlichen Nachdruck. Am Rande einer Tagung der FAO in Rom im Dezember 1997 beriet RAFI schließlich bolivianische Diplomaten und vereinbarte eine gemeinsame Strategie des öffentlichen Protests, ohne den riskanten und kostspieligen Weg einer juristischen Klage zu gehen. In den USA besorgte man sich in der Zwischenzeit von sympathisierenden Laborwissenschaftlern einen „genetischen Fingerabdruck" des patentierten Keimplasmas, um nachzuweisen, dass es tatsächlich aus den Anden stammte. Am Ende gab die Universität von Colorado das Patent auf (Heins 2001, S. 233f.).

Kein Patent für Quinoa

Ähnlich wie die Geschichte der verzweifelten Estela Carlotto, die um die halbe Welt reiste, um Leute zu finden, die den Beweis für die Ermordung ihrer Tochter erbringen konnten, zeigt auch dieses Beispiel, dass NGOs ein fallspezifisches Wissen produzieren, das von vornherein für die Zirkulation in bestimmten *Netzwerken* aufbereitet wird. NGOs sind an der Erhebung eines *mobilisierenden* Wissens interessiert. Diese Orientierung an der mobilisierenden Kraft von Informationen, die gezielt in politische Netzwerke eingespeist werden, zeigt auch die Stellungnahme des Direktors des Centre for Science and Environment (CSE) in Delhi, der 1991 einen viel beachteten Bericht über das globale Klimaproblem aus der Sicht tropischer Länder veröffentlichte: „Dann haben wir dieses Buch über ‚Globale Erwärmung in einer ungleichen Welt' geschrieben. Aber wer hört schon auf einen armen

Die Bedeutung von Netzwerken

Irren, der in New Delhi sitzt? Wir hatten dafür zu sorgen, das unsere Botschaft in New York und London und *überall sonst* gehört werden würde. Die Botschaft sollte richtig einschlagen. Daher haben wir sämtliche Netzwerke genutzt, die wir hatten, um sofort 2.000 Exemplare zu produzieren, die an jede Regierungsdelegation und jede NGOs gingen, die wir kannten oder ansprechen wollten. So kam die Sache schließlich ins Rollen."[57]

Der in dem Interview genannte Bericht beruhte auf sorgfältigen Recherchen und Argumenten, die bestreitbar, aber nicht aus der Luft gegriffen waren. Darüber hinaus wurde die Botschaft des Berichts emotional verpackt, indem man die Industrieländer und viele ihrer NGOs mit dem Vorwurf des „ökologischen Kolonialismus" konfrontierte. Der Einsatz von wohldosierten Emotionen, die durch Reizwörter transportiert werden, ist typisch für die Informationspolitik der neuen politischen Organisationen. Ein anderes Beispiel ist der Bericht von Human Rights Watch über *War Crimes in Bosnia-Hercegovina* vom Juli 1992, in dem vorsichtig der Begriff des „Genozids" auf die Praxis der ethnischen Säuberungen eingeführt und erstmals zur Gründung eines Kriegsverbrechertribunals aufgerufen wurde. Die Formel Bernard Kouchners „Sans information, pas de compassion" – ohne Information kein Mitleid – bringt diesen Zusammenhang von Recherche und Mobilisierung auf den Punkt (Kouchner 1991, S. 116). Das Ziel der Informationspolitik von NGOs ist demnach in jedem Fall ein emotionales. Entweder soll das

Information und Mitleid Mitgefühl des Publikums erregt werden oder die mutmaßlichen Verantwortlichen eines Missstands sollen in Verlegenheit gebracht und beschämt werden. Unter Beschämung ist der Verlust an Selbstachtung zu verstehen, der sich durch den Anerkennungsverlust in den Augen anderer einstellt, – freilich nur dann, wenn die Entlarvten die Grundwerte ihrer Kritiker wenigstens im Prinzip teilen und, um bei den gegebenen Beispielen zu bleiben, „Kolonialismus" und „Genozid" tatsächlich ablehnen.

Sowohl die Umstimmung des Publikums als auch die Ausübung von Druck auf politische Entscheidungsträger beruhen auf der gelungenen Zusammenarbeit von NGOs untereinander sowie zwischen NGOs und anderen Einrichtungen. „Ihre internationale *Vernetzung* schafft den NGOs einen Wissens- und Handlungsvorsprung", so auch der Bundesverband der Deutschen Industrie (zit. in Mimkes 2001). Was ist unter dem Zauberwort der „Vernetzung" zu verstehen? Gemeint sind mehr oder weniger informelle Beziehungsgeflechte zwischen Organisationen oder Organisationsteilen, die zum Zweck der Erreichung eines gemeinsamen Ziels eingegangen werden. Nichtregierungsorganisationen haben eine besondere Neigung zum Eintritt in manchmal weltweite Netzwerke, teils, weil sie darauf angewiesen sind, um ihre dürftige Ressourcenausstattung durch geschickte Kooperation auszugleichen, teils, weil sie kein umfassendes Weltverbesserungsprogramm verfolgen und daher strittige Fragen mühelos zugunsten der Konzentration auf ein Bündel von Kernforderungen ausklammern können. Gelegenheit zur Vernetzung bieten selbstorganisierte Tagungen, aber auch größere Konferenzen und Versammlungen etwa der Vereinten Nationen oder der so genannten Bretton-Woods-Institutionen Weltbank und IWF. Auch wenn man politisch nichts bewirkt, bietet das Umfeld solcher Treffen in der Regel eine Vielzahl von Kennenlern- und Wohlfühl-Veran-

---

[57] Interview des Verfassers mit dem Direktor von CSE, New Delhi, Dezember 1998. Das im Zitat genannte Buch ist Agarwal/Narain (1991).

staltungen. Grundsätzlich können sich unterschiedliche Organisationen oder auch selbstständige nationale Verbände *innerhalb* einer globalen Organisation miteinander vernetzen. Dabei spielen manchmal auch unabhängige Vermittlungsinstanzen eine Rolle. So sind Vertreter der deutschen und der brasilianischen Sektion des Pestizid-Aktions-Netzwerks zum erstenmal 1996 persönlich zusammengetroffen, dank der Einladung eines Goethe-Instituts in Brasilien.

Wer genau hinschaut, wird feststellen, dass da, wo die Voraussetzung der Ressourcenknappheit nicht gegeben ist, vergleichsweise wenig Vernetzung mit anderen Organisationen stattfindet. Der WWF ist in nationalen Verbänden organisiert und hat bereits allergrößte Mühe, in bestimmten Fragen die *eigene* Organisation auf einen verbindlichen Konsens zu verpflichten. Im Unterschied dazu ist Greenpeace strikt zentralistisch organisiert. Für den dafür erzielten Effizienzgewinn muss die Organisation allerdings den Preis zahlen, dass sie bis heute keine starken Sektionen in irgendeinem Land außerhalb der OECD aufbauen konnte. Die Praxis der Vernetzung kommt hier kaum über die Routine hinaus, mit der man sich in Hamburg und Amsterdam die Homepages mutmaßlich gleichgesinnter Organisationen in nichtwestlichen Ländern anschaut. Eine ähnliche Beziehung von straffer Organisation und geringer Flexibilität hat man auch der US-amerikanischen Sektion des *Climate Action Network* (CAN) nachgesagt, das von den Positionen der Schwesterorganisationen in Südostasien mindestens ebenso weit entfernt ist wie von den Positionen der amtierenden Regierung der USA (Walk/Brunnengräber 2000, S. 141ff.).

Andere große NGOs haben gezeigt, wie prekär die Vernetzung sein kann und dass sie keineswegs Einheit bedeutet. Im Kosovo-Krieg zeigte sich, dass selbst humanitäre NGOs vom Fieber des Nationalismus gepackt werden können. So machte während der Nato-Intervention die griechische Sektion von Médicines Sans Frontières – ganz im Sinne „ihrer" Regierung – keinen Hehl aus ihrer Sympathie für die serbische Sache (Rieff 2000). Die Rede von der weltweiten Vernetzung gleichgesinnter Initiativen, die sich vernachlässigter Weltprobleme annehmen, darf folglich nicht immer für bare Münze genommen werden. Das zuletzt genannte Beispiel lehrt, dass manchmal auch in NGOs bloße Schönwetter-Kosmopoliten den Ton angeben, die schon bei der ersten Bewährungsprobe umfallen.

Drei weitere Aspekte von Vernetzung verdienen an dieser Stelle Erwähnung: die Mehrdimensionalität von Vernetzungsstrategien, die gleichermaßen auf geografische Ausdehnung wie auf soziale Tiefe abzielen, die Pflege guter Beziehungen zu staatlichen Entscheidungsträgern sowie der Aufbau von Kontakten zu Stiftungen und anderen Geldgeberorganisationen.

Netzwerke von Nichtregierungsorganisationen erstrecken sich nicht nur in der Fläche, indem Personen, Gruppen und Büros in unterschiedlichen Ländern in Knotenpunkte eines größeren Ganzen verwandelt werden. Vielmehr bemühen sich wichtige Gruppen um den Aufbau *dreidimensionaler Netzwerke*. Die dritte Dimension entsteht dadurch, dass in die Vorstände der Organisationen bevorzugt solche Personen gewählt werden, die bereits eine wichtige Funktion in anderen Organisationen bekleiden und dadurch als Multiplikatoren wirken können. 1995 setzte sich beispielsweise der erweiterte Vorstand von PAN-Deutschland, dem die Kontrolle der Geschäftsführung, die Aufnahme neuer Mitglieder und die Festlegung strategischer Orientierungen obliegt, aus Personen zusammen, die u.a. der Arbeitsgemeinschaft der Dritte-Welt-Läden, der BUKO Agrarkoordination in Hamburg,

Die Brüchigkeit der Netzwerke

Dreidimensionale Netzwerke

139

dem Institut für ökologische Chemie in Fürth, der Umweltberatung Fulda oder dem Verein für Umwelt- und Arbeitsschutz in Bremen angehörten. Mit diesem Prinzip der organisatorischen Verschachtelung durch Mehrfachmitgliedschaften versuchen NGOs, die möglichst grenzüberschreitende horizontale *Ausdehnung* ihres Einflusses mit einer *Vertiefung* ihrer Verankerung in lokalen Trägerschaften zu verbinden.

Für eine andere Art der Vernetzung bietet der WWF ein gutes Beispiel. Die Organisation richtet ihre Anstrengungen darauf, die Beziehungen zu Vertretern von Regierungen und Ministerien in Ländern, in denen große Projekte durchgeführt werden, zu festigen und auszubauen. Diese Netzwerke sind für die Organisation oft wichtiger als die Vernetzung mit anderen NGOs in den betreffenden Ländern. Ausdrücklich rühmt sich der WWF seiner Fähigkeit, auf der Basis einer elitenzentrierten Rekrutierungspolitik und robuster, langfristig angelegter Vertrauensbeziehungen auch unter den Bedingungen staatlicher Instabilität den Zugang zu politischen Entscheidungsträgern aufrecht zu erhalten. „Vernetzung" heißt hier nicht anderes als die Pflege persönlicher Beziehungen zu politischen Entscheidungsträgern oder auch, wie es in einem Papier der Organisation heißt, die Praxis „nicht-konfrontativer Ansätze". Kenia, Uganda und Malaysia werden als Beispiele für Länder genannt, in denen sich diese Vorgehensweise als besonders nützlich erwiesen habe (WWF 1999).

Schließlich ist das Feld der Vernetzung zwischen NGOs und Geldgeberorganisationen zu nennen. Nirgendwo trifft die übliche Rede vom „sozialen Kapital" persönlicher Kontakte mehr zu als in diesem Feld der Erschließung von Geldquellen für die eigene NGO oder befreundete Organisationen. Kontaktpflege führt etwa dazu, dass nicht nur die Evangelische Zentralstelle für Entwicklungspolitik (EZE) in Bonn ihre Gutachter für die Evaluierung der Arbeit von NGOs gelegentlich in der NGO-Szene selbst rekrutiert. In einigen solcher Fälle führt die Vernetzung auch zu einem Transfer vom Prestige gut etablierter Organisationen auf kleine, noch profilarme Vereine. Die Geschichte des Büros des *World Federalist Movement* (WFM) in New York, das nach 1995 seine ganze Kraft der Kampagne für einen ständigen internationalen Strafgerichtshof zur Verfügung gestellt hat, ist hierfür ein Beispiel (Korey 1998, S. 527ff.). Es war das enorme Prestige von Amnesty International und Human Rights Watch, das diese kleine Organisation aufwertete, die Tresore einiger großer Stiftungen öffnete und schließlich das Büro des WFM in New York materiell in die Lage versetzte, eine weltweite Kampagne zu koordinieren.

Prestige-transfer

Internet, Medien und „trendy tears"

Zu Beginn von Kapitel 3 habe ich darauf hingewiesen, dass die Abbildung des Leids von anderen zum Zweck der Wachrüttelung eines Publikums die Tätigkeit moderner NGOs vom Haltungsideal des Samariters unterscheidet, das es nicht zulässt, ein öffentlichkeitswirksames Bild von hilfsbedürftigen Opfern zu fabrizieren und in Umlauf zu bringen. Für die neuen Bürgerorganisationen spielen Repräsentationspraktiken und damit die Medien eine Schlüsselrolle, weil im Normalfall nur auf diesem Weg ein Kontakt zwischen den Zielgruppen des Engagements und denjenigen hergestellt werden kann, die direkt oder auf dem Umweg über Steuern die Arbeit von Nichtregierungsorganisationen ermöglichen. Neben anderen Medien

Keine Sama-riter

140

gewinnt dabei in jüngerer Zeit das Internet an Gewicht, da es gleichermaßen der Vernetzung räumlich voneinander getrennter Personen wie auch der medialen Repräsentation von Zuständen in der Welt dient.

Zunächst ist das Internet ein Instrument und zugleich ein Symbol der weltweiten Vernetzung von politischen Initiativen. Elektronische Post und elektronische Adressenlisten sind ein offenkundiges Beispiel für die kostengünstige Streuung spezieller Informationen über beliebige Distanzen hinweg. Darüber hinaus haben sich einige NGOs als Pioniere bei der Einrichtung interaktiver Websites erwiesen, deren Inhalte informativ, provokativ oder manchmal auch einfach amüsant sind. Die Website beispielsweise von CorporateWatch in England, einer Organisation, die vom Institut für Globale Kommunikation (IGC) in San Francisco mitgegründet wurde, enthält ausführliche Recherchehinweise für Gruppen, die bestimmte Firmen wegen mutmaßlicher Umweltvergehen oder anderer umstrittener Praktiken öffentlich anklagen möchten, eine Hitliste fragwürdiger „grüner" Werbeaktionen von Unternehmen, an deren Nominierung die Nutzer teilnehmen können, Neuigkeiten aus verschiedenen in- und ausländischen Quellen, Analysen zu Teilaspekten der Globalisierung einschließlich Berichte von Forschungsinstituten von Washington bis New Delhi sowie zahlreiche Hyperlinks zu den Websites von Firmen und anderen Organisationen. Die Gruppe *NetAction* hat einen Online-Leitfaden zur Optimierung von Websites für die Zwecke von NGOs herausgegeben („The Virtual Activist"). Einige NGOs beschäftigen selbst Computer-Spezialisten, die dauernd auf der Suche nach neuen Nutzungsmöglichkeiten des Internet sind, elektronische Attacken auf die eigenen Websites abwehren sowie die Zugriffe von Nutzern auf diese Websites („hits") zählen und klassifizieren. Manche Stiftungen und Geldgeberorganisationen machen die Zugriffshäufigkeit auf Websites sogar zu einem Förderungskriterium. Das Internet wird außerdem zu einem immer wichtigeren Instrument der Spendenwerbung. Das amerikanische Rote Kreuz hat während der Kosovo-Krise innerhalb eines Monats eine Million US-Dollar per Internet gesammelt. Die kalifornische Technologiefirma Cisco hat zusammen mit dem Entwicklungsprogramm der Vereinten Nationen (UNDP) die Stiftung *NetAid* gegründet, die sich parallel zur Entwicklung des elektronischen Handels auf netzgestützte Spendenkampagnen zur Bekämpfung extremer Armut spezialisiert.

In den Internet-Anwendungen von Nichtregierungsorganisationen kristallisiert sich in anschaulicher Weise die für die neuen Verbände typische Verbindung von „Weltbürgerlichkeit" und „Lokalpatriotismus". Zum einen erlaubt das neue Werkzeug die Sammlung von weltweit gestreuten Stimmen, die wie mit einem Brennglas auf einen einzelnen Punkt konzentriert werden, an dem politische Hitze erzeugt werden soll. So hat das *Rainforest Action Network* (RAN) 1998 im Internet eine zumindest kurzfristig erfolgreiche Kampagne gegen das Tochterunternehmen einer koreanischen Holzfirma gestartet, das in Nicaragua ohne eindeutige gesetzliche Grundlage – sehr zum Missfallen der dort lebenden Miskito-Indianer – mit dem Abholzen der Urwälder begann. Die Aktion führte zu einer beispiellosen Überflutung der Regierung Nicaraguas mit Protestbriefen aus aller Welt. Umgekehrt verfährt die Website des WWF-International, die es den Nutzern ermöglicht, mittels eines „Passes" einen von über achtzig naturschutzpolitischen Brennpunkten auf der Welt sowie den Typ des eigenen Engagements mit Blick auf diesen Ort auszuwählen (elektronische Postkarten, Petitionen, Spenden usw.).

**Ein Instrument
der Lokalisierung**

Vor dem Hintergrund dieser wenigen Hinweise ist es nicht verwunderlich, dass in den Weltregionen, wo Telefonanschlüsse billig und schnell zu haben sind und elektrischer Strom gleichmäßig fließt – alles das ist nicht selbstverständlich –, seit einiger Zeit die Rolle des Internet für neue Formen der Gemeinschaftsbildung und der politischen Aktivität diskutiert wird. Freilich wissen wir auch, wie der typische **Internet - Nutzer** Internetnutzer aussieht: er ist, wie uns Soziologen versichern, meistens weiß, männlich, westlich und Student (Bös 2001, S. 383). Schon wird die „elektronische Spaltung" der Menschheit beklagt. Fast zwei Drittel der Internetnutzer wohnen in den USA und Kanada, während auf der anderen Seite die Hälfte der Menschheit noch nie ein Telefongespräch geführt hat (World Bank 2000). In Bangladesch kostet ein Modem so viel wie eine Kuh. Im Bericht eines Forschungsinstituts der Vereinten Nationen in Genf wird daher das Internet als das Werkzeug einer „transnationalen ‚virtuellen Elite'" bezeichnet (Uimonen 1997).

Diese Auskünfte und Warnungen sind ernst zu nehmen. Das Internet ist gewiss nicht der große Gleichmacher, als der es manchmal angepriesen wird. Für die Zwecke der vorliegenden Einführung ist jedoch der Umstand viel wichtiger, dass dort, wo das Internet genutzt werden kann und es eine enge Verknüpfung dieser Nutzung mit „off line"-Aktivitäten gibt, *bestehende* Eliten und ungleiche Machtverhältnisse herausgefordert werden können. Berühmt ist die Geschichte des Rebellenführers Marcos (Rafael Sebastian Guillen) in der mexikanischen Provinz Chiapas, der 1995 erfolgreich Laptops und das Internet nutzte, um die Weltöffentlichkeit gegen einen drohenden Militärschlag der Regierung zu mobilisieren. Kommunikationsexperten, so der Subcomandante damals, seien heute für die Zentralregierungen gefährlicher als Dschungelkrieger. Sprecher amerikanischer Denkfabriken sprechen von regelrechten sozialen „Netzkriegen" (netwars), die in Zukunft von Nicht- **"Netzkriege"** regierungs-Allianzen gegen diverse Machtzentren geführt werden könnten. „Gemeint ist der Versuch", so ein Mitarbeiter des regierungsnahen RAND Instituts, „das, was eine Zielgruppe über sich selbst weiß oder zu wissen glaubt, zu stören oder kaputt zu machen. Ein gesellschaftlicher Netzkrieg kann die Meinungen des Publikums oder der Eliten ins Visier nehmen – oder beide zugleich" (zit. in Vidal 2000).

Hinzu kommt, dass sich seit langem Gruppen von engagierten Technikern und Kommunikationsfachleuten gezielt um die Überbrückung der elektronischen Spaltung zumindest innerhalb der Weltgemeinde politischer Aktivisten bemühen. Bereits 1988 beschlossen die Mitarbeiter des erwähnten Instituts für Globale Kommunikation (IGC), lokale Friedensinitiativen weltweit durch technische Vernetzungsangebote und den Transfer von Computerwissen zu unterstützen. Steve Weikart, ein Mitbegründer des IGC, der früher als Netzwerkdesigner für Hewlett-Packard gearbeitet hatte, verfolgte die Idee, die Anbieter und Nutzer von relevanten Informationen durch elektronische Post miteinander in Kontakt zu bringen. 1990 gründete das IGC gemeinsam mit sechs weiteren internationalen Netzwerken die *Association for Progressive Communications* (APC), ein Konsortium von Netzwerken im Dienst von NGOs, Politikern und Wissenschaftlern in über 90 Ländern. APC hat während der großen UN-Konferenzen der 90er Jahre auf der Grundlage einer eigenen Software maßgeblich zur Globalisierung der Informations- und Kommunikationsflüsse zwischen westlichen und nichtwestlichen NGOs beigetragen. Inzwischen ist der Dachverband selbst als eine NGO mit allgemeinem Konsultativstatus beim Wirtschafts- und Sozialrat der Vereinten Nationen gemeldet, wo er sich für die Informationsfreiheit als Bürgerrecht und individuellen digitalen Datenschutz einsetzt. Das Ziel besteht darin, die Welt in sich ausweitenden konzentrischen Kreisen mit einem Silikonskelett zu überziehen, das durch den Informationsaustausch einer wachsenden Zahl von engagierten Nutzern belebt wird. Besonders in Europa gibt es seit einigen Jahren vermehrt Neuzugänge unter den Mitgliedern. Nach dem Ende des Kommunismus finanzierte die Stiftung von George Soros unter Mitwirkung des APC das russische GlasNet, die erste voll funktionsfähige Datenautobahn zwischen Russland und dem Westen. Heute gehören StrawberryNet in Rumänien, GreenSpider in Ungarn oder GlasNet in der Ukraine ebenso zu den Mitgliedsorganisationen des APC wie das deutsche ComLink. Alle diese Systeme bieten Organisationen und Individuen gegen Gebühren Zugänge zum Internet, zu Nachrichtenquellen, Computerkonferenz-Einrichtungen und spezialisierten Online-Datenbanken.

Erwähnenswert sind auch so genannte Super-Websites, die wie ein großes Autobahnkreuz funktionieren, indem sie eine Vielzahl einzelner Websites miteinander nach thematischen Gesichtspunkten verbinden. *OneWorld.org* ist ein Beispiel einer solchen Super-Website, die Hunderte von NGOs verknüpft und dabei nichteuropäischen Organisationen einen gewissen Vorrang einräumt.

Das Internet ist jedoch nicht nur ein Instrument der Vernetzung und Streuung von Informationen, das sich neue politische Organisationen geschickt zunutze machen, sondern auch eine Bühne und ein Kampfplatz. Aufsehen erregte das Beispiel der Kampagne gegen ein Multilaterales Investitionsabkommen (MAI), das im Anschluss an die jüngste Runde der GATT-Verhandlungen von Vertretern der USA und der Europäischen Union gefordert wurde.[58] Die Entwürfe des Abkommens, die ab Mai 1995 im Rahmen der OECD verhandelt wurden, sahen vor, den Schutz von Investoren im Ausland zu verbessern und damit Hindernisse für internationale Kapitalströme zu beseitigen. Einige Bestimmungen erregten jedoch von Anfang an den Unmut der beteiligten Entwicklungsländer. So war daran gedacht, jegliche Begünstigung der eigenen Industrie gegenüber ausländischen Investoren zu verbieten. Vorschriften über die obligatorische Einbeziehung lokaler Zulieferer oder Arbeitskräfte durch ausländische Investoren sollten ebenso verboten werden wie strenge Haftungsgesetze gegen die Verursacher von Umwelt- und anderen Schäden. Schließlich dachte man an einen Streitschlichtungsmechanismus zwischen Investoren und Staaten, der in den Augen von Kritikern den Staaten kaum eine Chance gelassen hätte, sich jemals gegen transnationale Firmen aus dem Ausland durchzusetzen. Die Verhandlungen über derartige Bestimmungen fanden nicht nur hinter verschlossenen Türen statt, sondern auch ohne jegliche begleitende Information der Presse. Umso stärker war die Wirkung, als im Januar 1997 der Nichtregierungsorganisation *Public Citizen* in Washington ein erster Entwurf des Abkommens zugespielt wurde. Ohne zu zögern, veröffentlichte Public Citizen den Entwurf auf ihrer Homepage. Innerhalb weniger Wochen verwandelte sich damit die nichtöffentliche Diskussionsgrundlage einer Gruppe von 29 offiziellen Verhandlungsparteien in einen Mobilisierungsanlass für über 600 Organisationen in 70 Ländern der Erde, die massiv gegen die befürchtete Tendenz des Abkommens protestierten. Zu diesen Organisationen gehörten Umweltschutzorganisationen wie der Sierra Club oder Friends of the Earth ebenso wie das antiwestliche Third World Network aus Malay-

Die Kampagne gegen das Multilaterale Investitionsabkommen (MAI)

---

[58] Zum Folgenden vgl. Warkentin/Mingst (2000, S. 240ff.).

sia, die Hilfsorganisation Oxfam, die Menschenrechtsorganisation Amnesty International sowie die United Steelworkers of America.

Was sich daraufhin abspielte, war der erste weltpolitische Konflikt, der fast ausschließlich im Cyberspace ausgetragen wurde. Die Websites einer wachsenden Zahl von Organisationen füllten sich mit den Entwürfen zum MAI und mit zahllosen Analysen, Kommentaren und Aufrufen. Regierungen einzelner großer Entwicklungsländer, die vor einigen Monaten noch kompromissbereit gewesen waren, gerieten zunehmend unter den Druck von „eigenen" NGOs und deren Verbündeten. Auch im Umkreis einzelner westlicher Regierungen (Frankreich, Großbritannien, Neuseeland u.a.) machte sich Unsicherheit breit. Dies führte dazu, dass die OECD im April 1997 eine Verhandlungspause von sechs Monaten ankündigte. In der Zeit danach sorgte eine wachsende Zahl von Verhandlungsteilnehmern für die Einführung von zuletzt fast 50 länderspezifischen Vorbehalten gegen das eindimensionale Liberalisierungsziel des MAI. Der offizielle Rückzug Frankreichs aus den Verhandlungen, die von NGOs im noch unvertrauten Medium des Internet erzeugten öffentlichen Turbulenzen sowie die Aussicht auf einen schier unendlichen Verhandlungsmarathon mit zunehmend aufmüpfigen oder entscheidungsunfähigen Schwellenländern führten schließlich im Dezember 1998 zum vorzeitigen Abbruch der Verhandlungen.

In der Geschichte vom (vorläufigen) Niedergang des MAI spielten NGOs eine im offiziellen Skript der Verhandlungsführung keineswegs vorgesehene tragende Rolle, indem sie das Internet als ein Medium der Vernetzung, des Gedankenaustauschs, aber auch der weltöffentlichen Demagogie gegen ein Abkommen nutzten, auf dessen komplizierte Details sich freilich nur die wenigsten einließen. Weniger bekannt, aber nicht minder lehrreich ist die Geschichte eines Einsatzes des Internet gegen Firmen, die selbst maßgeblich zur technischen Gestalt des neuen Mediums beitragen. So kündigte 1999 die Firma Intel, der weltweit größte Hersteller von Mikroprozessoren, an, die neue Generation von Pentium III®-Chips mit einer elektronischen Seriennummer auszustatten. Die persönliche Seriennummer, die der Sicherheit und Zuverlässigkeit des elektronischen Handels im Internet dienen soll, würde es Firmen und anderen Website-Betreibern erlauben, die Identität von Nutzern ihrer Websites festzustellen.

Die Kampagne gegen Intel

Diese Ankündigung von Intel hat innerhalb weniger Wochen einige Bürgerrechtsorganisationen aufgeschreckt und zu einer Kampagne veranlasst, deren Bastionen allesamt rein elektronischer Natur waren. Das *Electronic Privacy Information Center* (EPIC) in den USA startete gemeinsam mit *Junkbusters Inc.* und der britischen Bürgerrechtsorganisation *Privacy International* eine Boykott-Kampagne gegen Intel, nachdem Gespräche mit der Firma in Washington gescheitert waren. Die Koalition schuf sich eine eigene Website, die das eigentliche Hauptquartier der Kampagne werden sollte, sowie ein Logo, das dem von Intel nachempfunden wurde und den Schriftzug „Big Brother Inside" trug. Intel reagierte auf die Kampagne, indem die Firma auf ihrer eigenen Website die Befürchtungen der Kritiker zu zerstreuen versuchte, – eine Maßnahme, die jedoch immer neue Fragen aufwarf und auch bisher unbesorgte Kunden nervös machte. Die Verbindungen der NGOs zu Journalisten wie auch zu einzelnen Politikern oder Datenschutzbeauftragten in unterschiedlichen Ländern führten auf der anderen Seite zu einer Fokussierung der Aufmerksamkeit ganz unterschiedlicher Gruppen auf eine bis dahin als schlichte Verbesserung gefeierte Innovation einer angesehenen Hightech-Firma. Diese Art

144

skeptischer Aufmerksamkeit war jedoch der Firma keineswegs recht. Noch ehe der Konflikt eskalieren konnte und in den Wahrnehmungshorizont eines breiteren Medienpublikums geriet, kündigte Intel im April 2000 den Verzicht auf den Einbau von elektronischen Seriennummern in die neuen Prozessoren an. Die Vorteile dieser Seriennummern unter dem Gesichtspunkt neuer Sicherheitsstandards, so ein anonymer Entwicklungsingenieur von Intel gegenüber dem Magazin *Wired,* seien nicht groß genug im Vergleich zur erwartbaren „schlechten Resonanz" des Publikums.[59]

Die Kampagne gegen Intel ist symptomatisch sowohl für neue Vorgehensweisen von NGOs als auch für die wachsende Bedeutung des neuen Themas legitimer und unzulässiger Formen der Datennutzung. Tatsächlich sind persönliche, elektronisch gespeicherte Daten heute ein Gut, das ebenso nützlich und schützenswert ist wie die Weltmeere oder die biologische Vielfalt. Hier kündigt sich demnach ein neues Betätigungsfeld von transnationalen Verbänden an. Einzelne Beobachter sprechen sogar schon von einem „Paradigmenwechsel" in den Orientierungen von Nichtregierungsorganisationen (Zekri 2001).

Die beiden skizzierten Fälle zeigen, dass das Internet ungeheure Organisationspotenziale freisetzt, indem es den Nachrichtenaustausch zwischen physisch weit voneinander entfernten Gruppen auf Lichtgeschwindigkeit beschleunigt. Deutlich wird außerdem, wie die neuen Verbände zuverlässige Informationen mit drastischen Überzeichnungen verbinden. In der Debatte um das MAI wurden offen apokalyptische Töne angeschlagen, und der Vorwurf des „Neokolonialismus" war noch nicht einmal der drastischste, der zu hören war. Das vielseitig verwendbare „Big Brother"-Motiv der Intel-Kampagne spricht ebenfalls für sich. Seit der Umweltkonferenz in Stockholm 1972, wo die Klageformel vom „Ökozid" geprägt wurde, gehört diese Kunst der demagogischen Zuspitzung zum Handlungsrepertoire aller starken NGOs. Das Internet erhöht die potenzielle Wirkung solcher Anklagen, indem es erlaubt, Raum und Zeit per Mausklick zu überwinden und Gleichgesinnte auch am anderen Ende der Welt zu mobilisieren.

Das Internet als Organisationsmittel

Darüber hinaus beeinflusst das Internet das Wesen von Gruppenbildungsprozessen selbst, indem es weltweite, locker gefügte, informationsgestützte Zusammenschlüsse von Personen fördert, die ansonsten nichts oder wenig miteinander verbindet. Die beiden Fälle der MAI- und Intel-Kampagnen enthüllen zudem die Eigenart der Handlungsbedingungen im Internet. Informationen können innerhalb von Stunden aufbereitet und einem weltweiten Publikum übermittelt werden. Darüber hinaus werden über Websites ganze Kampagnenpakete des politischen Protests zum Herunterladen bereit gestellt. Dazu gehören Logos und Grafiken für Flugblätter, Querverweise auf publizierte Artikel und befreundete Organisationen oder vorgefertigte Briefe an die jeweils gebrandmarkten Übeltäter. Hier werden Anschlüsse geschaffen zu Aktivitäten, die „off-line" stattfinden, d.h. im realen Raum, wo Zeit und andere Ressourcen knapp sind. Leider zeigen die Krawalle im Umfeld von EU- oder WTO-Treffen seit 1999, dass häufig mit dem Wechsel von der Datenautobahn auf reale Straßen einiges von der Kreativität der Cyber-Aktivisten verloren geht.

---

[59] Zitiert auf der Homepage der Kampagne, http://www.bigbrotherinside.com (20.6.2001).

Das Internet als Anti-Massenmedium

Eine weitere Eigenschaft des Internet ist bisher nur wenig beachtet worden: Das Internet ist keineswegs ein Massenmedium wie das Fernsehen oder die Zeitung, sondern vielmehr ein Medium, das ein Maximum an Unabhängigkeit von den Aufmerksamkeitszyklen der anderen Medien gestattet. Die konventionellen Medien formen ein Publikum, von dem die Kommunikationsforschung sagt, es sei *overnewsed*, aber *underinformed.* Das Internet kann demgegenüber so genutzt werden, dass engagierte Bürgerinnen und Bürger aus dem Hamsterrad bedeutungsarmer Neuigkeiten heraus springen und sich an eigene Nachrichtenkanäle jenseits des Stroms der Mehrheitsmeinungen anschließen. Die Websites von NGOs (und anderen Organisationen) bieten Informationen und Deutungen zu Themen, die vielleicht nur kleine Gruppen der Bevölkerung interessieren, von der Masse unbeachtet bleiben oder nach kurzer Zeit wieder vergessen werden. Auf längere Sicht könnte dies dazu führen, dass sich die Weltöffentlichkeit in zahllose halböffentliche Segmente differenzieren wird, die sich kaum mehr auf einen Nenner bringen lassen. Dies gilt, obwohl es Wechselbeziehungen zwischen dem Internet und den anderen Medien gibt, die gerade für NGOs wichtig sind. Die Websites vieler Nichtregierungsorganisationen sowie das internetgestützte Multimedia-Netzwerk *Indymedia.org* bieten eine oft vorzügliche Nachrichtenquelle für die Journalisten der konventionellen Medien. Umgekehrt führt die Leichtigkeit, mit der sich Bildmaterial in Websites integrieren lässt, gelegentlich zu einer Annäherung dieses Informationsträgers an die Sprache von Illustrierten. So erweitert das neue Medium die Möglichkeiten von Nichtregierungsorganisationen, die Lage von Opfern auszuleuchten und dramatische Bilder um die Welt zu schicken. Die Hilfsorganisation World Vision hat in der ersten Jahreshälfte 2001 auf ihrer Homepage Videoclips mit reißerischen Szenen und Rettungsgeschichten aus Erdbebengebieten in El Salvador und Indien veröffentlicht („Watch it in Real Media!"). Etwas weniger drastisch und fragwürdig sind die laufend ergänzten „Photoessays" von Human Rights Watch, in denen man per Mausklick Bilder von zerstörten Häusern im Kosovo, amputierten Mädchen in Sierra Leone, verwahrlosten Halbwüchsigen in russischen Waisenhäusern oder auch die Passbilder von Verschleppten aus Tschetschenien aufrufen kann.[60]

Pioniere des Cyberspace

Moderne NGOs gehören zu den Pionieren des Cyberspace, die die Einsatzmöglichkeiten des Internet ausreizen und zugleich nach innovativen Verbindungen zwischen alten und neuen Medien suchen. Die Antwort auf die Frage danach, wie Nichtregierungsorganisationen arbeiten, hängt zu einem guten Teil davon ab, wie diese Verbindungen beschaffen sind. Viele NGOs privilegieren das Internet als Instrument der interorganisatorischen Vernetzung, der Verbreitung von Nachrichten und der grenzüberschreitenden politischen Willensbildung, um sich von den Themenkonjunkturen der konventionellen Medien weitgehend abzukoppeln. Diese Taktik stößt jedoch dort an Grenzen, wo die neuen Verbände auf die Spenden-freudigkeit oder die Einsatzbereitschaft eines Massenpublikum angewiesen sind. Vor allem drei Pfade sind es, die von den Inseln einzelner Nichtregierungsorganisationen ans Festland der konventionellen Medienlandschaft führen: die Aufdeckung von gut recherchierten Skandalen, die Verleihung von ironischen Preisen wie dem „Big Brother Award" für besonders dreiste Überwachungspraktiken und die Schaffung von inoffiziellen Gedenktagen wie z.B. dem Bhopal-Tag am 3. Dezember, der

---

[60] Vgl. http://www.hrw.org/photos (27.6.2001)

an den verheerenden Brand der Pestizidfabrik in der gleichnamigen nordindischen Stadt im Jahr 1984 erinnern soll.

Ein vierter Pfad besteht in der Gewinnung von Prominenten für einzelne Kampagnenziele. Bereits die Neptune Group konnte sich des berühmten Meereskundlers und Fernsehstars Jacques Cousteau bedienen, der sich allerdings als allzu kompromisslos und daher politikunfähig erwies. In der internationalen Kampagne zum Verbot von Landminen spielte zu einem relativ späten Zeitpunkt Lady Diana eine Rolle, die damit zugleich die berüchtigte englische Boulevardpresse aktivierte. Jüngstes Beispiel der unterstützenden Einmischung von Prominenten in das Wirken von Nichtregierungsorganisationen ist der indischstämmige britische Romancier Salman Rushdie, der im August 2001 in der *New York Times* gegen das „törichte" Projekt des Sardar-Sarovar-Staudamms in der Heimat seiner Vorfahren Front machte. Zumindest dieser letztgenannte Fall zeigt auch etwas von der Doppeldeutigkeit der Rolle von Prominenten, die sich meistens erst dann in den Medien äußern, wenn die öffentliche Legitimität von internationalen Kampagnenzielen längst hergestellt worden ist und sich aus dem Engagement ein risikoloser Prestigegewinn für die eigene Person schöpfen lässt.

Die Rolle von Prominenten

Freilich wäre es ein Irrtum zu glauben, dass alle NGOs weitab vom Festland der alten Medien operieren und sich hauptsächlich im Internet tummeln, um nur gelegentlich eine Brücke zwischen alten und neuen Medien zu schlagen. Im Gegensatz zu den genannten internetbasierten NGOs und Kampagnen legen einige große Organisationen größten Wert auf permanente Medienpräsenz. Ihnen geht es darum, nicht nur für wechselnde Anliegen zu streiten, sondern auch das eigene Bild möglichst häufig in der Öffentlichkeit aufscheinen zu lassen. In Kapitel 3 habe ich von einer viergliedrigen Struktur gesprochen, die neben Opfern und Tätern auch ein Publikum sowie die aktiven Organisationen selbst umfasst. NGOs machen sich nicht nur von den Opfern und Tätern eines politischen Konflikts, sondern auch von ihrem Publikum sowie von sich selbst ein Bild, das sie zugleich kommunizieren. So werden Medienresonanzanalysen in Auftrag gegeben, die es gestatten, die öffentliche Außenwahrnehmung der eigenen Organisationspraxis einzufangen und zu bewerten. In Medienresonanzanalysen werden je nach dem Erkenntnisinteresse der Auftraggeber veröffentlichtes Material – Pressepublikationen, Radio- und Fernsehprogramme oder Internet-Newsgroups – auf bestimmte Nennungen und Bewertungen hin untersucht. Für die Großunternehmen der NGO-Welt wie vor allem Greenpeace ist die Ausleuchtung des Publikums und die Ermittlung der eigenen Wirkung in der Öffentlichkeit vielleicht noch wichtiger als die Beobachtung von Gegnern oder gar die Darstellung der Lage von Opfern der Umweltkrise. Greenpeace-Deutschland gibt seit Mitte der 80er Jahre drei verschiedene Typen der Wirkungsanalyse in Auftrag. Dies sind erstens eine kontinuierliche Bestandsaufnahme der Wirkungen, die Greenpeace in den Massenmedien erzielt, zweitens eine Bewertung von Kommunikationsstrategien und drittens eine Auswertung von Themenkonjunkturen in der öffentlichen Debatte. Medienresonanzanalysen werden in der Regel von spezialisierten Büros übernommen, die auch als Kommunikationsberater zum Einsatz kommen.

Medienresonanz

Im Unterschied zur Masse der übrigen NGOs agiert Greenpeace immer für Anliegen, die in der Wahrnehmung des Publikums aufs Engste mit der Organisation

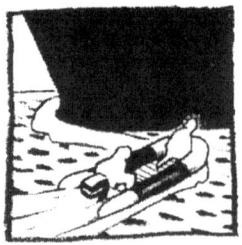

Greenpeace: Klischees der medialen Selbstdarstellung
Quelle: Böttger 2000, S. 38f.

selbst verknüpft werden sollen. Jeder kennt die Bilder von den Schlauchbooten, die gegen Walfänger oder mit Giftmüll beladene Tanker zum Einsatz kommen, der freiwillig an Schienengleise Geketteten oder der gelb angezogenen Menschen, die auf die Schornsteine von Industrieanlagen klettern. Diese Motive sind das bildhafte Pendant zu Stereotypen. Sie werden endlos wiederholt und in Sekundenbruchteilen wiedererkannt. Greenpeace mag die Themen wechseln, nicht jedoch die Orientierung an bestimmten Grundtypen der Selbstinszenierung. Als etwa vor einiger Zeit Greenpeace-Aktivisten im englischen Menwith Hill eine Radaranlage enterten, die zum globalen Abhörsystem „Echelon" gehört, zeigten sie ihre Fähigkeit, auch andere als Umweltthemen aufzugreifen. Doch auch hier sah man das unvermeidliche Bild gelber Männchen, die von weitem wie Außerirdische aussahen und – dem Zwang der eigenen Bilderpolitik folgend – auf einen Radarturm kletterten.

Die Abziehbilder des Schlauchbootfahrers, des Angeketteten oder des wagemutigen Kletterers simulieren eine Bereitschaft zum aktiven Opfer in einer Gesellschaft, die man als „opfervergessen" bezeichnet hat (Münkler/Fischer 2000). Wie sonst keine andere Organisation macht Greenpeace die Erweiterung der eigenen Programmatik abhängig von der Möglichkeit, neue Themen in eine Bildersprache übersetzen zu können, die ein Massenpublikum anspricht und zugleich die Organisation selbst in Szene setzt. Während Greenpeace oft als Prototyp einer modernen NGO zitiert wird, gerät die Organisation durch die Fixierung auf ihr eigenes Bild in der Öffentlichkeit in die Nähe medienbewusster politischer Parteien, bei denen auch nicht immer klar ist, für welche Sache sie eigentlich glaubwürdig eintreten. Walter Homolka, der kurzzeitig Geschäftsführer von Greenpeace-Deutschland war, ist noch einen Schritt weiter gegangen: „... auf dem Wiener Heldenplatz hatte auch Adolf Hitler breiten Zuspruch", polemisierte er einmal gegen seine auf demoskopische Daten und Publikumserfolge fixierte Organisation (Homolka 1999). Der ordinierte Rabbiner Homolka weist damit auf die Gefahr hin, dass Nichtregierungsorganisationen ähnlich wie die geschwächten, moralisch entkernten Parteien der Gegenwart an Autonomie gegenüber dem Umfeld der Wohlstandsdemokratien, in dem sie ansässig sind, verlieren könnten.

Symptomatisch für diese Gefahr sind die Unstimmigkeiten, von denen die Greenpeace-Kampagne gegen die von Shell geplante Versenkung der Bohrinsel „Brent Spar" in der Nordsee im Frühjahr 1995 gekennzeichnet war. Die Organisation musste sich mit dem Vorwurf auseinandersetzen, die Öffentlichkeit mit falschen Zahlen über Ölrückstände in der schwimmenden Plattform irregeführt zu haben. Dieser Vorwurf konnte zwar teilweise entkräftet werden, da die falschen Zahlen nachweislich keinen Einfluss auf den Mobilisierungserfolg der Boykott-Kampagne gegen

Konflikte um Greenpeace

Shell hatten. Interessant an dieser Geschichte ist, dass auch NGOs unglaubwürdig werden und in den Verdacht kommen können, öffentliche Emotionen im Interesse der eigenen Organisation und der kurzfristigen Herstellung von Mehrheitsmeinungen zu manipulieren. Dieser Verdacht ist auch dann ernst zu nehmen, wenn in dem genannten Fall die These vom manipulierten Protest überzogen ist und ihrerseits auf einem nicht unumstrittenen Umgang mit Daten und Quellen beruht (bfp Analyse 2000).

Der Umgang moderner Nichtregierungsorganisationen mit den Medien ist durch die Tatsache geprägt, dass diese Organisationen in Bezug auf eine *Ferngesellschaft* abwesender Anderer existieren, die in ihrer Andersartigkeit anerkannt werden und deren Lebenslage verbessert werden soll, während sie zugleich in der *Nahgesellschaft*, in der sie zu Hause sind, um Akzeptanz, Geld und Personal werben müssen. Sie konfrontieren die eigene Gesellschaft mit unangenehmen Wahrheiten über Zustände in der Welt und handeln sich damit das Problem ein, eine Sprache für Geschehnisse finden zu müssen, die für die eigenen Mitbürger häufig irreal sind. Sie rücken die „Verlierer" der Globalisierung ins Bild und verrücken damit zugleich das Selbstbild der „Gewinner". Die Phänomene, auf die NGOs verweisen, sind oft buchstäblich unglaublich und in jedem Fall sehr weit entfernt von der gelebten Welt des angesprochenen Publikums. Noch unglaublicher wirkt oft das Versprechen von NGOs, tatsächlich etwas gegen die beklagten Phänomene – Hunger und Krieg, Seuchen und Umweltzerstörung – tun zu können. In Kapitel 3 habe ich gezeigt, dass in der Vergangenheit die normativen Ideen transnationaler Bürgerorganisationen von Zeitgenossen immer wieder als geradezu „verrückt" bezeichnet worden sind. Ihre Aufgabe haben bedeutende NGOs folglich darin gesehen, durch den Einsatz von Medien ihr ursprünglich als verrückt zurückgewiesenes Gedankengut in den gesunden Menschenverstand großer Teile des Publikums zu überführen und damit dieses Publikum für Anliegen jenseits der eigenen sozialen Schicht oder des eigenen, eng definierten nationalen Interesses zu gewinnen.

Diese Überführung „verrückter" Ideen in den gesunden Menschenverstand gelingt jedoch nicht immer, obwohl manche NGOs zu glauben scheinen, die Verrücktheit einer Forderung sei bereits ein Indiz ihrer künftigen Verwirklichung. So hat im Vorfeld der gescheiterten Anti-Rassismus-Konferenz der Vereinten Nationen im südafrikanischen Durban im September 2001 die *African World Reparations and Repatriation Truth Commission* (AWRRTC) das Recht auf Rückkehr aller Schwarzen nach Afrika sowie über 700 Billionen Euro (plus Zinsen!) von den ehemaligen Kolonialmächten und den USA als Entwicklungshilfe gefordert.[61] Die Forderung orientiert sich am Modell der Durchsetzung von Entschädigungsansprüchen ehemaliger Zwangsarbeiter aus der NS-Zeit. Sie ist jedoch, vorsichtig ausgedrückt, unrealistisch, nicht zuletzt deshalb, weil man Zweifel an ihrer Gerechtigkeit haben kann, da die Entschädigungssumme weniger den heutigen Staaten Afrikas als vielmehr den Nachfahren der ehemaligen Sklaven zustünde, die heute Bürger der USA und anderer westlicher Staaten sind.

Größer als die Gefahr, Forderungen aufzustellen, die auch künftige Generationen noch als vollkommen verrückt empfinden dürften, ist jedoch die Gefahr, dass NGOs ähnlich wie politische Parteien *umgekehrt* verfahren und ihre Politik einseitig an den Trends der Medienberichterstattung ausrichten. Ein scharfzüngiger ben-

Ferngesellschaft und Nahgesellschaft

Die Anti-Rassismus-Konferenz im Durban 2001

---

[61] Vgl. http://www.tapvideo.com/afrworep.htm (1.8.2001).

149

galischer Autor hat am Beispiel der Aids-Kampagnen in Indien von „trendy tears" gesprochen, die aus Anlass von Aids ebenso reichlich fließen wie ausländisches Geld, während weit verbreitete Armutskrankheiten von der Tuberkolose bis zur Lepra langsam vergessen werden (Bhattacharyya 1999). Hier nähern wir uns einer Grauzone, in der moralische Aktivisten selbst den Glauben an die Echtheit ihres Engagements verlieren und ein zynisches Bewusstsein entwickeln können, das inzwischen einige NGOs in den Strudel öffentlicher Skandale gezogen hat (Gibelman/Gelman 2001).

**Die Anti-
Hunger-Kampagne
von World
Vision**

Ein Lehrstück über die Schwierigkeiten, sich auf die gelebte Welt des saturierten, trendbewussten Medienpublikums der Industrieländer einzulassen, ohne sich zum Spielball der Launen und Vorlieben dieses Publikums machen zu lassen und zynisch zu werden, bietet die jüngste Spendenkampagne von World Vision Deutschland, die unter dem Namen „Hunger: Frühjahr/Sommer 2000" gelaufen ist. Das Plakat zu dieser Kampagne zeigt eine junge Schwarze im sportlichen Leibchen mit Blumenrock, die auf allen Vieren posiert. Assoziationen zu einer Leichtathletin oder einer Modenschau werden geweckt. Links unten befindet sich ein Textelement, das vermutlich dem Schriftzug der italienischen Luxusmarke Gucci nachempfunden wurde. Statt „Gucci" lesen wir jedoch das Wort „Hunger" und wo sonst Firmenfilialen in Genf, Paris oder New York aufgeführt werden, stehen hier die Städtenamen Addis Abeba, Calcutta und Khartoum als Synonyme des Massenelends. Der Betrachter ist verwirrt und schaut beim zweiten Mal genauer hin. Offenkundig aktiviert das Plakat einen unbewussten Bildervorrat an sportlichen, erotischen und modischen Motiven, die sich schon einen Augenblick später als peinlich unangemessen herausstellen. Gezeigt wird nämlich nicht eine ausgezehrte Langläuferin oder eine kokssüchtige Modepuppe, sondern ein Fotomodell, das eine Verhungernde darstellt, die sich nicht mehr auf den Beinen halten kann. Der ursprüngliche Eindruck geschmacklich-ästhetischer Nähe, der sich zwischen mar-

„Hunger – Addis Abeba, Calcutta, Khartoum". Die Anti-Hunger-Kampagne von World Vision Deutschland e. V. 1999.

kenbewussten Betrachtern und dem Bildmotiv einstellen mag, weicht einem Gefühl der Verstörung oder sogar des Entsetzens über die angedeutete Notsituation einer Einzelnen, die stellvertretend für ein Massenschicksal steht.

Während vor einigen Jahren eine italienische Bekleidungsfirma mit Bildern *realen* Elends (ein überfülltes Flüchtlingsschiff vor der italienischen Küste, ein totkranker HIV-Infizierter) für das eigene Label warb, wird hier umgekehrt mit den *Kunstmitteln* des Marketings für Spenden zur Bekämpfung von Notsituationen in Südasien und am Horn von Afrika geworben. Beide Fälle haben eine Menge Beachtung gefunden und Kontroversen ausgelöst. Die Nutzung von Elendsmotiven als Aufmerksamkeitsmagnet für ein Fashion-Label ist weithin als zynisch empfunden worden. Schwieriger zu beschreiben ist das Unbehagen, das von dem – übrigens mehrfach preisgekrönten – Plakat von World Vision ausgeht.

Aus dem Umkreis von entwicklungspolitischen NGOs war eine weit verbreitete grundsätzliche Bilderkritik zu vernehmen, die man vielleicht als „protestantisch" bezeichnen kann. Diese Kritik beruht auf der Behauptung, dass Bilder nur oberflächlich wirken und nur jene erreichen, die der vernünftigen moralischen Rede nicht zugänglich sind (kritisch dazu: Huddy/Gunnthorsdottir 2000). In der Geschichte sind zudem Nichtregierungsorganisationen immer mit dem Anspruch aufgetreten, die Not von Sklaven, politischen Gefangenen oder Pestizidopfern möglichst nackt und ohne Rücksicht auf die Sehgewohnheiten eines Zielpublikums darzustellen. Bei World Vision begegnet uns dagegen eine frivol anmutende Mischung von Mode und Elendsschilderung, die Kommentatoren sogar in die Nähe „rassistischer" und „sexistischer" Stereotype gerückt haben. Die mit der Visualisierung der Kampagne beauftragte Hamburger Werbeagentur verzichtete auf den Besuch jener Städte, die auf dem Plakat genannt werden. Statt dessen engagierte sie die New Yorker Designstudentin Debra Shaw als Fotomodell, um ganz bewusst eine Kampagne ins Bild zu setzen, die Spendenbereitschaft mobilisieren sollte, ohne ein sowieso mitleidsmüdes Publikum mit immer drastischeren Elendsbildern aufzureizen. Diese Vorgehensweise könnte zukunftsweisend sein, da Hilfsorganisationen nicht nur mit der Mitleidsmüdigkeit des Publikums zu kämpfen haben, sondern auch mit dem Misstrauen gegenüber dem Abbildcharakter angeblich realistischer Fotos. Im Zeitalter der unbegrenzten digitalen Manipulierbarkeit fotografischen Materials trauen wir unseren Augen nicht mehr. Bemerkenswert an dem Bild ist ferner, dass es eine mehr als zweihundertfünfzig Jahre alte psychologische Kritik an der öffentlichen Sichtbarmachung fernen Leids aufzunehmen scheint – eine Kritik, die immer wieder die Selbstgefälligkeit der Mitleidenden, die Doppelbödigkeit des ausgelösten Mitleids und die Nähe von Mitleid und Grausamkeit betont hat.[62]

Das Kampagnenplakat wird als skandalös empfunden, weil es suggeriert, dass wir den Anderen als einen von uns nur dann anerkennen, wenn er Markenkleidung trägt. Allerdings enthält es nichts, was eine Reflexion dieser Blickverengung blockieren würde. Indem es zwischen der Vertrautheit eines kulturspezifischen Bildervorrats und der radikalen Unvertrautheit des Hungers an realen Orten der Welt vermittelt, erinnert das Plakat die Betrachter an die Existenz einer Welt jenseits ihrer borniertem Bilderwelt und baut vielleicht auf diese Weise eine Brücke zwischen den

---

[62] Boltanski (1999, S. 101) zitiert aus einem Brief von Madame Riccoboni, geschrieben in Paris im Jahr 1769: „Man wäre bereit, Unglückliche selbst zu erzeugen, nur um des süßen Gefühls willen, mit ihnen Mitleid empfinden zu können."

kosmopolitischen Anliegen der Armutsbekämpfung und den lokalen Beschränkungen unserer Vorstellungskraft.

Das Engagement in den Entwicklungsländern

Kritik an NGOs von Wohlfahrtsverbänden

Die bisherige Darstellung hat sich vorwiegend auf Verbände konzentriert, die in westlichen Industriegesellschaften ihre Wurzeln haben und in nichtwestliche Gesellschaften allenfalls hinein reichen, ohne in diesen heimisch oder fest verankert zu sein. Dieser Mangel an Verankerung im Fundament von Kulturen oder Traditionen ist für einen Sprecher des Deutschen Caritasverbands charakteristisch für die Politik von NGOs, von denen sich die christlichen Wohlfahrtsverbände absetzen möchten (Salm 1996). Das genannte Beispiel der jüngsten Spendenkampagne von World Vision in Deutschland hat ein Schlaglicht auf die Schwierigkeit geworfen, überhaupt eine publikumswirksame Beziehung zur gelebten Welt der Opfer von humanitären Krisen herzustellen. Daher soll abschließend auf NGOs eingegangen werden, die in den Entwicklungsländern selbst entstanden sind und den Anspruch erheben, die Nöte und Wahrnehmungen von Bürgern dieser Länder auch dann angemessen zum Ausdruck zu bringen, wenn sie in finanzieller Hinsicht an der Nabelschnur der Industriestaaten hängen. Bei diesem Perspektivenwechsel lasse ich mich von der Vermutung leiten, die der indische Sozialwissenschaftler und Zeitkritiker Rajni Kothari in einem viel zitierten Artikel über die Rolle von NGOs in seinem Land formuliert hat: „Wenn die Welt zweigeteilt ist, hören die Bedeutungen, Begriffe und Kategorien auf, dieselben zu sein, auch wenn sie überall verwendet werden" (Kothari 1986, S. 2180).

NGOs und Modernisierung

Eigenständige Nichtregierungsorganisationen können nur dort entstehenden, wo es einen Durchbruch zur gesellschaftlichen Modernisierung gegeben hat. Die Wahrscheinlichkeit, dass sich unabhängige nachtraditionale Verbände bilden, steigt dort, (a) wo mit der Urbanisierung und dem Ausbau des Bildungssektors die Kommunikationsdichte steigt, (b) wo Wirtschaftswachstum und technische Innovationen sowohl die Ressourcen der Selbstorganisationen von Einzelnen vermehren als auch spezifische Protestanlässe schaffen, schließlich (c) wo die Grundfreiheiten einigermaßen gesichert sind oder die Bürger wenigstens über die mentale Stärke verfügen, sich auch unter den Bedingungen der Unfreiheit wie freie Menschen zu verhalten. Alle diese Voraussetzungen sind nur in einigen Teilen der Welt gegeben. Tatsächlich spiegelt die Verteilung unabhängiger NGOs auf der Welt ungefähr den Grad der allgemeinen Modernisierung in unterschiedlichen Weltzonen wider. Südostasien weist einen hohen Anteil eigenständiger NGOs auf, gefolgt vom weniger entwickelten, aber demokratischen Indien und einigen Ländern Lateinamerikas. In Afrika dagegen sind einheimische NGOs, die annähernd der in Kapitel 3 gegebenen Definition entsprechen, weitaus seltener. Auffällig ist ferner, dass professionelle NGOs in den Ländern der Dritten Welt ein ziemlich junges Phänomen sind, dessen Ursprünge meistens nicht hinter die späten 80er Jahre zurückreichen. Das Abklingen des Kalten Kriegs, der Niedergang von linken Revolutionshoffnungen sowie die politische und wirtschaftliche Öffnung einer wachsenden Zahl von Ländern haben zur Gründung von NGOs außerhalb der westlichen Welt beigetragen. NGOs sind damit ein Aspekt jener vielschichtigen Globalisierung, die von ihnen zugleich vehement kritisiert wird.

Nichtregierungsorganisationen sind ein Phänomen der politischen Moderne und bilden zugleich eine Antwort auf die Störungen und menschlichen Kosten der von außen herbeigeführten Modernisierung außereuropäischer Gesellschaften. Ein Schlüsselereignis, das für viele den verzerrten Charakter dieser Art der Modernisierung versinnbildlichte, war der Chemieunfall im Werk der US-Firma Union Carbide im nordindischen Bhopal, der 1984 Tausenden von Menschen das Leben kostete. Diese Katastrophe traf bereits auf eine Gesellschaft, in der es neben der von Gandhi geprägten traditionellen Industriekritik erste Anzeichen eines modernen Umweltbewusstseins gab. Damit wuchs auch die Bereitschaft, über unabhängige Organisationsmittel nachzudenken, die eine effektive öffentliche Anklage und eine Verteidigung der Opfer und Hinterbliebenen ermöglichen würden. Zu einem mächtigen Anlass für die Gründung von Nichtregierungsorganisationen und die Suche nach gleichgesinnten ausländischen Sponsoren wurden außerdem die ökologischen und sozialen Nebenfolgen der Grünen Revolution (Verminderung der Artenvielfalt, Pestizidbelastungen, Wasserknappheit) sowie die Folgen großer Staudammprojekte, die neben wirtschaftlichen Vorteilen zum Verlust der Heimat für Millionen von Menschen führten. Die enge Beziehung zwischen Modernisierung und NGOs kann man ferner daran ablesen, dass in Indien und anderen Ländern geplante Staudammprojekte von einigen NGOs ausdrücklich begrüßt wurden, die sich an der „sozialverträglichen" Durchführung von Umsiedlungsplänen für die betroffenen Bevölkerungsgruppen beteiligten.

Ein anderes Tätigkeitsfeld von neuen politischen Organisationen in tropischen Ländern besteht in der Reform der Naturschutzpolitik, die sich auch nach der Unabhängigkeit der ehemaligen Kolonien oftmals am europäisch-amerikanischen Idealbild menschenleerer Naturräume orientierte. Anders als in den Nationalparks im Westen der USA oder in Mitteleuropa konnte jedoch diese Vorstellung von einem naturbelassenen „Raum ohne Volk", in dem ausschließlich bedrohte Pflanzen, seltene Tiere und exotisches Großwild eine Heimat finden sollten, nur auf Kosten der wirtschaftlichen Existenzgrundlage lokaler Bevölkerungsgruppen verwirklicht werden. Zwar gilt beispielsweise auch für den österreichischen Nationalpark Hohe Tauern, dass in den 60er Jahren der umfassende Schutz der Murmeltiere und seltener Pflanzen wie des Schwarzen Kohlröserls gegen Jahrhunderte alte jagdliche, alm- und forstwirtschaftliche Nutzungsrechte durchgesetzt werden musste. Der Verlust dieser Rechte gefährdete jedoch niemals das Überleben der lokalen Wirtschaft. Dem steht die Wirklichkeit vieler Regionen in Entwicklungsländern gegenüber, in denen große Bevölkerungsgruppen für ihren Lebensunterhalt auf den Zugang zu natürlichen Ressourcen (Weideflächen, Feuerholz, Früchte usw.) angewiesen sind. Schwinden diese Ressourcen, werden die Menschen zu „Umweltflüchtlingen" in den Slumgürteln der Großstädte. In den nachkolonialen Gesellschaften sind folglich Umweltfragen unmittelbar Fragen des Überlebens einer Vielzahl von Menschen (Bryant/Bailey 1997). Daraus ergeben sich immer wieder Konflikte sowohl zwischen einheimischen NGOs und dem Staat als auch zwischen solchen NGOs, die einen Ausgleich zwischen Naturschutzzielen und den wirtschaftlichen Interessen von Lokalbevölkerungen anstreben, und solchen, die statt dessen bereit sind, sich im Namen globaler Naturschutzziele und beflügelt von der in der europäischen Kultur tief verankerten Suche nach dem verlorenen Paradies über die lokalen Anliegen von Fernen und Fremden hinweg zu setzen. Hier treffen nicht nur unterschiedliche Entwicklungsniveaus des modernen Umweltbewusstseins aufeinander, sondern auch unterschiedliche Naturkonzepte und Vorstellungen vom guten Leben.

Bhopal 1984

„Raum ohne Volk"

**Besonderheiten
südlicher NGOs**

Die Suche nach der Vereinbarkeit von Fragen des Natur- und Ressourcenschutzes mit den nicht minder drängenden Fragen der Armutsbekämpfung ist vermutlich der wichtigste Beitrag besonders einiger asiatischer NGOs zum Motivrepertoire der neuen politischen Gruppierungen. Anders als in den klassischen Demokratien ist in den Entwicklungsländern der gesamte Themenkranz moderner Nichtregierungsorganisationen eingefärbt durch das alles beherrschende Problem der *Armut* und der enormen sozialen und kulturellen *Ungleichgewichte,* die vom Prozess der Modernisierung hervorgerufen werden. Die Weltprobleme der demografischen Entwicklung, der Umweltzerstörung und der Ressourcenknappheit werden weitaus stärker als im Westen mit Blick auf die nationale Entwicklung diskutiert, deren Eigenständigkeit man vielfach durch die Globalisierung von Märkten und internationalen Regelwerken bedroht sieht. Dieser Fokus auf die Verbesserung der nationalen Entwicklungschancen, die im Verbund mit ausländischen Organisationen erreicht werden soll, führt dazu, dass viele Nichtregierungsorganisationen im Süden die enormen gesellschaftlichen Brüche, die durch die bruchstückhafte Modernisierung noch vergrößert werden, durch die Vernetzung mit etablierten Verbänden, Politikern oder mächtigen lokalen Bauernführern zu überwinden versuchen.

**Ein indisches
Beispiel**

Die folgende Interviewäußerung illustriert diese Eigenart von Nichtregierungsorganisationen in Entwicklungsländern und zugleich die Schwierigkeiten, die die gebildeten, mittelständischen NGO-Vertreter im Umgang mit den *eigenen* Landsleuten überwinden müssen. Die Geschichte, die in dem Zitat anklingt, handelt von dem Versuch der jungen Geschäftsführerin einer NGO in der indischen Hauptstadt, im Vorfeld der Gründung der Welthandelsorganisation und des Beitritts Indiens zu dieser Organisation einen der charismatischen Bauernführer des Landes, Mahendra Singh Tikait, als Verbündeten zu gewinnen. Zwischen den beiden äußerst ungleichen Politikertypen kam es Anfang 1993 in einem Dorf im indischen Bundesstaat Uttar Pradesh zu einer Begegnung, die die NGO-Geschäftsführerin nachträglich wie folgt beschrieb: „Tikait ist mehr als zwei Meter groß und immer legte er seine Hand auf meinen Kopf, eine sooo große Hand ... Aber er ist ein absoluter Analphabet. Und ein totaler Frauenfeind! Er kann nicht lesen, was also sollte ich ihm erzählen über das GATT-Abkommen, er liest keine Zeitung. Außerdem bin ich eine Frau, noch dazu mit kurz geschnittenen Haaren, ich verkörpere alles, um von ihm als die *verkehrte* Person schlechthin missachtet zu werden. Und doch musste ich mich ihm nähern, ich war doch auf seine Unterstützung angewiesen. Hätte ich Tikait allein und in der Gegenwart anderer Männer angesprochen, würde er sich wahrscheinlich genötigt gesehen haben, mir eine zu knallen, denn wie komme ich als *Frau* dazu, ihn überhaupt anzusprechen. Also sind wir als Gruppe losgegangen. Nur die Männer von uns saßen im Dorfrat. Ich ging zu seinem Haus und hockte bei den Frauen, traf seine Mutter und seine Frau. Dann fragte ich seine Mutter, ob ich ihren *Schal* ausleihen dürfte. Wenn ich in den Dorfrat gehen würde, wollte ich, dass Tikait mich sieht mit dem Schal seiner Mutter. Denn darin würde er ein Zeichen erkennen, dass ich das *Richtige* tue. So ging ich zu seiner Mutter, um ihr Respekt zu zollen. Das sind Sachen, die man nicht in *Worte* fassen kann. Als ich dann später zu ihm kam, hatte ich tatsächlich meinen Kopf bedeckt und trug diesen Schal. Ich sprach kein einziges Wort."[63]

---

[63] Interview des Verfassers mit der Geschäftsführerin von Gene Campaign, New Delhi, Dezember 1998.

154

Diese anschauliche Schilderung der Kontaktaufnahme zwischen der Repräsentantin einer NGO, die damals aus Mitteln der Evangelischen Zentralstelle für Entwicklungspolitik (EZE) finanziert wurde, und einem in den Traditionen seines Landes tief verwurzelten Bauernführer wirft ein Licht auf das besondere Profil von Nichtregierungsorganisationen in den großen Flächenstaaten des Südens. Auch die indische NGO, deren Chefin ich zitiert habe, agiert im Sinne unserer Definition im öffentlichen Raum zugunsten der Belange von Nichtmitgliedern, deren Lebenslage sich massiv von der Lebenslage der Organisationsmitglieder unterscheidet. Zugleich werden diese Nichtmitglieder – vor allem Bauern, die sich von der WTO und den Saatgutmonopolen ausländischer Konzerne bedroht fühlen – zum Ziel von Mobilisierungskampagnen, um gemeinsam mit auslandsfinanzierten NGOs öffentlichen Druck auf die Regierung in der Hauptstadt auszuüben. Indem sich NGOs an der politischen Mobilisierung von Mitgliederverbänden und allerlei Graswurzel-Initiativen beteiligen, geraten sie anders als in westlichen Ländern in die Nähe klassischer sozialer Bewegungen. Dazu passt, dass sich das Leitungspersonal mancher Nichtregierungsorganisation in Asien oder Lateinamerika aus den Anhängern gescheiterter (national-)revolutionärer Bewegungen rekrutiert, die ihre Praxis und Sprache nach der Zeitenwende von 1989 den neuen Umständen einer enger vernetzten Welt angepasst haben. Während in den Siebzigern NGOs in den Großstädten der Dritten Welt noch gerne als Handlanger der CIA und ähnlicher mythischer Bösewichter gescholten wurden (Thomas 1999, S. 118f.), gelten sie heute vielfach als Ausdruck einer tiefgreifenden *Entpolitisierung* der Debatte um Entwicklung und Unabhängigkeit (Kothari 1986). Diese Diagnose steht in auffälligem Gegensatz zur These einer allmählichen Politisierung von Nichtregierungsorganisationen, die die Diskussion in den westlichen Ländern bestimmt.

Nicht nur die Grenze zu nationalen Bewegungen, auch die Grenze zum Staat ist bei den neuen Verbänden häufig fließend. Freilich ist der Staat in vielen nachkolonialen Gesellschaften ein Gebilde, das wenig Ähnlichkeiten hat mit dem ursprünglichen europäischen Modell. Manchmal nähert sich das Verhältnis von Drittweltstaaten zu ihren jeweiligen Gesellschaften einer Situation, die mit dem Verhältnis der Vereinten Nationen zur Weltgesellschaft vergleichbar ist. Für viele dieser Staaten ist die Eintreibung von Steuern, die ohnehin nur wenige bezahlen, ebenso mühsam wie für die Vereinten Nationen das Einsammeln der einzelstaatlichen Beitragszahlungen. Die Mittelknappheit vieler außereuropäischer Staaten ist ebenso bekannt wie ihr geringer Institutionalisierungsgrad und die rücksichtslose Rivalität einzelner Teile des Staatsapparats. Die Folge sind eine geringe Legitimität und Verbindlichkeit einmal getroffener Entscheidungen, denen nur in dem Maße Geltung verschafft werden kann, wie sich Amtsinhaber auf informelle Beziehungen zu den wirklich Einflussreichen stützen können. Das ist bei den Vereinten Nationen kaum anders. Alle diese Defizite werden hier wie dort begleitet von einem unmäßig hohen Ausstoß an meist folgenlosen Reden, Aufrufen und Deklarationen sowie durch die Praxis des ständigen Aufschubs von Entscheidungen unter den Bedingungen schwankender Mehrheiten, drohender Vetos und prekärer Umsetzungschancen. Schließlich verfügen viele Staaten der Dritten Welt ebensowenig wie die UNO über ein Monopol legitimer Gewalt. In Ländern wie Kolumbien kann man sich aus diesem Grund mittlerweile gegen Entführungen, die beinahe täglich von hochorganisierten bewaffneten Banden durchgeführt werden, versichern lassen. Im

Die Grenze zum Staat

Ernstfall sind es dann ausländische Agenten und nicht einheimische Polizeikräfte, die Verhandlungen mit den Entführern aufnehmen.

In solchen Ländern ist das Verhältnis *des* Staates zu unterschiedlichen gesellschaftlichen Gruppen naturgemäß uneinheitlich und wenig stabil. Das Spiel der Politik wird nach Regeln gespielt, die eine unbekannte Zahl von Ausnahmen zulassen. Die Grenze zwischen Staat und NGOs ist ebenso flüssig wie die Grenze zwischen Staat und Gesellschaft überhaupt. Dies führt dazu, dass anders als in einigen europäischen und amerikanischen Ministerien eine *reguläre* Einbindung und Anhörung von Nichtregierungsorganisationen nicht stattfindet. Je nach Konstellation und Gelegenheit jedoch gelingt es einzelnen NGOs, in die Rolle von Chefberatern in bestimmten Fragen wie etwa der internationalen Klimapolitik aufzusteigen. Autorität ist nicht an vordergründig machtvolle Positionen gebunden, sondern an verdeckte Einflusshierarchien, die auf persönlichem Prestige oder der Würde des richtigen Stammbaums beruhen. Weitaus öfter als in den alten Industrieländern kommt es auch zur formellen Rekrutierung von Mitarbeitern aus dem Umkreis von Nichtregierungsorganisationen durch die Regierung. In Namibia, den Philippinen und der Dominikanischen Republik spricht man von einem regelrechten Fachkräfteschwund in der NGO-Szene zugunsten der Regierung. Aber auch der umgekehrte Fall kommt vor. Frustrierte Politiker gründen nicht selten ihre eigene NGO, um

NGOs und Sekten

ihren jeweiligen Kampf mit nichtstaatlichen Mitteln fortzusetzen. Irakische Oppositionelle sitzen in ausländischen Nichtregierungsorganisationen, um bei nächster Gelegenheit vielleicht ein Amt in Bagdad zu bekleiden. Dieses Wechselspiel hat den Soziologen André Beteille veranlasst, die Beziehung zwischen Staat und Nichtregierungsorganisationen in Entwicklungsländern mit der zwischen Kirche und Sekten in der europäischen Religionsgeschichte zu vergleichen (Beteille 1999). Wenn man bedenkt, welchen großen Anteil insbesondere Angehörige der Quäker an der Gründung bedeutender NGOs der Gegenwart hatten, macht dieser Vergleich durchaus Sinn.[64] Ähnlich wie heute die aufgeblähten, wenig geachteten Staatsapparate ist auch die Kirche immer wieder als hierarchisch, veraltet und korrupt beschrieben worden, während die historischen Sekten als radikal und egalitär galten und den Anspruch erhoben, die verschütteten Quellen des wahren Glaubens freizulegen. Dieser Vergleich beruht auf der These, dass die Konflikte zwischen staatlichen Amtsträgern und Nichtregierungsorganisationen in Entwicklungsländern deswegen so heftig sind, weil beide Gruppen letztlich *demselben* modernen Ideal der unabhängigen Nationalstaatsbildung verpflichtet sind, dessen Verrat sie sich gegenseitig vorwerfen.

Wenn man sich von diesem Vergleich anregen lässt, drängt sich als nächstes die Frage auf, ob Nichtregierungsorganisationen in Entwicklungsländern in ähnlicher Weise wie die protestantischen Sekten der Vergangenheit einen Beitrag zur Liberalisierung und Demokratisierung ihrer Staaten leisten. Führt ein Weg von den „Sekten" der neuen regierungsunabhängigen Milieus zum *Sektor* einer autonomen Zivilgesellschaft, der als Gegengewicht zur Übermacht anderer Entscheidungsträger funktionieren könnte? Die politische Analyse lässt nur eine skeptische Antwort zu. Die Vitalität, Vermehrung und transnationale Vernetzung von Nichtregierungsor-

NGOs und Demokratisierung

---

[64] In einem viel gelesenen Text radikaler Globalisierungsgegner werden die NGOs der Gegenwart gar als die „Bettelmönchs-Orden des Imperiums" – gemeint ist die US-dominierte Welt nach dem Kalten Krieg – verhöhnt (Hardt/Negri 2000, S. 36).

156

ganisationen sind nicht die Ursache für die Demokratisierung von Staaten, sondern umgekehrt eine Folge der Demokratisierung. Beispiele aus Brasilien, den Philippinen oder Südkorea zeigen vor allem, dass mit dem Übergang zu demokratischen Regierungsformen NGOs dazu übergehen können, auch politisch brisante Themen aufzugreifen und sich in der Kunst der öffentlichen Anklage zu üben. So gab es unter der Herrschaft von Ferdinand Marcos auf den Philippinen zwar einige bedeutende NGOs im Lande, die sich allerdings auf harmlose Aktivitäten wie den Schutz seltener Vogelarten beschränken mussten.

Ein Sonderfall ist Malaysia. Das autoritär geführte Land bestätigt die eingangs formulierte These, dass es einen Zusammenhang zwischen dem Modernisierungsgrad von Gesellschaften und der Dichte von Nichtregierungsorganisationen gibt. Malaysia ist sogar das Ursprungsland einiger der wenigen transnationalen NGOs aus der Dritten Welt, deren Einfluss noch in Europa und den Vereinigten Staaten spürbar ist (Third World Network und Pestizid-Aktions-Netzwerk). Obwohl Malaysia nicht mit den Diktaturen des ehemaligen Ostblocks oder den berüchtigten südamerikanischen Militärdiktaturen der Siebziger zu vergleichen ist, hat auch hier das Demokratiedefizit Folgen für die Vitalität und die Entwicklungschancen von NGOs. In Malaysia blühen nämlich vor allem solche Organisationen, die ich weiter oben als „NGOs des Typs II" bezeichnet habe, da sie nur die *Opfer* von globalen Fehlentwicklungen im eigenen Kulturraum ansiedeln, während die *Verantwortlichen* im Westen und vorzugsweise in den USA lokalisiert werden (vgl. Kapitel 3, Tabelle 3). Als einzelne Organisationen vor etwa zehn Jahren dazu übergingen, Kritik am rücksichtslosen Modernisierungskurs der *eigenen* Regierung zu üben, wurden die öffentlichen Freiheiten der NGOs kurzerhand administrativ eingeschränkt (Bryant/Bailey 1997, S. 145).

Wenngleich demnach NGOs weder eine tragende Rolle beim Durchbruch zur Modernisierung einer Gesellschaft noch bei der Demokratisierung des Staates spielen können, so verbessern sie doch häufig die Voraussetzungen der Selbstorganisation und der Kommunikationsfähigkeit systematisch benachteiligter Bevölkerungsgruppen. Das Schlagwort aus dem Lexikon westlicher Geldgeberorganisationen heißt „empowerment". Diese Formel geht von der Voraussetzung aus, dass benachteiligte Bevölkerungsgruppen selbst am besten wissen, was sie brauchen, und daher in die Lage versetzt werden müssen, ihre Lebenssituation und ihre Bedürfnisse selbstständig zu kommunizieren. Die Organisation *Jana Sahayog* im südindischen Bangalore versucht beispielsweise, Slumbewohnern zu einer eigenen Informationspolitik untereinander und gegenüber der Stadtöffentlichkeit zu verhelfen, indem ihnen die Mittel zur Herstellung einer eigenen kleinen Zeitung sowie Tonbandgeräte und Videokameras zur Verfügung gestellt werden.

Inzwischen ist die Fähigkeit zur Kommunikation so weit verbreitet, dass nicht nur NGOs in advokatorischer Absicht über das Los der entlegensten Bevölkerungsgruppen berichten, sondern dass sich manchmal diese Zielgruppen auch selbst zu Wort melden und sich über NGOs beschweren. So bin ich im Laufe von Feldstudien in Südasien im Jahr 1998 auf den Fall eines lokalen Kleinbauernforums aus einem der Täler am Fuß des Himalaya gestoßen, das öffentlich gegen eine bekannte einheimische NGO agitierte, die auch mit deutschen Mitteln finanziert wird (Heins 2001, S. 276f.). Die Kleinbauern waren Teil einer Bewegung für die Rettung des Saatguts (auf Hindi: Beej Bachao Andolan) und warfen der NGO vor, das mühsam gesammelte Wissen über die bedrohten Landsorten von Bohnen, Reis und

NGOs und lokale Bevölkerungsgruppen

Hirse gestohlen und ohne Absprache und Herkunftsangabe in internationalen Berichten veröffentlicht zu haben, um sich den falschen Anschein einer soliden lokalen Verankerung zu geben. In diesem Beispiel, das kein Einzelfall ist, wurde plötzlich einer renommierten NGO die Rolle des global agierenden „bösen Buben" zugewiesen, während sich aus dem Kreis der vorgeblichen Zielgruppe ihres Engagements neue „lokale Helden" herausschälten.

Solche Vorfälle werden aufmerksam registriert im Lichte eines Handlungsmodells, das nicht mehr allein auf die Mildtätigkeit gegenüber extrem benachteiligten Gruppen zielt, sondern diese in die Lage versetzen möchte, für sich selbst zu sprechen und zu handeln. Wichtige Geldgeberorganisationen wie USAID, die deutsche EZE oder die dänische Entwicklungshilfeagentur Danida orientieren sich heute an dem Ziel, verarmte und missachtete Gruppen mit Handlungskompetenzen auszustatten. Dieses Ziel steht in Konkurrenz einerseits zu technokratischen Entwicklungskonzepten, die immer schon zu wissen vorgeben, was für die anderen gut ist, andererseits zu den politischen und geostrategischen Erwägungen, die während des Kalten Krieges die Vergabe von Finanzhilfen an NGOs in Entwicklungsländern wesentlich mit bestimmt haben.

Das Ende des Kalten Krieges hatte eine zwiespältige Wirkung auf das Verhältnis von westlichen Geldgeberorganisationen, Drittweltstaaten und Nichtregierungsorganisationen. Auf der einen Seite sind NGOs als kosteneffektive Informationssammler und Instrumente der Umsetzung von Förderprogrammen und Nothilfemaßnahmen enorm aufgewertet worden. Dabei spielte immer auch der Gedanke der politischen, wirtschaftlichen und medialen *Erschließung* des Hinterlandes der großen Flächenstaaten des Südens eine Rolle (Kothari 1986). Auf der anderen Seite ist das Gesamtvolumen der offiziellen Entwicklungshilfe aller Staaten, die diesen Posten in ihrem öffentlichen Haushalt vorsehen, zwischen 1991 und 1998 um 21 Prozent gesunken. Wenn die finanzielle Hilfe für ärmere Länder als Anteil des durchschnittlichen Pro-Kopf-Einkommens der Bewohner der OECD-Staaten berechnet wird, fällt der Rückgang sogar noch stärker ins Gewicht. Dabei gilt, dass etwa die Hälfte des Budgets aller entwicklungspolitisch aktiven NGOs aus Steuern finanziert wird (Fowler 2000, S. 590f.).

NGOs ohne Entwicklungshilfe

Zu den interessantesten Entwicklungen in diesem Feld gehört die Neigung von Vordenkern einzelner Nichtregierungsorganisationen, dem Rückgang der Entwicklungshilfe auch etwas Positives abzugewinnen. So hat Alan Fowler auf die Pathologien einer Entwicklungshilfepolitik hingewiesen, die in vielen Fällen entweder durch die machtpolitischen oder wirtschaftlichen Interessen des Geberlandes motiviert war oder aber durch humanitäre Motive, die unter den Bedingungen eines unbekannten Feldes das Gegenteil dessen bewirkten, was man beabsichtigt hatte. Feldstudien zur Bekämpfung von extremer städtischer Armut in Entwicklungsländern haben ferner gezeigt, dass durch zu viel Geld aus dem Ausland die Konkurrenz, das Revierdenken und das Zurückscheuen vor Neuerungen unter lokalen NGOs erheblich verschärft werden kann (Thomas 1999, S. 130ff.). Fowler spricht zusammenfassend von den entwicklungspolitischen NGOs der Gegenwart als Elementen eines „kranken, leistungsschwachen Systems, das an abnehmender Reputation und einem Rückgang des öffentlichen Vertrauens leidet" (Fowler 2000, S. 593). In diesem Teilbereich des Engagements von Nichtregierungsorganisationen spürt man nichts von dem Vertrauensvorschuss, der in anderen Politikfeldern den NGOs der Gegenwart zugesprochen wird. Statt dessen stoßen wir auf Phänomene, wie sie häufig den großen politischen Parteien oder anderen skandalumwitterten Institutionen

158

zugeschrieben werden. In Russland und den Staaten der ehemaligen Sowjetunion gelten manche NGOs inzwischen sogar als Fassaden des organisierten Verbrechens.[65]

In einer solchen Situation des Rückgangs sowohl öffentlicher Mittel als auch des öffentlichen Vertrauens in die Leistungsfähigkeit und programmatische Seriosität von NGOs liegt es nahe, in Übereinstimmung mit der Entwicklung in anderen Handlungsfeldern die Rolle von Nichtregierungsorganisationen als Fürsprecher und öffentliche Kritiker im Namen missachteter Bevölkerungsgruppen zu stärken. Öffentliche Fürsprache ist meistens nicht nur ziemlich preiswert, sie kann sogar satt machen, wenn nämlich das Recht aller gestärkt wird, die Stimme zu erheben, um von denen, die im Namen aller herrschen, die Achtung elementarer Rechte einzufordern. Die Allgemeine Erklärung der Menschenrechte wird daher auch von entwicklungspolitischen NGOs zunehmend als ein Symbol erkannt, das sich als Anreiz zum Dialog und als Maßstab der öffentlichen Kritik des Fehlverhaltens von Regierungen oder Wirtschaftsunternehmen einsetzen lässt. Somit kehrt das Motiv des Menschenrechtsschutzes, das bereits im 19. Jahrhundert die Kampagnen gegen die Sklaverei inspirierte und nach dem Zweiten Weltkrieg zur Gründung weltweit aktiver Verbände führte, ins Zentrum des Selbstverständnisses ganz unterschiedlicher Gruppierungen in allen Erdteilen zurück. Mag die Welt in sozialer Hinsicht zu Beginn des 21. Jahrhunderts so zerrissen sein wie vielleicht nie zuvor, so verfügt sie doch in den Artikeln des Menschenrechtskatalogs über ein beinahe universelles Vokabular, in dem sich die bislang getrennten Felder der Reform von Regierungssystemen, der Entwicklung von Gesellschaften und der Verwirklichung von Rechten zusammenführen lassen.

---

[65] Russland steht damit nicht allein. Auch die Terroristen, von denen vermutet wird, dass sie für die Anschläge auf die USA vom 11. September 2001 verantwortlich waren, haben sich hinter NGOs als Tarnorganisationen für Vorfeldaktivitäten und Finanztransaktionen versteckt. Vgl. die Stellungnahme von Präsident George W. Bush vom 24.9.2001: „Just to show you how insidious these terrorists are, they often times use nice sounding nongovernmental organizations as fronts for their activities. We have targeted three such NGOs. We intend to deal with them just like we intend to deal with others who aid and abet terrorist organizations." (http://www.cnn.com/2001/US/09/24/ret.bush.transcript/ index.html)

Kapitel 6

Bilanz und Ausblick: Politik im globalen Regierbarkeitsvakuum

„Diese neuen Körperschaften", schreibt Hannah Arendt über die frühen Gemeindegründungen der amerikanischen Siedler, „waren tatsächlich ‚politische Gesellschaften' und ihre große Bedeutung für die Zukunft lag in der Schaffung einer öffentlichen Sphäre, die Macht genoss und Rechte für sich in Anspruch nehmen konnte, ohne jedoch die Souveränität innezuhaben oder zu reklamieren" (Arendt 1990, S. 168). Ähnlich überschwänglich wurden die regierungsunabhängigen Verbände, die in diesem Buch diskutiert worden sind, bis ungefähr Mitte der 90er Jahre als Ausdruck einer nicht-souveränen, aber einflussreichen Weltbürgergesellschaft gepriesen, bevor eine gewisse Ernüchterung einsetzte. Neue Organisationsmittel, der Geist der großen UN-Konferenzen, das Internet und die „Friedensdividende" nach dem Ende des Kalten Krieges schienen den Boden zu bereiten für eine allmähliche Übertragung demokratischer Prinzipien und Verfahren auf die Ebene internationaler Institutionen. Die Geschichte der neuen politischen Organisationen, für die man sich in diesen Jahren zu interessieren begann, zeigte zudem, das auch die Ideen der frühen Nichtregierungsorganisationen den Zeitgenossen „verrückt" vorkamen. Warum also nicht auch heute das Unmögliche fordern, um morgen als hellsichtiger Pionier zu gelten?

In der vorliegende Darstellung wurde versucht, weder den vielleicht notwendigen Illusionen auf den Leim zu gehen, die politisch Handelnde in NGOs über sich selbst hegen mögen, noch umgekehrt die ahnungslose Außenperspektive derjenigen einzunehmen, die hartnäckig die neuen Organisationen zu Vorboten einer kosmopolitischen Demokratie oder umgekehrt einer bisher unvertrauten Form der illegitimen Herrschaft von Verbänden hochspielen. Statt dessen habe ich mich bemüht, zunächst ein möglichst reißfestes Kategoriennetz zu knüpfen und auszuwerfen, um danach zu sehen, was man damit an Land ziehen kann. Das spektakuläre Wachstum der nachtraditionalen Verbände, ihre Definitionsmacht in einigen Handlungsfeldern und ihre gelegentlich eindrucksvollen Sacherfolge haben zu allerlei Projektionen und pauschalen Thesen verleitet, wo eine nüchterne, gelegentlich auch detailfixierte Beschäftigung mit dem Phänomen geboten wäre. Eine solche Beschäftigung kann sich auf einen oder mehrere von vier Aspekten konzentrieren: sie kann den Beitrag der neuen Verbände (a) zur Erzeugung oder Umverteilung von Macht und Einfluss in der Politik, (b) zur Herstellung von Solidaritätsbeziehungen, (c) zur Erhebung und Verbreitung neuen Wissens sowie (d) zur Entstehung neuer Werte und Rechtsnormen untersuchen. Sowohl in der öffentlichen Diskussion als auch unter Sozialwissenschaftlern überwiegt die Aufmerksamkeit für die ersten beiden Aspekte. Alle fragen sich: Wie einflussreich sind die neuen Akteure? Und wie tragfähig und global ist die von ihnen reklamierte Weltsolidarität? Auf diese Fragen gibt die vorliegende Einführung differenzierte Antworten.

NGOs als Thema   Die Macht von Nichtregierungsorganisationen wird sowohl von einigen Sympathisanten wie auch von Gegnern in Politik und Wirtschaft teilweise dramatisch überschätzt. Zu diesen Gegnern zählen neuerdings auch akademische Globalisierungskritiker, die in den meisten Nichtregierungsorganisationen dunkle Kräfte einer weltweiten moralischen Dauerintervention im Interesse eines neuen kapitalisti-

160

schen Imperiums sehen. Andere wiederum sehen die Organisationen wohlwollender, aber zugleich als Gefangene in engen Einflusskorridoren, deren Mauern von übermächtigen Staaten und Firmen gezogen worden sind. Die vorliegende Darstellung hat demgegenüber Hinweise darauf gegeben, dass NGOs in jeweils genau zu bestimmenden institutionellen Kontexten gelegentlich zu *überraschenden* Kampagnenerfolgen fähig sind, die auf ganz bestimmte Vorteile zurückzuführen sind, z.B. ihr Spezialwissen, die Geschwindigkeit von Kommunikations- und Konsensbildungsprozessen oder das diffuse Drohpotenzial einer schwer kalkulierbaren Öffentlichkeit.

Die Theoretiker einer „zweiten", „reflexiven" Moderne betrachten im Anschluss an den Münchner Soziologen Ulrich Beck die NGOs vor allem unter dem Gesichtspunkt einer Solidarität, die soziale Beziehungen und Gemeinschaften *jenseits* des Nationalstaats und *unterhalb* der Ebene des diplomatischen Spiels der Staatenwelt stiftet. Der Motor dieser Solidarisierung wird in der Erkenntnis drängender Weltprobleme gesehen, die sich weder einzelstaatlich noch durch zwischenstaatliche Kooperation alleine lösen lassen. Gegen diese Sicht der Dinge habe ich in den voranstehenden Kapiteln die regionale Uneinheitlichkeit der *Wahrnehmung* angeblicher Weltprobleme sowie die Schwierigkeit betont, eine robuste Beziehung herzustellen zwischen dem reizüberfluteten Medienpublikum der westlichen Gesellschaften und großen Teilen der übrigen Welt, die selbst dann jenseits unserer Vorstellungskraft verbleiben, wenn wir ihre sorgsam ausstaffierten Urlaubsparadiese besuchen. Die Fragen nach der Macht von NGOs und nach ihrer Fähigkeit, neue Beziehungen der Solidarität zu stiften, verdienen abwägende Antworten. Vor allem aber verdienen sie es, durch zusätzliche Fragen nach der Schaffung von Wissen und Normen durch NGOs ergänzt zu werden. Hier hat die Darstellung versucht, mit Blick auf künftige Forschungen und Recherchen Akzente zu setzen. Während andere den neuen Organisationen eine feste „Rolle" innerhalb der Neuorganisation von globalen Machtverhältnissen zuschreiben möchten (als Bearbeiter von Weltproblemen, als Überwinder der nationalstaatlichen Solidaritätsschranke, als Vorreiter eines neuen Moralimperialismus usw.), lenkt der vorliegende Text die Aufmerksamkeit auf den häufigen Wechsel der kulturellen und institutionellen *Kontexte*, in denen gehandelt wird, die Funktion des *Wissens* bei der Erschließung neuer Problemzonen und Publikumssegmente, schließlich die unterschiedlichen *Repräsentationstechniken* und *Deutungspraktiken*, von den abhängt, was überhaupt als „Problem" wahrgenommen wird, – und welche Organisation als legitime NGO gilt.

Vor dem Hintergrund dieser abwägenden Bilanz soll zum Schluss das Thema Nichtregierungsorganisationen noch einmal im größeren Zusammenhang der allgemeinen Diskussion um die uneinheitlichen Prozesse der „Globalisierung" verortet werden, bevor ich einige Grenzen dieser politischen Organisationsform und die Hoffnungen benenne, die wir gleichwohl hegen dürfen.

Kontext, Repräsentation und Deutung

Das Globalisierungsparadox

Es ist offensichtlich, dass die „Globalisierung" kein Prozess der gleichmäßigen Ausbreitung von kulturellen Mustern oder gar der universellen Angleichung der Lebensverhältnisse ist. Dass die Getränkehersteller Coca-Cola und Pepsi nach der Lockerung der Wirtschaftssanktionen gegen Nordkorea gegenwärtig die letzten colafreien Winkel der Erde erobern, ändert nichts an der fundamentalen Uneinheitlichkeit des globalen Austauschs. Von einem Konsens über die angemessene Beschreibung dieses Austauschs sind wir allerdings noch weit entfernt, in der Gesellschaft ebenso wie in den Sozialwissenschaften. Die Vielfalt der Deutungen lässt sich auf zwei grundsätzlich unterschiedliche Lesarten dessen reduzieren, was „Globalisierung" langfristig heißen wird. Auf der einen Seite stehen die Anhänger einer *liberalen* Lesart, die in Globalisierungsphänomenen wie dem Internet oder dem Aufstieg nachtraditionaler Bürgerverbände ein großes Potenzial für die interkulturelle Verständigung und die Lösung von solchen Weltproblemen sehen, die in der zurückliegenden Phase der europäisch geprägten Modernisierung entweder übersehen oder überhaupt erst produziert worden sind. Auf der anderen Seite findet eine *apokalyptische* Globalisierungsthese Anklang, die neue Formen einer diesmal weltweiten Apartheid prognostiziert und die Gesellschaften im Strudel einer sich immer schneller drehende Abwärtsspirale sieht, in die sie durch die entfesselte Konkurrenz der politischen und wirtschaftlichen Einheiten um Ressourcen und Wohlstandssteigerungen geraten („race to the bottom").

Gegen diese beiden prominenten rhetorischen Entwürfe möchte ich eine Gegenthese formulieren, die an die Stelle des radikalen Epochenbruchs durch Globalisierung den Gedanken einer *geordneten Parallelität entgegengesetzter Trends* setzt: Derselbe weltgesellschaftliche Makroprozess, der die Solidaritätspotenziale moderner Gesellschaften über den Horizont der Nationalstaaten hinauswachsen lässt, eine Vielzahl transnational vernetzter Bürgergruppen hervorbringt, neue virtuelle Ausdrucksmöglichkeiten schafft und die suprastaatliche Verbindlichkeit der Menschenrechte und des humanitären Volkerrechts erhöht, begünstigt zugleich die Ausdehnung und Vervielfachung von Krisenherden, fördert die Entnormierung des staatlichen und militärischen Handelns und droht das moralische Band zwischen den sozialräumlichen Gesellschaftszonen der Erde, das nach dem Ende des Kolonialismus mühsam geknüpft wurde, wieder zu zerreißen.

Indem moderne Nichtregierungsorganisation eine stärkere Berücksichtigung der Belange entfernter Regionen und Bevölkerungsgruppen, zukünftiger Generationen und auch nichtmenschlicher Lebewesen fordern, kultivieren sie mögliche programmatische Alternativen innerhalb eines in seiner Gesamtwirkung ambivalenten Globalisierungsprozesses, aus dem herauszutreten längst nicht mehr möglich ist. Wenn die neuen Organisationen eine Rolle oder eine Mission haben, dann besteht diese darin, das Globalisierungsparadox zu benennen, zu bearbeiten und letztlich zu entschärfen. Dabei können sie durchaus an Überlegungen anschließen, die heute bis hinauf an die Spitze der internationalen Finanzinstitutionen angestellt werden. So hat James Wolfensohn, der Präsident der Weltbank, in einer Bilanz der bisherigen globalen Liberalisierungsbemühungen im Oktober 1998 bemerkt: „Wenn wir nicht mehr Gerechtigkeit und sozialen Ausgleich schaffen können, dann bekommen wir auch nicht mehr politische Stabilität, und ohne politische Stabilität kann uns kein noch so großes Finanzierungspaket jemals finanzielle Stabilität sichern" (zit. in Devetak/Higgott 1999, S. 483). Eine solche Stellungnahme fügt sich beinahe nahtlos in das Weltbild vieler namhafter Nichtregierungsorganisationen, die ihre Aufgabe darin sehen, im Rahmen internationaler Institutionen Gerechtigkeitsfragen zu stellen.

Jenseits mehr oder weniger zufälliger Übereinstimmungen bestimmter Problembeschreibungen besteht die grundsätzliche Wahlverwandtschaft zwischen modernen NGOs und der Entwicklung von internationalen zwischenstaatlichen Institutionen seit dem Ende des Zweiten Weltkriegs darin, dass beide auf den erhöhten Koordinations- und Regelungsbedarf reagieren, der im internationalen Verkehr durch den Prozess der Globalisierung entstanden ist. Die beste Antwort auf die Frage, was NGOs eigentlich tun, lautet, dass sie sich an der Ausarbeitung internationaler Standards beteiligen, die mit unterschiedlichem völkerrechtlichen Verbindlichkeitsgrad das Verhalten von Staaten, Firmen und anderen Einheiten regeln sollen. In diesem Sinne setzten sich transnationale Bürgervereine bereits im vorletzten Jahrhundert für die Abschaffung der Sklaverei und des Sklavenhandels einschließlich seiner verdeckten Formen ein. In demselben Sinne haben sich in jüngerer Zeit NGOs für UN-Konventionen zum Schutz des Klimas, der biologischen Vielfalt und der Rechte von Kindern eingesetzt. Ein Beispiel aus der jüngsten Zeit bietet eine internationale Koalition von NGOs, die für einen Verhaltenskodex streitet, der private Firmen, Staaten und internationale Institutionen weltweit auf Maßnahmen zur Stabilisierung der Ernährungssicherheit in Entwicklungsländern verpflichten soll. Auch in diesem Fall bieten eine internationale Organisation, die Ernährungs- und Landwirtschaftsorganisation der Vereinten Nationen (FAO), und die Debatten im Anschluss an den Welternährungsgipfel in Rom 1996 Kontext und Vorfeld der Normbildungsaktivität von NGOs.

Während in Politikfeldern, die an die universelle Geltung der Menschenrechte denken lassen, für strikte Unterlassungs- und Verbotsnormen plädiert wird, zielt die Aktivität in anderen Feldern – etwa der Frage des Umgangs mit geistigen Eigentumsrechten – nicht auf Verbotsnormen, sondern umgekehrt auf die geordnete *Freistellung* bestimmter Regionen oder Sozialgruppen von den Zwängen internationaler Standards zugunsten schwächerer, sozial angepasster und regional spezifischer Regelungen. Die umstrittenen Sonderrechte und Verzögerungsprivilegien bei der Einhaltung internationaler Klimaschutzregeln für Entwicklungsländer sind ein deutliches Beispiel.

Verbieten und Freistellen

Was ist nun das Kriterium für das wechselnde Votum von NGOs einmal zugunsten strikter, allgemeinverbindlicher Regeln und ihrer Durchsetzung, ein andermal zugunsten regional und lokal differenzierter Regeln? Die NGO-Szene ist zu wenig homogen und zu stark geprägt von der Uneinheitlichkeit des Globalisierungsprozesses, den sie kritisch begleitet, um Hinweise auf eine einheitliche Antwort geben zu können.[66] Dennoch wäre es aussichtsreich, nach übergeordneten *Zivilisationsstandards* zu suchen, die implizit die Problemlösungsansätze bedeutender NGOs aus unterschiedlichen Erdteilen bestimmen. Das Wort „Zivilisation" wurde vor ungefähr zweihundert Jahren geprägt, um die geistige und geschichtliche Kontinuität zwischen Europa und den Vereinigten Staaten von Amerika zu unterstreichen. Heute dienen Zivilisationsstandards der Suche nach anwendungsbezogenen Normen, die den Entwicklungschancen und dem Gerechtigkeitsempfinden einer sehr viel größeren und bunter zusammengesetzten Menschheit Rechnung tragen sollen. Die teilweise überraschenden Allianzen, die NGOs in den Kampagnen zugunsten der Einrichtung des Kriegsverbrechertribunals in Den Haag, der Anti-Landminen-

Zivilisationsstandards

---

[66] NGOs bilden in ihrer Gesamtheit keine „Wertgemeinschaft" in dem Sinne, dass eine „Orientierung an gemeinsamen Zielvorstellungen" (Honneth 1993) oder gar ein emotional unterfütterte Gemeinsamkeitsglaube problemlos gegeben wäre. Vgl. hierzu auch die empirischen Befunde in Heins (2001, S. 306ff.).

Konvention von Ottawa oder gegen ein einseitig industriefreundliches multilaterales Investitionsabkommen geschmiedet haben, geben einen ersten Eindruck von der Spannweite der Zivilisationsstandards, die im 21. Jahrhundert gewährleistet werden müssen, damit sich das soziale Band zwischen den und innerhalb der Nationen nicht vollends auflöst.

Der Streit geht darum, in welchem Verhältnis diese reformulierten Zivilisationsstandards zu den normativen Gehalten der „westlichen" Zivilisation stehen. Einige Sprecher aus dem Lobbyisten-Milieu der WTO haben gelegentlich versucht, der Durchsetzung einheitlicher Bestimmungen zum Schutz geistigen Eigentums (und damit zum Schutz bestimmer Exportbranchen) den gleichen Stellenwert einzuräumen wie dem Schutz der Menschenrechte. Umgekehrt werden besonders von asiatischen NGOs einzelne Missstände oder Praktiken von Unternehmen oder Regierungen gleich der gesamten westlichen „Kultur" angekreidet.

Das Globalisierungsparadox wird jedoch die Etablierung von Zivilisationsstandards in einem viel grundsätzlicheren Sinne problematisch machen. Globalisierungsprozesse erhöhen nämlich den Bedarf an Regelung und Harmonisierung, um *im selben Zug* die Durchsetzung von grenzüberschreitenden Regeln in vielen Handlungsfeldern zu erschweren. Dieser Zusammenhang lässt sich wie folgt skizzieren. Unter dem Eindruck der Globalisierung geraten alle Glieder innerhalb der klassischen Trias Staat-Volk-Territorium in Bewegung und werden zum Gegenstand politischer Konflikte um die Einheit und Identität des Gemeinwesens. Insbesondere versuchen die Staaten, durch die Bündelung einzelner Staatsfunktionen in internationalen oder supranationalen Institutionen, drohenden Kontrollverlusten über Vorgänge auf dem jeweils eigenen Territorium entgegenzuwirken.[67] Oftmals besteht die Kehrseite dieser Auslagerung von Staatsfunktionen an übernationale Instanzen darin, dass unklar ist, ob die Entscheidungen dieser Instanzen durch nachvollziehbare Legitimationsketten an nationale und lokale Institutionen rückgebunden sind und ob sie durch ein gleichermaßen umfassendes Zusammengehörigkeitsgefühl der Entscheidungs*betroffenen* gedeckt werden. Das rapide Wachstum von Nichtregierungsorganisationen wurde vielfach als ein Symptom für die Festigung einer postnationalen Mentalität gedeutet, die das Legitimationsdefizit der übernationalen Institutionen abfedern und politisch entschärfen könne. Inzwischen wird jedoch auch der entgegengesetzte Eindruck verbreitet, dass NGOs an der Legitimationsschwäche der übernationalen Institutionen, in deren Rahmen sie wirken, *teilhaben* anstatt sie zu beheben.

Die Schwächung des nationalen Zusammengehörigkeitsgefühls, die eine wichtige Voraussetzung für den Souveränitätstransfer an übernationale Institutionen ist, birgt ebenfalls Risiken. Die wirtschaftliche Globalisierung bindet und verknappt nämlich vielfach die staatlichen Ressourcen, die unter anderen Bedingungen an unzufriedene oder randständige Gruppen und Regionen transferiert worden wären (Bernauer 2000, S. 330ff.). Dies kann selbst in konsolidierten westlichen Nationalstaaten die Sezessionsbereitschaft fördern, zumal die Schwäche politischer Identitäten unter den Bedingungen der fortgeschrittenen Moderne bedeutet, dass sich diese Identitäten heute leichter als früher manipulieren und nach Bedarf „zusam-

---

[67] Die Kehrseite der Bündelung von Staatsfunktionen außerhalb der Hülle des Nationalstaats ist die Auslagerung von Regierungsfunktionen an immer mehr quasi-autonome nichtstaatliche Regelungsinstanzen innerhalb der Staaten (QUANGOs). Dies ist jedoch ein anderes Thema (vgl. Greve et al. 1999).

menbasteln" lassen. Weltweite Sezessionstendenzen und die erkennbare Vermehrung der Gesamtzahl der Staaten erhöhen wiederum die Koordinationskosten für das Zustandekommen verbindlicher internationaler Regeln. Hier deutet sich ein Teufelskreis an. Die wirtschaftlichen und sonstigen Austauschprozesse zwischen weit entfernten Regionen der Weltgesellschaft erhöhen den Bedarf an neuen überterritorialen Regelungsinstrumenten. Zugleich jedoch verschärfen sie die Ungleichheit zwischen Agglomerationsräumen, sozialen Gruppen und Staaten in der Weise, dass ein Konsens über die Ausgestaltung solcher Regelungsinstrumente sowie über legitime Regelungsinstanzen immer schwerer zu erzielen ist. Gelingt es starken Staaten trotzdem, überterritoriale Regeln in bestimmten Sektoren wie der Wahrung des Patentschutzes, der Verbringung von Industriemüll oder des Umgangs mit Kriegsverbrechern gegen schwächere Staaten durchzusetzen, stehen diese vor dem Problem, sich der „internationalen Gemeinschaft" nur um den Preis innenpolitischer Vertrauensverluste nähern zu können. Während territoriale Instrumente ineffektiv werden, führen überterritoriale Instrumente zu Legitimitätsdefiziten und Zerreißproben in den schwachen Staaten.

Der Zusammenhang zwischen wirtschaftlicher Globalisierung, geringer werdenden staatlichen Umverteilungsspielräumen, einer tendenziellen Schwächung des nationalen Konsenses bei gleichzeitig wachsenden Möglichkeiten, politische Identitäten in instrumenteller Absicht zu fingieren, erklärt, warum trotz vielfacher entgrenzter Problemlagen der „Weltstaat" in immer weitere Ferne rückt und ein globales Regierbarkeitsvakuum entsteht. Auch NGOs sind weit davon entfernt, auf die lauter werdenden Fragen danach, wer „wir" sind, wer zu „uns" dazu gehört und wer unsere Solidarität verdient, eine unumstrittene Antwort geben zu können. Die Stärke namhafter NGOs besteht darin, dass sie ungeachtet ihrer transnationalen Arbeitsweise und ihrer kosmopolitischen Ziele stark in den historischen Gemeinschaften ihrer Nationen verankert sind: die französischen Ursprünge der Ärzte ohne Grenzen sind unverkennbar, Human Rights Watch ist eine sehr amerikanische Organisation, die Unbestechlichkeitsideale von Transparency International tragen deutsche Züge und viele Organisationen in Süd- und Ostasien sind viel stärker in ihren Nationalkulturen verankert als es ihre Internetauftritte und geglätteten Communiqués auf internationalen Konferenzen erkennen lassen. Das Wachstum dieser Gruppierungen ist somit ein Indiz für die Fähigkeit einiger Gesellschaften, die Anliegen von „Weltbürgern" und „Lokalpatrioten" schmerzlos zusammenzuführen. Ihnen stehen jedoch riesige traumatisierte Gesellschaftszonen gegenüber, in denen nach Jahrzehnten totalitärer Diktatur die Fähigkeit verdorrt ist, ein nichtzynisches Verhältnis zu kollektiven Normen und zur öffentlichen Beteiligung am politischen Geschehen zu entwickeln (Pye 2000). Umfragen, die belegen, dass 60 Prozent der ostdeutschen Jugendlichen körperliche Übergriffe auf Fremde „eigentlich nicht so schlimm" (FAZ, 15.9.2000) finden, vermitteln einen Eindruck von der Größe der Aufgabe einer primären demokratischen Alphabetisierung selbst in Teilen Deutschlands.

Gängige Thesen, die auf schmaler empirischer Basis die Nichtregierungsorganisationen lieber in die Nähe der „Gesellschaften" als in die der „Staaten" rücken, sind gerade auch dann vorsichtig zu bewerten, wenn sie von den Sprechern dieser Organisationen selbst vertreten werden, die sich seit einigen Jahren gerne als „civil society organizations" (CSOs) präsentieren. Die bisherige Erfahrung zeigt, dass es die enge Kommunikation mit einzelnen Staaten oder bestimmten Vertretern dieser

Keine Aussicht auf den "Weltstaat"

Staaten ist, die maßgeblich zum Erfolg einzelner NGO-Kampagnen beigetragen hat. Die Regierung der USA konnte auf unterschiedlichen Ebenen immer wieder von Menschenrechtsorganisationen für Maßnahmen gegen einzelne Staaten, Verfahrensreformen in Gremien der Vereinten Nationen und die Unterstützung weltweiter Initiativen gewonnen werden. In Einzelfällen haben sich amerikanische Regierungsvertreter sogar als Kuriere von NGOs einsetzen lassen, die Druck auf Diktaturen auszuüben wollten. Die Kampagne zugunsten eines Internationalen Strafgerichtshofes erlebte einen Durchbruch durch das Jawort der britischen Labour-Regierung, das umso mehr wog, als Großbritannien ein Land ist, das bis heute ein unkompliziertes Verhältnis zum Einsatz kriegerischer Mittel zur Erreichung nationaler oder humanitärer Ziele hat. Im Zuge des Engagements gegen ein multilaterales Investitionsabkommen der OECD setzten sich NGOs für die Souveränität schwacher Staaten ein, um ihnen Handlungsspielräume im Umgang mit ausländischen Wirtschaftsinteressen zu erhalten. Ohne in politische Abhängigkeit von Regierungen zu geraten, haben in diesem Fall NGOs als eine transnationale *Ressource* des Regierens gewirkt.

NGOs als Regierungsressource

Im nationalen Rahmen ist ebenfalls offenkundig, dass in einigen Ressorts, beispielsweise der wirtschaftlichen Zusammenarbeit und Entwicklung, politische Entscheidungsprozesse in enger Abstimmung zwischen Mandatsträgern, Fachbeamten und NGOs stattfinden. Auch als moralische Stichwörter im zwischenstaatlichen Prestigewettbewerb werden die Normen von NGOs gerne genutzt. So brüsten sich europäische Regierungen gegenüber der USA gerne ihrer Unterstützung der Anti-Landminen-Konvention von Ottawa, überlassen den USA aber gerne die Sicherung der verminten Grenze zwischen Nord- und Südkorea, an der US-Soldaten auf eine Million bewaffneter Nordkoreaner blicken.

Von den historischen Nationen kann man sagen, dass sie Staaten geschaffen und bestehende Staaten gestärkt haben. Außerdem haben sie nicht selten Staaten unterminiert. Mit den Nichtregierungsorganisationen verhält es sich anders. Sie sind weder geeignet, Staaten oder Elemente eines Weltstaates zu schaffen noch bestehende Staaten zu unterminieren. Wohl aber tragen sie in wechselnden Konstellationen zur Stärkung einzelner Staaten und ihrer Politik bei. Dies tun sie, ohne in der Art des Nationalismus die Nation und ihre Grenzen zu naturalisieren. Vielmehr neigen sie umgekehrt dazu, die Künstlichkeit und Willkürlichkeit von nationalen oder kulturellen Grenzziehungen in einer Zeit des grenzüberschreitenden Problemdrucks übermäßig zu betonen. Damit nähern sie sich gelegentlich dem weltfremden Astronautenblick globaler Regelungsbehörden, Ressourcenmanager und Zukunftsplaner. Häufig genug jedoch werden NGOs von den alten und neuen Grenzziehungen zwischen menschlichen Gemeinschaften hinterrücks wieder eingeholt, die eben mehr sind als eine anachronistische Halluzination. Unter den Bedingungen eines globalen Regierbarkeitsvakuums müssen daher die bedeutendsten unter den modernen Nichtregierungsorganisationen ihre Aufgaben in einer Weise definieren, wie sie ein berühmter britischer Gelehrter für die Regierung seines Landes und einiger anderer Länder beschrieben hat: Sie müssen im Licht von umstrittenen Zivilisationsstandards einen möglichst breiten Konsens jenseits der Scheidelinie zwischen staatlichen und nichtstaatlichen, europäischen und außereuropäischen Akteuren suchen, um auf dieser Grundlage „als lokale Agenten eines globalen Gemeinwohls zu handeln" (Bull 1984, S. 14).

Lokale Agenten des globalen Gemeinwohls

Zur Frage der Enteignung moralischer Empörung

Einer der Begründer der Soziologie, Auguste Comte, schrieb, dass in der Antike die Prophezeiung einer „universellen Abschaffung der Sklaverei" die klügsten Philosophen der damaligen Zeit zu der Reaktion veranlasst hätte, „die Absurdität einer solchen Utopie zu betonen" (Comte 1923, S. 47). Wenn man allerdings den liberalen fortschrittsgläubigen Optimisten des 19. Jahrhunderts prophezeit hätte, dass zu Beginn des 21. Jahrhunderts die Sklaverei *zurückgekehrt* sein würde, hätten sie nicht weniger wütend eine solche Vision für verrückt erklärt. Und doch ist genau dies geschehen.

Wer die Studie von Kevin Bales (2001) über die Rückkehr der Sklaverei im Zeitalter der Globalisierung liest und danach am besten gleich noch das Buch von Laurie Garrett (2001) über die Rückkehr von Seuchen, die weltweit unzählige Menschen bedrohen, weil sie zum Beispiel über kein sauberes Trinkwasser verfügen, den mögen Gefühle des Entsetzens und auch der moralischen Empörung beschleichen. Zusammen mit dem Entschluss, ein Wissen über das Ausmaß und die Hintergründe des entdeckten Leids aufzubauen, bildete moralische Empörung immer wieder das mächtigste Motiv für die Gründung engagierter transnationaler Verbände. Das vielleicht irritierendste Merkmal dieser Verbände ist nicht so sehr ihr angeblicher Mangel an formeller Legitimität, sondern die Eigenart, kleinen Gruppen von Aktiven ein Ventil für moralische Empörung und Mittel zur intellektuellen Verfeinerung dieser Empörung zu verschaffen, während das breite Publikum leer ausgeht und entweder der Indifferenz und dem Zynismus überlassen bleibt oder auf gelegentliche Spendenzahlungen verwiesen wird. Der in Kapitel 3 skizzierte Prozess, dass sich politische Aktivbürger, die früher die Basis der großen Parteien und klassischen Verbände bildeten, heute zunehmend in lediglich passiv interessierte Zuschauer verwandeln, enthüllt hier seine ganze Zweideutigkeit. Im selben Kapitel wurde erläutert, dass die primitive Struktur einer NGO in dem Augenblick entsteht, in dem der Samariter sich nicht mehr unmittelbar zu dem Verbrechensopfer am Straßenrand hinabbeugt, um ihm zu helfen, sondern ein Foto mit einer Digitalkamera macht und es ins Internet stellt, um ein möglichst großes Publikum „wachzurütteln". In den westlichen Demokratien (und darüber hinaus) haben wir es heute tatsächlich mit einem vergleichsweise wachen Publikum zu tun, das sich jedoch der Ausdrucksmöglichkeit für seine moralischen Emotionen beraubt sieht. An dieser Stelle haben wir damit eine Gemeinsamkeit entdeckt, die NGOs mit anderen Organen der politischen Willensbildung teilen.

„Wachrütteln" des Publikums

Dass sich in modernen arbeitsteiligen Gesellschaften die Qualität und die Äußerungsformen von moralischer Empörung verändern, hat bereits der Historiker Barrington Moore vor mehr als zwanzig Jahren entdeckt. Die Menschen mögen sensibler geworden sein für das Unrecht, das anderen zustößt, aber die Formen, in denen sich die daraus resultierende Empörung ausdrückt, haben jegliche existenzielle Färbung eingebüßt. Moore gibt aus der Perspektive der 70er Jahre die folgende treffende Beschreibung: „Für den einigermaßen wohlhabenden Teil innerhalb der westlichen Gesellschaften gibt es vielleicht sogar ein beträchtliches Anwachsen der Freiheit moralischer Entscheidungen und eine wesentliche Abnahme der Belastungen durch Angst beim Treffen dieser Entscheidungen. Beim Sortieren des täglichen Posteingangs kann man entscheiden, ob man moralische Empörung über politische Gefangene in Chile oder der Sowjetunion, über die Schwarzen oder spanisch-sprechenden Opfer der rassistischen Ungerechtigkeit in den amerikanischen Städten, über die traurige Lage der Farmarbeiter in Kalifornien oder die Walfische im pazifischen Ozean äußern will oder nicht. Man kann sogar sehr schön das Ausmaß seiner eigenen Entrüstung an der Höhe der Schecks messen ... Das System teilt den gesellschaftlichen Vorrat an moralischer Empörung in genau derselben Weise zu, wie der Markt das Angebot an Fruchtsaft oder eingemachten Kartoffeln zuteilt" (Moore 1982, S. 660f.).

Der Leerlauf moralischer Empörung   Quelle: Becker illustrators, Hamburg, Nils Oskamp.

Erleichterung des Gewissens?

Dieser zweifache Vorgang der Enteignung und der Rationalisierung moralischer Empörung wird noch dadurch gesteigert, dass die sichere Distanz des wachgerüttelten Zuschauers vom Ort des empörenden Geschehens Anlass zu einer Vielzahl moralkritischer Verdächtigungen bietet. So wird dem Zuschauer in einer „opfervergessenen" Wohlstandsgesellschaft einerseits kein persönliches Opfer mehr zugemutet. An die Stelle des Opfers, das man darbringt, tritt vielmehr die wohltätige Spende, die geradezu dadurch definiert ist, dass man den Verlust ihres Gegenwerts nicht spürt. Damit geraten jedoch andererseits die Absender von Geldüberweisungen oder die Beteiligten an Unterschriften-„Aktionen" in den Verdacht, nur ihr Gewissen erleichtern zu wollen. Je einflussreicher und bedeutender NGOs werden, desto mehr könnte sich dieses Dilemma vergrößern.

Dies illustriert das Beispiel einer Konferenz, die im Mai 2000 in England stattfand. Auf dieser Konferenz der Buchhalter einiger großer britischer NGOs entwickelten Unternehmensberater, Marketingfachleute und Spendenwerber unterschiedliche Szenarien über die NGOs im Jahr 2020. Einige Redner gingen davon aus, dass NGOs bis dahin die Haushaltspolitik einiger Länder südlich der Sahara vollständig übernommen hätten. Ein stabiler großer Anteil des Bruttosozialprodukts werde in die Kassen der großen Kampagnenorganisationen fließen und in regelmäßigen Abständen werde es G-8-Gipfeltreffen der reichsten NGOs geben, deren Budget bis dahin größer sei als das Italiens. Eigene Universitätsabschlüsse würden auf Karrieren bei Oxfam und Amnesty International vorbereiten, die begehrter seien als ein

Platz im britischen Oberhaus. Mit viel Humor, aber durchaus auf der Basis empirischer Daten wurde auf der Konferenz eine Zukunft gezeichnet, die man sich in mancher Hinsicht nur wünschen mag.

Allerdings wurden auch Stimmen laut, die eine neue Steigerungsform der Enteignung moralischer Empörung prognostizierten. Je mehr Geld im Spiel ist, desto mehr könnten große NGOs geneigt sein, betriebswirtschaftliches Kostenbewusstsein an die Stelle der eigentlichen Mission zu setzen. Das soll nicht heißen, dass Geld den Charakter verdirbt. Moderne NGOs sind nicht die Nachfolger der Bettelmönche, mit denen man sie verglichen hat oder auf die sie manche gerne wieder reduzieren würden. Wohl aber könnte immer mehr Geld eines Tages einem mittleren Management zum Aufstieg verhelfen, das ausschließlich mit der Selbsterhaltung der Organisationen befasst ist und auf diesem Weg Definitionsmacht über deren Ziele und Mission erwirbt. Wir hätten uns im Kreis gedreht, und die Geschichte der neuen Verbände würde in Pathologien münden, wie man sie seit jeher an den großen politischen Parteien kritisiert hat (vgl. Kapitel 2).

Was wir hoffen dürfen

Dieses zuletzt gezeichnete Szenario ist jedoch alles andere als zwangsläufig. Wenn man aus der Haut des sozialwissenschaftlichen Beobachters in die des Anteil nehmenden Bürgers schlüpft, gibt es vielmehr begründeten Anlass, an das Thema Nichtregierungsorganisationen ein paar Hoffnungen zu knüpfen, die ich abschließend nennen möchte.

Seit von der Globalisierung die Rede ist, wird nach „*starken* Institutionen einer kosmopolitischen Demokratie" (Beck 2001) gesucht. Einer wachsenden Zahl von Beobachtern wird langsam klar, dass NGOs diese Rolle nicht erfüllen können. Allerdings können sie dazu beitragen, eine Reihe von Spannungen zu bearbeiten und öffentlich zu dramatisieren, die sich letztlich aus dem oben genannten Globalisierungsparadox ergeben. Dies ist insbesondere die Spannung zwischen dem notwendigen Souveränitätsschutz für schwache Länder und Regionen, die in Gefahr sind, von wirtschaftlichen Globalisierungsprozessen überrollt zu werden, und der gleichfalls stark empfundenen Notwendigkeit, universelle Standards vor allem im Bereich der Menschenrechte auch *gegen* Staaten geltend zu machen. Anstatt lediglich den Jet-Set internationaler Konferenzteilnehmer um eine weitere Spezies zu bereichern, können NGOs außerdem dazu beitragen, der eigenen Nahgesellschaft die Zustände in manchen Ferngesellschaften zu vermitteln. Das Klischee vom „globalen Dorf" hat zu Unrecht unterstellt, dass sich dieses Vermittlungsproblem gleichsam automatisch durch die Entwicklung der modernen Kommunikationstechnologien erledigen würde. Tatsächlich jedoch *wächst* der Bedarf an „moralischen Dolmetschern".

Eine andere Spannung, von der zu hoffen ist, dass sie von NGOs eher noch *vergrößert* wird, ist die zwischen den ursprünglichen normativen Gehalten der „westlichen" Zivilisation und einzelnen Institutionen des politischen Westens im engeren Sinne. Die tiefsten Impulse vieler NGOs kann man darin entziffern, dass sie gleichsam die universalistische Seele des Westens gegen bestimmte körperliche Hüllen (OECD, G-7, G-8, WTO, Weltbank usw.) ins Spiel bringen. Je „westlicher" Länder sind, desto stärker wird dieser Unterschied zwischen der Kultur und den Institutionen der Interessenpolitik empfunden und artikuliert.

Institutionen
der kosmopolitischen Demokratie?

Zu hoffen ist in diesem Zusammenhang, dass auch in Deutschland die Praxis einer neuen Selbstständigkeit in der Politik Wurzeln schlägt. Bis in die 90er Jahre ist Deutschland kaum als ein Land aufgefallen, in dem namhafte NGOs entstanden sind. Die großen westlichen Demokratien, aber auch ehemalige britische Kolonien wie Indien oder Malaysia hatten hier offenkundig Startvorteile. Trotz einiger bemerkenswerter Gründungen seit 1990 gilt Deutschland international als ein Land spendenfreudiger, Anteil nehmender, „sensibler" Bürgerinnen und Bürger, die jedoch in der Kunst der selbstständigen Organisationsbildung ungeübt sind. Dieser Beobachtung von außen entspricht, dass leider bis heute auch in angeblich liberalen Blättern bemängelt wird, NGOs seien nicht „Ausdruck eines Volkswillens" (Schmidt 2001). Zwischen dem Kleintierzüchterverein und der Gewerkschaft scheint es für diese Zeitgenossen noch immer keinen rechten Platz zu geben für selbstorganisierte Bürger und deren Verbände. Hier ist zu hoffen, dass sich der historische Abstand zu den Demokratien des Westens weiter verringern wird.

Ich selbst habe vom Gestus des Propheten in der Wüste gesprochen, den viele NGOs gelegentlich nachahmen. Als Mahner vor dem drohenden Weltuntergang werden sie auch von den Medien immer wieder porträtiert. Dabei agieren NGOs in modernen Gesellschaften, die Untergänge verschiedenen Ausmaßes längst *hinter* sich haben. Bekanntlich sind im letzten Jahrhundert nicht nur Glühwürmchen und Maikäfer vielerorts verschwunden. Vor diesem Hintergrund lehren uns die Gründungsgeschichten moderner Nichtregierungsorganisationen, die im vorliegenden Buch hier und da angeschnitten wurden, etwas Entscheidendes über das eigentliche Herz des politischen Handelns: die Kunst des Neuanfangs.

Literaturauswahl

a) Im Text zitierte Literatur

Adam, Thomas 2001: Philantropen gesucht. Die amerikanische Stiftungskultur und ihre deutschen Vorbilder, in: Frankfurter Allgemeine Zeitung, 22. Februar.

Adatto, Kiku 1993: Picture Perfect: The Art and Artifice of Public Image Making, New York.

Adorno, Theodor W. 1998: Metaphysik. Begriffe und Probleme (1965), Frankfurt am Main: Suhrkamp.

Agarwal, Anil/Narain, Sunita 1991: Global Warming in an Unequal World, Delhi.

Agarwal, Anil/Narain, Sunita (Hg.) 1997: Dying Wisdom: Rise, Fall and Potential of India's Traditional Water Harvesting Systems, Delhi.

Arendt, Hannah 1986: Elemente und Ursprünge totaler Herrschaft, München.

Arendt, Hannah 1990: On Revolution, London.

Aron, Raymond 1955: L'opium des intellectuels, Paris.

Atwood, J. Brian 1994: From the Cold War to chaos and cholera (development or recolonization), in: New Perspectives Quarterly, Jg. 11, Nr. 4, S. 21-23.

Bales, Kevin 2001: Die neue Sklaverei, München.

Beck, Ulrich 1997: Was ist Globalisierung?, Frankfurt am Main.

Beck, Ulrich 2001: "Scheitert gerade eine ganze Generation, Herr Beck?" Interview mit Ulrich Beck, in: Welt am Sonntag, 1. Juli, S. 58.

Benchmark Environmental Consulting 1996: Democratic Global Governance: Report of the 1995 Benchmark Survey of NGOs (Royal Ministry of Foreign Affairs), Oslo.

Berkovitch, Nitza 1999: The Emergence and Transformation of the International Women's Movement, in: Boli/Thomas 1999a.

Bernauer, Thomas 2000: Staaten im Weltmarkt, Opladen.

Beteille, Andre 1999: Government and NGOs. Similar Goals but Contrasting Styles, in: Times of India, 10. März.

bfp Analyse 2000: Brent Spar: eine Falschmeldung und ihre Karriere. Über den Bau von Geschichtsbildern durch kognitive Ignoranz und kommunikative Penetranz, in: Krüger/Müller-Hennig (Hg.) 2000.

Bhattacharyya, Sourish 1999: Trendy tears and natty NGOs, in: Indian Express, 1. Januar.

Bode, Thilo 1998: "Greenpeace verändert das Denken!" (Magazin: 25 Jahre Greenpeace), <http://www.greenpeace.de> (2.04.1998).

Bös, Mathias 2001: "Community-building" im Internet: Entgrenzung und neue Grenzverläufe für politische Extremismen in der globalen Kommunikation, in: Dietmar Loch/Wilhelm Heitmeyer (Hg.), Schattenseiten der Globalisierung, Frankfurt am Main.

Böttger, Conny 2000: Politik der Visualisation. Oder: Greenpeace macht Bilder, Bilder machen Greenpeace, in: Krüger/Müller-Hennig (Hg.) 2000.

Boli, John/Thomas, George M. (Hg.) 1999a: Constructing World Culture: International Nongovernmental Organizations Since 1875, Stanford, CA.

Boli, John/Thomas, George M. 1999b: INGOs and the Organization of World Culture, in Boli/Thomas 1999a.

Boltanski, Luc 1999: Distant Suffering: Morality, Media and Politics, Cambridge.

Bouchet-Saulnier, Françoise 2001: The principles and practices of 'rebellious humanitarianism', in: Humanitarian Practice Network, <http://www.odihpn.org> (10.5.2001).

Boutin, Anne Marie 2000: Les NGO et la transparence: une experience, in: Transnational Associations, 1/2000, S. 8-11.

Breuer, Stefan 1994: Bürokratie und Charisma. Zur politischen Soziologie Max Webers, Darmstadt.

Brühl, Tanja 2001: Mehr Raum für die unbequemen Mitspieler? Die Einbeziehung von NGOs in die internationalen (Umwelt-)Verhandlungen, in: Achim Brunnengräber u.a. (Hg.), NGOs als Legitimationsressource, Opladen.

Bryant, Raymond L./Bailey, Sinéad 1997: Third World Political Ecology, London/New York.

Bull, Hedley 1984: Justice in International Relations (Hagey Lectures), Waterloo, Ont..

Burman, B.K. Roy 1995: 'Indigenous' & 'Tribal' Peoples and the U.N. & International Agencies (Rajiv Gandhi Institute for Contemporary Studies, No. 27), New Delhi.

Capital 2001: Die heimliche Macht, Nr. 6/2001, S. 64-68.

Carpenter, Chad 2001: Businesses, green groups and the media: the role of non-governmental organizations in the climate change debate, in: International Affairs, Jg. 77, S. 313-328.

Clark, Ann Marie/Friedman, Elisabeth J./Hochstetler, Kathryn 1998: The Sovereign Limits of Global Civil Society, in: World Politics, Jg. 51, S. 1-35.

Cohen, Roberta 2000: "What's So Terrible about Rape?" and Other Attitudes at the United Nations, in: SAIS Review, Jg. 20, Nr. 2, S. 73-77.

Comte, Auguste 1923: Soziologie, Bd. 3, 2. Aufl., Jena.

Consoli, Lorenzo 1992: Lomé, with the ,useless' in mind, in: Cooperazione, No. 113, April, S. 46-47.

Crozier, Michael/Huntington, Samuel P./Watanuki, Joji (Hg.) 1975: The Crisis of Democracy, New York.

Daim, Wilfried 1960: Die kastenlose Gesellschaft, München.

Das Gupta, Monica 1999: Liberté, Egalité, Fraternité: Exploring the Role of Governance in Fertility Decline, in: Journal of Development Studies, Jg. 35, Nr. 5, S. 1-25.

Determann, Lothar 1997: Die Public-Concern-Klausel des kanadischen Umweltrechts, in: Natur und Recht, Heft 10, S. 487-489.

Devetak, Richard/Higgott, Richard 1999: Justice unbound? Globalization, states and the transformation of the social bond, in: International Affairs, Jg. 75, S. 483-498.

Diner, Dan 1999: Das Jahrhundert verstehen. Eine universalhistorische Deutung, München.

Duverger, Maurice 1951: Les partis politiques, Paris.

The Economist 1999: The non-governmental order, 11. Dezember, S. 18-19.

The Economist 2000: Sins of the secular missionaries, 27. Januar (online-Ausgabe).

Eder, Manfred 1997: "Helfen macht nicht ärmer." Von der kirchlichen Armenfürsorge zur modernen Caritas in Bayern, Altötting.

Eichel, Hans/Hoffmann, Hilmar (Hg.) 1999: Ende des Staates, Anfang der Bürgergesellschaft, Reinbek.

172

Elkington, John 1997: Cannibals With Forks: The triple bottom line of 21st century business, Oxford.

Elkington, John 2001: Voluntary sector opens itself to scrutiny. How do we know non-governmental organisations do the right thing?, in: The Guardian, 20. Januar (online-Ausgabe).

Enzensberger, Hans Magnus 2001: Die Wiederkehr des Menschenopfers, in: Frankfurter Allgemeine Zeitung, 18. September (online-Ausgabe).

Europäische Kommission 2001: Report on the implementation of the European Initiative for Democracy and Human Rights in 2000 (PDF-download: <http://europa.eu.int/comm/external_relations/ human_rights/ doc/ sec01_801.pdf>).

Falk, Richard 1999: The challenge of genocide and genocidal politics in an era of globalisation, in: Tim Dunne/Nicholas J. Wheeler (Hg.), Human Rights in Global Politics, Cambridge.

Falkner, Robert 2000: Regulating biotech trade: the Cartagena Protocol on Biosafety, in: International Affairs, Jg. 76, S. 299-313.

Farer, Tom J. 1996: Intervention in Unnatural Humanitarian Emergencies: Lessons of the First Phase, in: Human Rights Quarterly, Jg. 18, No. 1, S. 1-22.

Flitner, Michael 1999: Im Bilderwald. Politische Ökologie und die Ordnungen des Blicks, in: Zeitschrift für Wirtschaftsgeographie, Jg. 43, S. 169-183.

Foreign Policy 2001: Measuring Globalization, Januar/Februar, S. 56-64.

Fowler, Alan 2000: NGO futures beyond aid: NGDO values and the fourth position, in: Third World Quarterly, Jg. 21, S. 589-603.

Franck, Thomas 1992: The emerging right to democratic governance, in: American Journal of International Law, Jg. 86, S. 46-91.

Frank, David J./Hironaka, Ann/Meyer, John W./Schofer, Evan/Tuma, Nancy B. 1999: The Rationalization and Organization of Nature in World Culture, in: Boli/Thomas 1999a.

Gaer, Felice D. 1996: Reality Check: Human Rights NGOs Confront Governments at the UN, in: Weiss/Gordenker (Hg.) 1996.

Garrett, Laurie 2001: Das Ende der Gesundheit. Bericht über die medizinische Lage der Welt, Berlin.

Gerlach, Irene/Konegen, Norbert/Sandhövel, Armin 1996: Der verzagte Staat, Opladen.

Gibelman, Margaret/Gelman, Sheldon R. 2001: Very Public Scandals: Nongovernmental Organizations in Trouble, in: Voluntas, Jg. 12, Nr. 1, S. 49-66.

Görg, Christoph 2001: "Verlust des Weltvertrauens". Die Bedeutung von Rechtssicherheit für die Aufarbeitung von Traumata, in: Mittelweg 36, Jg. 10, Heft 2, S. 77-91..

Goldman, Michael 2001: Constructing An Environmental State: Eco-governmentality and other Transnational Practices of a 'Green' World Bank, in: Social Problems, Jg. 48, Nr. 4 (im Druck).

Gramsci, Antonio 1975: Quaderni del carcere, 4 Bde., Turin.

Grenville, John A.S. 1994: A History of the World in the Twentieth Century, Cambridge, Mass..

Greve, Carsten/Flinders, Matthew/van Thiel, Sandra 1999: Quangos – What's in a Name? Defining Quangos from a Comparative Perspective, in: Governance, Jg. 12, Nr. 2, S. 129-146.

Griffiths, Hugh 1999: A Political Economy of Ethnic Conflict: Ethno-nationalism as Organized Crime, in: Civil Wars, Jg. 2, Nr. 2, S. 56-73.

Grove, Richard H. 1998: Ecology, Climate and Empire: The Indian Legacy in Global Environmental History, 1400-1940, Delhi.

Grubb, Michael et al. 1993: The Earth Summit Agreements: A Guide and Assessment, London.

Hardt, Michael/Negri, Antonio 2000: Empire, Cambridge, Mass. (als PDF-download: <http://www.excess4all.com/empire/empire_cracked.pdf>).

Heins, Volker 2001: Der Neue Transnationalismus. Nichtregierungsorganisationen und Firmen im Konflikt um die Rohstoffe der Biotechnologie, Frankfurt am Main/New York.

Hobe, Stephan 1999: Der Rechtsstatus der Nichtregierungsorganisationen nach gegenwärtigem Völkerrecht, in: Archiv für Völkerrecht, Jg. 37, S. 152-176.

Hobsbawm, Eric J. 1995: Das Zeitalter der Extreme, München.

Holtz-Bacha, Christine 2000: Entertainisierung der Politik, in: Zeitschrift für Parlamentsfragen, Jg. 31, S. 156-166.

Homolka, Walter 1999: Wachhunde, mehr nicht, in: Süddeutsche Zeitung, 14./15. August.

Honneth, Axel 1993: Posttraditionale Gemeinschaften. Ein konzeptueller Vorschlag, in: Micha Brumlik/Hauke Brunkhorst (Hg.), Gemeinschaft und Gerechtigkeit, Frankfurt am Main.

Huddy, Leonie/Gunnthorsdottir, Anna H. 2000: The Persuasive Effects of Emotive Visual Imagery: Superficial Manipulation or the Product of Passionate Reason?, in: Political Psychology, Jg. 21, S. 745-778.

Ignatieff, Michael 2000: Die Zivilisierung des Krieges, Hamburg.

Johnson, D. Gale 2000: Population, Food, and Knowledge, in: American Economic Review, Vol. 90, S. 1-14.

Karatnycky, Adrian 2000: A Century of Progress (The 1999 Freedom House Survey), in: Journal of Democracy, Jg. 11, S. 187-200.

Keck, Margaret E./Sikkink, Kathryn 1998: Activists Beyond Borders: Advocacy Networks in International Politics, Ithaca, NY.

Kennan, George F. 1967: Memoirs, 1925-1950, London.

Kirchheimer, Otto 1964: Zur Frage der Souveränität, in: ders., Politik und Verfassung (1944), Frankfurt am Main.

Koenen, Gerd 1998: Utopie der Säuberung. Was war der Kommunismus?, Berlin.

Koenen, Gerd 2001: Das rote Jahrzehnt. Unsere kleine deutsche Kulturrevolution 1967-1977, Hamburg.

Koestler, Arthur 1963: Introduction: The Lion and the Ostrich, in: ders. (Hg.), Suicide of a Nation? An Enquiry into the State of Britain, London.

Korey, William 1998: NGOs and the Universal Declaration of Human Rights: "A Curious Grapevine", New York.

Korten, David C. 1990: Getting to the Twenty-First Century: Voluntary Action and the Global Agenda, West Hartford, Conn..

Kothari, Rajni 1986: NGOs, the State and World Capitalism, in: Economic and Political Weekly, Jg. 21, S. 2177-2182.

Krüger, Christian/Müller-Hennig, Matthias (Hg.) 2000: Greenpeace auf dem Wahrnehmungsmarkt, Münster.

Kwa, Chunglin 1987: Representations of Nature Mediating Between Ecology and Science Policy: The Case of the International Biological Programme, in: Social Studies of Science, Jg. 17, S. 413-442.

Larsen, Flemming 2000: The IMF's Dialogue with the NGOs, in: Transnational Associations 6/2000, S. 278-281.

Leisinger, Klaus M. 2000: Can Biotechnology End Hunger? Yes: Stop Blocking Progress, in: Foreign Policy, Summer, S. 113-122.

Levering, Ralph B./Levering, Miriam L. 1999: Citizen Action for Global Change: The Neptune Group and Law of the Sea, Syracuse, NY.

Lewis, John S. 1997: Mining the Sky: Untold Riches from Asteroids, Comets, and Planets, Reading, Mass..

Mann, Michael 1993: The Sources of Social Power. Vol. II: The rise of classes and the naton-state, 1760-1914, Cambridge.

Maurer, Catherine 1999: Le modèle allemand de la charité. La *Caritas* de Guillaume II à Hitler, Strasburg.

Michanek, Ernst 1985: Democracy as a Force for Development and the Role of Swedish Assistance, in: Development Dialogue, Heft 1, S. 56-84.

Michels, Robert 1911: Zur Soziologie des Parteiwesens in der modernen Demokratie, Leipzig.

Michels, Robert 1987: Masse, Führer, Intellektuelle. Politisch-soziologische Aufsätze 1906-1933, Frankfurt am Main/New York.

Mimkes, Philipp 2001: An alle Aktivisten: Zieht euch warm an. Die Industrie will Kampagnen-Strategien von NGOs übernehmen, in: Die Tageszeitung, 13./14. Januar.

Mintzel, Alf 1984: Die Volkspartei. Typus und Wirklichkeit, Opladen.

Mooney, Pat Roy 1983: The Law of the Seed (Development Dialogue, Heft 1-2), Uppsala (Dag Hammarskjöld Foundation).

Mooney, Pat Roy 1998: The Parts of Life. Agricultural Biodiversity, Indigenous Knowledge, and the Role of the Third System (Special Issue of Development Dialogue), Uppsala (Dag Hammarskjöld Foundation).

Mooney, Pat Roy 2001: The ETC Century: Erosion, Technological Transformation and Corporate Concentration in the 21st Century (PDF-download) <http://www.rafi.org> (20.05.2001).

Moore, Barrington 1982: Ungerechtigkeit. Die sozialen Ursachen von Unterordnung und Widerstand, Frankfurt am Main.

Morris-Suzuki, Tessa 2000: For and Against NGOs. The Politics of the Lived World, in: New Left Review, Jg. 2, März/April, S. 63-84.

Münkler, Herfried/Fischer, Karsten 2000: "Nothing to kill or die for ..." – Überlegungen zu einer politischen Theorie des Opfers, in: Leviathan, Jg. 28, S. 343-362

Myrdal, Gunnar 1968: Asian Drama: An Inquiry Into the Poverty of Nations, New York.

Neier, Aryeh 1979: Defending my Enemy: American Nazis, the Skokie Case and the Risks of Freedom, New York.

Neier, Aryeh 1998: War Crimes: Brutality, Genocide, Terror and the Struggle for Justice, New York.

Nelson, Paul J. 1997: Conflict, Legitimacy, and Effectiveness: Who Speaks for Whom in Transnational NGO Networks Lobbying the World Bank?, in: Nonprofit and Voluntary Sector Quarterly, Jg. 26, S. 421-441.

Nerfin, Marc 1985: The Future of the United Nations System: Some Questions on the Occasion of an Anniversary, in: Development Dialogue, Heft 1, S. 5-29

Ninkovich, Frank 1994: Modernity and Power: A History of the Domino Theory in the Twentieth Century, Chicago.

Panebianco, Angelo 1982: Modelli di partito. Organizzazione e potere nei partiti politici, Bologna.

Pharr, Susan J./Putnam, Robert D. (Hg.) 2000: Disaffected Democracies: What's Troubling the Trilateral Countries?, Princeton, NJ.

Pitt, David 1986: Power in the UN Superbureaucracy: A New Byzantium?, in: David Pitt/Thomas G. Weiss (Hg.), The Nature of United Nations Bureaucracies, Boulder, Colo..

Porter, Andrew 1997: 'Cultural Imperialism' and Protestant Missionary Enterprise, 1780-1914, in: Journal of Imperial and Commonwealth History, Jg. 25, S. 367-391.

Pye, Lucian W. 2000: Traumatized Political Cultures: The After Effects of Totalitarianism in China and Russia, in: Japanese Journal of Political Science, Jg. 1, Nr. 1, S. 113-128.

Rajan, Mukund Govind 1997: Global Environmental Politics: India and the North-South Politics of Global Environmental Issues, Delhi.

Richter, Horst-Eberhard 2001: "Das Opfer wird uns nicht erlösen." Der Psychoanalytiker Horst-Eberhard Richter über die BSE-Krise, in: Die Tageszeitung, 17./18. Februar, S. 3.

Rieff, David 2000: Kosovo's Humanitarian Circus, in: World Policy Journal, Jg. 18, Nr. 3, S. 25-32.

Rigg, Jonathan 1997: Southeast Asia: The Human Landscape of Modernization and Development, London/New York.

Rohwer, Jim 1996: Asia Rising: How History's Biggest Middle Class Will Change the World, Singapore/London.

Rowland, Wade 1973: The Plot to Save the World: The Life and Times of the Stockholm Conference on the Human Environment, Toronto.

Salm, Martin 1996: Caritas international: Sind wir eine "NRO"?, in: Caritas 97. Jahrbuch des Deutschen Caritasverbandes, Freiburg.

Salomon, Ernst von 1962: Die Geächteten, Reinbek.

Scherrer, Christoph/Greven, Thomas 2001: Global Rules for Trade, Münster.

Schmidt, Manfred G. 1999: Ist die Demokratie wirklich die beste Staatsverfassung?, in: Österreichische Zeitschrift für Politikwissenschaft, Jg. 28, S. 182-212.

Schmidt, Thomas E. 2001: Harlekine im Politik-Theater, in: Die Zeit, 19. Juli.

Schmitt, Carl 1963: Der Begriff des Politischen (Text von 1932 mit einem Vorwort und drei Corollarien), Berlin.

Schmitt, Carl 1974: Der Nomos der Erde im Völkerrecht des Jus Publicum Europaeum, 2. Aufl., Berlin.

Schreiber, Marion 2000: Stille Rebellen. Der Überfall auf den 20. Deportationszug nach Auschwitz, Berlin.

Sen, Amartya 1981: Poverty and Famines, New York.

Shrum, Wesley 2000: Science and Story in Development: The Emergence of Non-Governmental Organizations in Agricultural Research, in: Social Studies of Science, Jg. 30, S. 95-124.

Skjelsbaek, Kjell 1971: The Growth of International Nongovernmental Organization in the Twentieth Century, in: International Organization, Jg. 25, S. 420-442

Souaïdia, Habib 2001: La Sale Guerre, Paris.

Stairs, Kevin/Taylor, Peter 1992: Non-Governmental Organizations and the Legal Protection of the Oceans: A Case Study, in: Andrew Hurrell/Benedict Kingsbury (Hg.), The International Politics of the Environment, Oxford.

Streeck, Wolfgang 1998: Einleitung: Internationale Wirtschaft, nationale Demokratie?, in: ders. (Hg.), Internationale Wirtschaft, nationale Demokratie, Frankfurt am Main/New York.

Streeck, Wolfgang 1999: Korporatismus in Deutschland. Zwischen Nationalstaat und Europäischer Union, Frankfurt am Main/New York.

Thomas, Frederic C. 1999: Calcutta: The Human Face of Poverty, New Delhi.

Uimonen, Paula 1997: The Internet as a tool for social development (United Nations Research Institute for Social Development), <http://www.unrisd. org/infotech/publicat/inet97.htm> (10.6.2001).

United Nations 1996: The United Nations and The Advancement of Women 1945-1996 (Blue Book Series, Vol. VI, rev. ed.), New York.

Usher, Ann Danaiya (Hg.) 1997: Dams as Aid: A Political Anatomy of Nordic Development Thinking, London.

Van Creveld, Martin 1999: Aufstieg und Untergang des Staates, München.

van Deth, Jan W. 2000: Interesting, but irrelevant: Social capital and the saliency of politics in Western Europe, in: European Journal of Political Research, Jg. 37, S. 115-147.

Vidal, John 2000: The world@war, in: The Guardian, 19. Januar (online-Ausgabe)

Walk, Heike/Brunnengräber, Achim 2000: Die Globalisierungswächter. NGOs und ihre transnationalen Netze im Konfliktfeld Klima, Münster.

Ward, Barbara/Dubos, René 1971: Only One Earth: The Care and Maintenance of a Small Planet, London.

Warkentin, Craig/Mingst, Karen 2000: International Institutions, the State, and Global Civil Society in the Age of the World Wide Web, in: Global Governance, Jg. 6, S. 237-257.

Warleigh, Alex 2000: The hustle: citizenship practice, NGOs and policy coalitions in the European Union – the cases of Auto Oil, drinking water and unit pricing, in: Journal of European Public Policy, Jg. 7, S. 229-243.

Weber, Max 1924: Gesammelte Aufsätze zur Soziologie und Sozialpolitik, Tübingen

Weber, Max 1976: Wirtschaft und Gesellschaft, 5. Aufl., Tübingen.

Weber, Max 1986: Gesammelte Aufsätze zur Religionssoziologie I, 8. Aufl., Tübingen

Weiss, Brad 1996: The Making and Unmaking of the Haya Lived World, Durham NC.

Weiss, Thomas G. 1995: Military-Civilian Humanitarianism: The Age of Innocence Is Over, in: International Peacekeeping, Jg. 2, Nr. 2, S. 157-174.

Weiss, Thomas G./Gordenker, Leon (Hg.) 1996: NGOs, the UN, and Global Governance, Boulder, Colo.

Werth, Nicolas 1997: Ein Staat gegen sein Volk. Gewalt, Unterdrückung und Terror in der Sowjetunion, in: Stéphane Courtois et al., Das Schwarzbuch des Kommunismus. Unterdrückung, Verbrechen und Terror, München.

Weßels, Bernhard 1991: Vielfalt oder strukturierte Komplexität? Zur Institutionalisierung politischer Spannungslinien im Verbände- und Parteiensystem in der Bundesrepublik, in: Kölner Zeitschrift für Soziologie und Sozialpsychologie, Jg. 43, S. 454-475.

Willems, Ulrich 1998: Entwicklung, Interesse und Moral. Die Entwicklungspolitik der Evangelischen Kirche in Deutschland, Opladen.

Willems, Ulrich/Winter, Thomas von (Hg.) 2000: Politische Repräsentation schwacher Interessen, Opladen.

Willetts, Peter 2000: From "Consultative Arrangements" to "Partnership": The Changing Status of NGOs in Diplomacy at the UN, in: Global Governance, Jg. 6, S. 191-212.

World Bank 2000: World Development Indicators, Washington DC.

WWF 1999: The Convention on Biological Diversity, <http://www.um.dk/ udenrigspolitik/udviklingspolitik/evaluering/1999-4> (20.7.2000).

Zekri, Sonja 2001: Tag der Bewegung. Exxon, Echelon und Lufthansa: Die neue Wut, der alte Protest, in: Süddeutsche Zeitung, 11. Juli.

Zimmer, Annette 2000: NGOs – Verbände im globalen Zeitalter, Beitrag für den 21. Kongress der DVPW, Halle, 1.-5. Oktober.

b) Sonstige Literatur zum Thema Nichtregierungsorganisationen

Anheier, Helmut K./Kendall, Jeremy 2001: Third Sector Policy at the Crossroads. An international nonprofit analysis, London/New York.

Arts, Bas 1998: Political Influence of Global NGOs: Case Studies on the Climate and Biodiversity Conventions, Utrecht.

Baringhorst, Sigrid 1998: Politik als Kampagne. Zur medialen Erzeugung von Solidarität, Opladen.

Bava, Noorjahan (Hg.) 1997: Non-Governmental Organisations in Development: Theory and Practice, New Delhi.

Beisheim, Marianne 1997: Nichtregierungsorganisationen und ihre Legitimität, in: Aus Politik und Zeitgeschichte, B 43, S. 21-39.

Beisheim, Marianne/Zürn, Michael 1999: Transnationale Nicht-Regierungsorganisationen. Eine Antwort auf die Globalisierung?, in: Ansgar Klein/Hans-Josef Legrand/Thomas Leif (Hg.), Neue Soziale Bewegungen, Opladen.

Bierhoff, Hans-Werner/Fetchenhauer, Detlef (Hg.), Solidarität, Konflikt, Umwelt und Dritte Welt, Opladen 2001.

Bradshaw, York W./Schafer, Mark J. 2000: Urbanization and Development: The Emergence of International Nongovernmental Organizations Amid Declining States, in: Sociological Perspectives, Jg. 43, S. 97-116.

Brand, Ulrich 2000: Nichtregierungsorganisationen, Staat und ökologische Krise, Münster.

Brand, Ulrich/Demirovic, Alex/Görg, Christoph/Hirsch, Joachim (Hg.) 2001: Nichtregierungsorganisationen in der Transformation des Staates, Münster.

Breitmeier, Helmut/Rittberger, Volker 2000: Environmental NGOs in an Emerging Global Civil Society, in: Pamela Chasek (Hg.), The Global Environment in the Twenty-First Century: Prospects for International Cooperation, Tokio.

Brühl, Tanja/Debiel, Tobias/Hamm, Brigitte/Hummel, Hartwig/Martens, Jens (Hg.) 2001: Die Privatisierung der Weltpolitik. Entstaatlichung und Kommerzialisierung im Globalisierungsprozess, Bonn.

Brumlik, Micha 2001: Entzauberung der NGOs. Die moralische Ökonomie der Weltgesellschaft in Durban, in: Frankfurter Rundschau, 8. September.

Brunnengräber, Achim/Klein, Ansgar/Walk, Heike (Hg.) 2001: NGOs als Legitimationsressource. Zivilgesellschaftliche Partizipationsformen im Globalisierungsprozess, Opladen.

Byman, Daniel L. 2001: Uncertain Partners: NGOs and the Military, in: Survival, Jg. 43, Nr. 2, S. 97-114.

Clarke, Gerald 1998: Nongovernmental Organizations and Politics in the Developing World, in: Political Studies, Jg. 46, S. 36-52.

Cooper, Andrew F./Hocking, Brian 2000: Governments, Non-Governmental Organisations and the Re-calibration of Diplomacy, in: Global Society, Jg. 14, S. 361-376.

Dicklitch, Susan 1998: The Elusive Promise of NGOs in Africa, New York.

Eade, Deborah/Ligteringen, Ernst (Hg.) 2001: Debating Development: NGOs and the Future, Parkstone, Dorset (Oxfam).

Edwards, Michael/Hulme, David/Wallace, Tina 1999: NGOs in a Global Future: Marrying Local Delivery to World Leverage, in: Public Administration and Development, Jg. 19, Nr. 2, S. 117-136.

Elsenhans, Hartmut 1997: Marginality, Rent and the Non-Governmental Organisations, in: Noorjahan Bava (Hg.), Non-Governmental Organisations in Development: Theory and Practice, New Delhi.

Encarnación, Omar G. 2000: Tocqueville's Missionaries. Civil Society Advocacy and the Promotion of Democracy, in: World Policy Journal, Jg. 18 (Spring), S. 7-18

Esty, Daniel C. 1998: Linkages and Governance: NGOs at the World Trade Organization, in: University of Pennsylvania Journal of International Economic Law, Jg. 19, S. 709-730.

Euchner, Charles C. 1996: Extraordinary Politics, New York.

Evers, Adalbert 1998: Sur l'étude Johns Hopkins. Un commentaire critique, in: Revue du MAUSS, Nr. 11, S. 99-110.

Fisher, Julie 1998: Non-Governments: NGOs and the Political Development of the Third World, West Hartford, Conn.

Fisher, William F. (Hg.) 1995: Toward Sustainable Development: Struggling Over India's Narmada River, Armonk, NY.

Fisher, William F. 1997: Doing Good? The Politics and Antipolitics of NGO Practices, in: Annual Review of Anthropology, Jg.26, S. 439-464.

Fox, Jonathan A./Brown, L. David (Hg.) 1998: The Struggle for Accountability: The World Bank, NGOs and Grassroots Movements, Cambridge, MA.

Frantz, Christiane/Zimmer, Annette (Hg.) 2002: Zivilgesellschaft international. Alte und neue Global Players, Opladen.

Gebauer, Thomas 1998: Die NGOs und die Perspektiven internationaler Solidarität. Das Beispiel der internationalen Minenkampagne, in: Christoph Görg/Roland Roth (Hg.), Kein Staat zu machen. Zur Kritik der Sozialwissenschaften, Münster.

George, Barbara C./Lacey, Kathleen A. 2000: A Coalition of Industrialized Nations, Developing Nations, Multilateral Development Banks, and Non-Governmental Organizations: A Pivotal Complement to Current Anti-Corruption Initiatives, in: Cornell International Law Journal, Jg. 33, S. 547-592.

Glagow, Manfred 1993: Die Nicht-Regierungsorganisationen in der internationalen Entwicklungszusammenarbeit, in: Dieter Nohlen/Franz Nuscheler (Hg.), Handbuch der Dritten Welt, Bd. 1, Bonn.

Gough, Clair/Shackley, Simon 2001: The respectable politics of climate change: the epistemic communities and NGOs, in: International Affairs, Jg. 77, S. 329-345.

Graham, Edward M. 1998: Regulatory Takings, Supernational Treatment, and the Multilateral Agreement on Investment: Issues Raised by Nongovernmental Organizations, in: Cornell International Law Journal, Jg. 31, S. 599-614.

Günther, Klaus/Randeria, Shalini 2001: Recht, Kultur und Gesellschaft im Prozeß der Globalisierung. (Werner Reimers Stiftung, Schriftenreihe "Suchprozesse für innovative Fragestellungen in der Wissenschaft", Heft Nr. 4), Bad Homburg.

Hailey, John 1999: Ladybirds, missionaries and NGOs. Voluntary organizations and co-operatives in 50 years of development: a histrorical perspective on future challenges, in: Public Adiminstration and Development, Jg. 19, S. 467-485.

Hausmann, Ute 2001: Organisatorische Herausforderungen der Advocacy-Arbeit. Drei Fallstudien – Brot für die Welt, Indienhilfe, terre des hommes, Aachen/Maastricht.

Henderson, David 1999: The MAI Affair: A Story and Its Lessons (Royal Institute of International Affairs), London.

Hirsch, Joachim 1999: Das demokratisierende Potential von "Nichtregierungsorganisationen". Political Science Series No. 65, Institut für Höhere Studien (IHS), Wien.

Holland-Cunz, Barbara/Ruppert, Uta (Hg.) 2000: Frauenpolitische Chancen internationaler Politik. Verhandlungsverfahren im internationalen Kontext, Opladen.

Honneth, Axel 2000: Universalismus als moralische Falle? Bedingungen und Grenzen einer Politik der Menschenrechte, in: ders., Das Andere der Gerech-tigkeit. Aufsätze zur praktischen Philosophie, Frankfurt am Main.

Hudock, Ann C. 1999: NGOs and Civil Society: Democracy by Proxy?, Cambridge.

Hulme, David/Edwards, Michael (Hg.) 1997: NGOs, States and Donors: Too Close For Comfort? London.

Jessen, Brigitte 1995: Von der Fremdsteuerung zur Selbststeuerung. Alternativer Interventionismus asiatischer NGOs, Hamburg.

Keese, James R. 1999: International NGOs and Land Use Change in a Southern Highland Region of Ecuador, in: Human Ecology, Jg. 26, S. 451-468.

Klein, Ansgar/Koopmans, Ruud/Geiling, Heiko (Hg.) 2001: Globalisierung, Partizipation, Protest, Opladen.

Klingemann, Hans Dieter/Neidhardt, Friedhelm (Hg.) 2000: Zur Zukunft der Demokratie. Herausforderungen im Zeitalter der Globalisierung (WZB-Jahrbuch 2000), Berlin.

Kouchner, Bernard 1991: Le malheur des autres, Paris.

Lang, Sabine 2000: NGOs, Local Governance, and Political Communication Processes in Germany, in: Political Communication, Jg. 17, S. 383-387.

Lindenberg, Marc 1999: Complex Emergencies and NGOs: The Example of CARE, in: Jennifer Leaning/Susan M. Briggs/Lincoln C. Chen (Hg.), Humanitarian Crises: The Medical and Public Health Response, Cambridge, Mass.

Markowitz, Lisa 2001: Finding the Field: Notes on the Ethnography of NGOs, in: Human Organization, Jg. 60, S. 40-46.

Marschner, Andreas 2001: The New Lobbying: Interest Groups, Governments, and the WTO in Seattle, in: SAIS Review, Jg. 21, Nr. 1, S. 159-177.

Messner, Dirk 1999: Nicht-Regierungsorganisationen in der (Welt-)Politik, in: Karl-Josef Kuschel u.a. (Hg.), Ein Ethos für eine Welt, Frankfurt am Main/New York.

Neubert, Dieter 1997: Entwicklungspolitische Hoffnungen und gesellschaftliche Wirklichkeit. Eine vergleichende Länderstudie von afrikanischen Nichtregierungsorganisationen in Kenia und Ruanda, Frankfurt am Main/New York.

O'Brien, Robert u.a. (Hg.) 2000: Contesting Global Governance: Multilateral Economic Institutions and Global Social Movements, Cambridge.

Ohlhoff, Stefan 1999: Beteiligung von Verbänden und Unternehmen in WTO-Streitbeilegungsverfahren, in: Europäische Zeitschrift für Wirtschaftsrecht, Heft 5, S. 139-144.

O'Neill, Kelly 1999: Internetworking for Social Change: Keeping the Spotlight on Corporate Responsibility (Discussion Paper 111, UNRISD), Genf.

Opitz, Peter J. 2001 (Hg.): Weltprobleme, 5. Aufl., Bayerische Landeszentrale für politische Bildungsarbeit, München.

Princen, Thomas/Finger, Matthias (Hg.) 1994: Environmental NGOs in World Politics: Linking the Local and the Global, London/New York.

Randeria, Shalini/Eckert, Andreas/Jakobeit, Cord (Hg.) 2002: Globalisierung: Postkoloniale Perspektiven, Frankfurt am Main.

Saretzki, Thomas 1997: Demokratisierung von Expertise? Zur politischen Dynamik der Wissensgesellschaft, in: Ansgar Klein/Rainer Schmalz-Bruns (Hg.), Politische Beteiligung und Bürgerengagement in Deutschland. Möglichkeiten und Grenzen (Bundeszentrale für politische Bildung, Band 347), Bonn.

Schmidt, Hilmar/Take, Ingo 1997: Demokratischer und besser? Der Beitrag von Nichtregierungsorganisationen zur Demokratisierung internationaler Politik und zur Lösung globaler Probleme, in: Aus Politik und Zeitgeschichte, B 43/97, S. 12-20

Schneidewind, Uwe/Petersen, Holger 1998: Changing the Rules: Business – NGO Partnerships and Structuration Theory, in: Greener Management International, GMI 24 (Winter 1998), S. 105-114.

Schneidewind, Uwe 2001: Virtuelle Communities und ihre Bedeutung für ökologische und soziale NGOs. Vortragsmanuskript für ein Kolloquium des Fraunhofer Instituts für Autonome Intelligente Systeme, 24. Oktober, Sankt Augustin

Scholte, Jan Aart 2000: Globalization: A Critical Introduction, New York.

Schramm, Jürgen (Hg.) 1995: The Role of Non-Governmental Organizations in the New European Order, Baden-Baden.

Schulze, Peter M. 2000: Nichtstaatliche Organisationen (NGOs), in: Helmut Volger (Hg.), Lexikon der Vereinten Nationen, München.

Sheehan 1999/2000: The Role of NGOs in Building Security in South Eastern Europe, in: Central European Issues, Jg. 5, Nr. 2, S. 44-49.

Short, Nicola 1999: The Role of NGOs in the Ottawa Process to Ban Landmines, in: International Negotiation, Jg. 4, S. 482-502.

Silliman, Jael 1999: Expanding Civil Society: Shrinking Political Spaces – The Case of Womans' Nongovernmental Organizations, in: Social Politics, Jg. 6, Nr. 1, S. 23-53

Smith, Jackie/Chatfield, Charles/Pagnucco, Ron (Hg.) 1997: Transnational Social Movements and Global Politics: Solidarity Beyond the State, Syracuse, NY.

Soyez, Dietrich/Barker, Mary L. 1998: Transnationalisierung als Widerstand: Indigene Reaktionen gegen fremdbestimmte Ressourcennutzung im Osten Kanadas, in: Erdkunde, Jg. 52, S. 286-300.

Spiro, Peter J. 1994: New Global Communities: Nongovernmental Organizations in International Decision-Making, in: The Washington Quarterly, Jg. 18, Nr. 1, S. 45-56.

Spiro, Peter J. 1996: New Global Potentates: Nongovernmental Organizations and the 'unregulated' marketplace, in: Cardozo Law Review, Jg. 18, S. 957-969

Stewart, Sheelagh 1997: Happy Ever After in the Marketplace: Non-government Organisations and Uncivil Society, in: Review of African Political Economy, No. 71, S. 11-34.

Stoecker, Felix William 2000: NGOs und die UNO. Die Einbindung von Nichtregierungsorganisationen (NGOs) in die Strukturen der Vereinten Nationen, Frankfurt am Main.

Thränhardt, Dietrich 2000: Internationale Organisationen, politisches System und Globalisierung, in: Rüdiger Robert (Hg.), Bundesrepublik Deutschland – Politisches System und Globalisierung, Münster.

Tolmein, Oliver (Hg.) 2000: Welt Macht Recht, Hamburg.

Wahl, Peter 1998: NGO-Multis, McGreenpeace und die Netzwerk-Guerilla. Zu einigen Trends in der internationalen Zivilgesellschaft, in: Peripherie, Jg. 18, Nr. 71, S. 55-68.

Wapner, Paul 1996: Environmental Activism and World Civic Politics, Albany, NY

Watts, Michael 2001: 1968 and all that ..., in: Progress in Human Geography, Jg. 25, S. 157-188.

Weßels, Bernhard 1997: Politisierung entlang neuer Konfliktlinien?, in: Ansgar Klein/Rainer Schmalz-Bruns (Hg.), Politische Beteiligung und Bürgerengagement in Deutschland. Möglichkeiten und Grenzen (Bundeszentrale für politische Bildung, Band 347), Bonn.

Willetts, Peter (Hg.) 1996: "The Conscience of the World." The Influence of Non-Governmental Organisations in the U.N. System, London.

Windfuhr, Michael 1999: Der Einfluss der NGOs auf die Demokratie, in: Wolfgang Merkel/Andreas Busch (Hg.), Demokratie in Ost und West. Festschrift für Klaus von Beyme, Frankfurt am Main.

Wolf, Klaus D. 2000: Die Neue Staatsräson, Baden-Baden.

Zimmer, Annette/Weßels, Bernhard (Hg.) 2001: Verbände und Demokratie in Deutschland, Opladen 2001.

Sachregister